Über die Autoren:
Benjamin Prüfer, geboren 1979, erinnert sich nur höchst ungern an seine eigene Mathelaufbahn. Doch kaum kam seine Tochter in die Schule, waren Einmaleins, Zahlenstrahl und Würfelnetze auf einmal wieder aktuell.
Seine Mutter, **Ruth Prüfer,** Mathelehrerin an einer hessischen Grundschule, gab ihm praktische Tipps, wie er seinem Kind bei den Hausaufgaben helfen kann. Das brachte die beiden auf die Idee zu diesem Buch.

Ruth und Benjamin Prüfer

MATHE

für Mamas und Papas

$1 + 1 = 2$

So helfen Sie Ihrem Kind
beim Lernen

Für Rothana

Besuchen Sie uns im Internet:
www.knaur.de

Originalausgabe Juli 2014
Knaur Taschenbuch
© 2014 Knaur Taschenbuch
Ein Unternehmen der Droemerschen Verlagsanstalt
Th. Knaur Nachf. GmbH & Co. KG, München
Umschlaggestaltung: Kat Menschik
Umschlagabbildung: Kat Menschik
Illustrationen: Gisela Rüger, München außer
S. 3, 19, 257, 283, 307: Istockphoto/hugolacasse
Layout und Satz: Sandra Hacke
Druck und Bindung: GGP Media GmbH, Pößneck
ISBN 978-3-426-78628-4

2 4 5 3 1

»Mach dir keine Sorgen
wegen deiner Schwierigkeiten mit der Mathematik.
Ich kann dir versichern,
dass meine noch größer sind.«
Albert Einsteins Antwort auf den Brief einer Schülerin

Inhalt

Warum ein ehemaliger Schulschwänzer ein Mathebuch schreibt

Ich fürchte, ich muss erklären, wie ich dazu komme, als Mit-Autor ein Mathelehrbuch zu verfassen. Es gibt auf den ersten Blick nur wenig, was mich dafür qualifiziert. Offen gesagt: gar nichts. Sollte einer meiner früheren Lehrer dieses Buch in der Hand halten, wird er wahrscheinlich den Kopf schütteln oder einen Lachanfall bekommen.

Manche Menschen vertragen kein Gluten, andere reagieren schlecht auf Laktose, und wieder andere bekommen Atemnot, wenn sie versehentlich auf eine Nuss beißen. Ich dagegen reagiere allergisch auf Matheschulbücher. Schon wenn ich ihr wachsiges Papier in den Händen halte, spüre ich leichte Übelkeit. Sehe ich dann noch die Illustrationen, die immer glückliche Kinder zeigen, die Anna oder Bernd heißen, dann juckt es mich am ganzen Körper. (Und das ist der Grund, warum wir versuchen, dieses Buch so aussehen zu lassen, als sei es kein Mathebuch.) Nachdem ich die Schule mit einem Abiturzeugnis verlassen hatte, das höchstens durch die Zahl der unentschuldigten Fehlstunden beeindrucken konnte, schwor ich mir, nie wieder, unter gar keinen Umständen, jemals ein Mathebuch anzufassen – höchstens, wenn man mir eine Waffe an den Schädel hielte.

Wenn Sie also ein Buch verlangen, das von jemandem geschrieben wurde, der eine besondere Begabung für Mathe hat, dann sollten Sie dieses Werk wieder ins Regal stellen und sich vielleicht an einige meiner früheren Klassenkameraden wenden – und zwar jene, die im Gymnasium karierte Hemden trugen, Mitglieder der freiwilligen Feuerwehr waren und denen Mathe derart viel Spaß machte, dass sie sich nach der Schule mit dem Lehrer trafen und Formeln in Programmiersprachen, die PASCAL oder BASIC hießen, in Uralt-PCs tippten. Leider habe ich hartnäckig alle Einladungen zu Klassentreffen ignoriert, sonst könnte ich Ihnen deren Telefonnummern geben.

Doch auch wenn ich nie ein Mathe-Crack war, habe ich einen guten Grund, dieses Buch zu schreiben. Und den will ich erklären. Eine ironische Wendung des Schicksals zwang mich dazu, unzählige Mathebücher nicht nur anzufassen, sondern sogar zu lesen. Es war allerdings nicht der Lauf einer Waffe, der mich dazu brachte. Sondern Rothana. Ich lebe derzeit mit meiner Familie in Phnom Penh in Kambodscha. Meine Frau und ich adoptierten Rothana, als sie sechs Jahre alt war.

Sie wuchs in den ersten Jahren ihres Lebens in einem Slum auf und hatte wenig Bildung mitbekommen. Die ersten beiden Jahre bei uns hatte sie genug damit zu tun, Englisch und Deutsch zu lernen – Mathe konnte warten.

Schon Monate vor der geplanten Einschulung begann ich mir Sorgen zu machen. Würde sie die Aufnahmeprüfung schaffen? Und was würde passieren, wenn sie feststellte, dass die anderen Schüler ihr auf allen Gebieten weit überlegen waren? Würde sie sich bloßgestellt fühlen? Würde sie sich vielleicht einreden, dass sie eben »kein Talent« habe, ja, sogar »dumm« sei? Ich hatte Angst, dass für Rothana ein Teufelskreis aus Frustration, Bloßstellung und Verweigerung beginnen würde.

Ich beschloss, jeden Tag mit ihr zu lernen. Zum Glück habe ich eine Expertin an der Hand, die mich unterstützt. Meine Mutter Ruth ist seit 35 Jahren Grundschullehrerin und hat Hunderten Kindern Lesen, Schreiben und Rechnen beigebracht – und scheiterte nur an ihrem eigenen Sohn. Also bat ich sie um ein paar Mathebücher. Was konnte schon so schwer daran sein, einem Kind Addieren, Subtrahieren und die Uhrzeit zu erklären?

Ein paar Wochen später fand ich mich auf den Fliesen unserer Wohnung wieder, umgeben von den Trümmern eines roten Plastikschemels, den ich mir auf dem Schädel zerschlagen hatte – aus Verzweiflung darüber, dass ich nicht in der Lage war, Rothana zu erklären, wie man die Uhr liest. (Ich muss dazusagen, dass es einer dieser billigen aus chinesischer Produktion war und sowieso schon einen Knacks hatte – leider kann ich kein Kung-Fu.) Rothana saß am Tisch vor einem Stapel Arbeitsblätter und sah mich ratlos an. Ich blickte auf unsere Küchenuhr und versuchte, sie so zu betrachten, wie ein Kind sie sehen würde, das noch nicht mit den Uhrzeiten vertraut ist. Wie hatte ich als kleiner Junge eine solche Uhr betrachtet? Offensichtlich musste mir irgendwann einmal jemand beigebracht haben, die Uhrzeiten zu lesen. (Meine früheren Lehrer werden an dieser Stelle vielleicht einwenden, dass ich offensichtlich nie gelernt hatte, die Uhr zu lesen – ich kam nämlich regelmäßig zu spät zum Unterricht.) Aber ich konnte mich nicht erinnern, wer es war und wie er es gemacht hatte. Man hätte von mir genauso gut fordern können, meiner Tochter das Atmen oder das Laufen zu erklären.

Wie ich die Küchenuhr betrachtete, erschien sie mir immer absurder. Mal ehrlich – die Uhrzeiten sind schwer zu verstehen. Warum ist es drei Stunden nach 23 Uhr zwei Uhr – und nicht 26 Uhr? Und wer um Gottes willen kam auf die Idee, einem Tag 24 Stunden zu geben? (Die Antwort finden Sie auf S. 270 f.)

Auch die Mathebücher halfen mir nicht. Es gab genug Bücher, die mir Mathe erläutern wollen – aber keines, das mir erklärte, wie ich es meiner Tochter erklären konnte. Daher fragte ich meine Mutter Ruth um Hilfe, und in unzähligen Gesprächen erläuterte sie mir, wie man erklärt und übt. Ohne es zu wissen, hatten wir beide begonnen, *Mathe für Mamas und Papas* zu schreiben. Ruth lieferte das pädagogische Fachwissen und die Erfahrung, die sie in 35 Jahren Arbeit mit Kindern gesammelt hatte. Ich habe versucht, ihr Wissen in einer verständlichen und für Eltern leicht umsetzbaren Art aufzuschreiben. Und so ist dieses Buch entstanden, das Eltern helfen soll, ihren Kindern das Grundschulwissen in Mathematik zu erklären.

Ich wurde allmählich ein besserer Lehrer. Rothana schaffte die Prüfung. An ihrem ersten Schultag gingen sie und ich durch die Gebäude der neuen Schule, und sie hielt meine Hand ganz fest.

»Hast du Angst?«, fragte ich sie.

»Ja«, gestand sie.

Doch schon als ich sie mittags abholte, sah die Sache ganz anders aus. Sie kam mir entgegengerannt und rief: »Ich liiiiebe meine Schule!« Sie konnte dem Unterricht folgen, auch in Mathe. Wenn ich sie heute in die Schule bringe, hüpft sie vor mir her wie ein singender Gummiball.

Ich bin kein großer Mathematiker. Aber wenn mich etwas dafür qualifiziert, dieses Buch zu schreiben, dann die Tatsache, dass ich beim Lernen mit Rothana genauso viel gelernt habe wie sie. Jeden Fehler, den man beim Mathelernen mit Kindern machen kann, habe ich mindestens einmal (und meist sehr viele Male) gemacht. Doch Fehler machen ist nicht schlimm, solange man aus ihnen lernt. Im Rückblick bin ich immer noch überrascht, dass ich es trotz meines oft mangelnden Verständnisses für die Schwierigkeiten, die Kinder beim Lernen haben, und meiner Ungeduld nie geschafft habe, Rothana endgültig den Spaß am Lernen zu verderben. Vielleicht ist das eine beruhigende Nachricht für viele Eltern: Kinder sind wissbegierig und brennen ständig darauf, ihre Eltern mit neu erworbenen Fähigkeiten zu beeindrucken. Sie wollen lernen.
Sogar Mathe.

Benjamin Prüfer, Mai 2014

1. KAPITEL

MATHE LERNEN OHNE ANGST

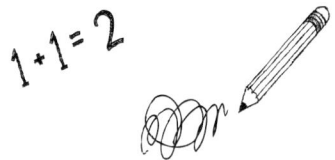

Onkel Klaus ist doch nicht verrückt

Wenn uns als Kinder die Ohren schmerzten, rief mein Vater oft unseren Onkel Klaus an, der Kinderarzt ist, um ihn zu fragen, was zu tun sei. Hatte er dann aufgelegt, erzählte er uns gerne, dass unser Onkel jetzt nach Feierabend in seinem Sessel sitze, an einer geschälten Möhre knabbere und zur Entspannung ein paar algebraische Gleichungen löse. (Aus irgendeinem Grund hatte er in meiner Vorstellung dabei immer Hasenzähne.) Dann hauten wir Kinder uns lachend auf die Schenkel und vergaßen für einen Moment unsere Schmerzen: Algebra zum Vergnügen – konnte ein Mensch noch verschrobener sein als Onkel Klaus? Zum Glück waren wir – zum Kummer meiner Mutter – alle anständige Matheversager!

Menschen, die gut in Mathematik sind, werden von ihrem Umfeld oft mit einer Mischung aus Ablehnung und Bewunderung beäugt. Wir haben ein seltsames Verhältnis zu dieser Wissenschaft. Bei jeder anderen Disziplin gilt ein Mangel an Wissen als Makel – niemand gibt gerne zu, dass er nicht weiß, wo Buenos Aires liegt oder wer Rainer Maria Rilke war. Nur bei Mathe machen wir eine Ausnahme. Manche Menschen prahlen regelrecht damit, was sie alles nicht darüber wissen. »Der Satz des Pythagoras? Keine Ahnung – habe ich verdrängt!«, sagen sie dann. Oder: »Habe ich alles schon wieder vergessen – bis auf die Grundrechenarten!«

Unseren Kindern gönnen wir diesen Mut zur Wissenslücke allerdings nicht – die sollen gute Noten nach Hause bringen. Doch wie sollen sie ein Interesse an Mathematik entwickeln, wenn ihnen die Erwachsenen täglich vorleben, dass die Wissenschaft abzulehnen und dass es nicht nur normal, sondern sogar erstrebenswert sei, darin zu versagen?

Es ist seltsam: Viele – wenn nicht die meisten – Eltern begleiten ihre Kinder beim Erlernen des Rechnens auf eine ganz andere Art, als sie es zum Beispiel beim Lernen des Lesens tun. Wir alle wissen, dass Kinder die Gewohnheiten ihrer Eltern übernehmen: Wenn sie in einer Umgebung ohne Bücher aufwachsen, nie vorgelesen bekommen und ihre Mutter und ihren Vater nie dabei beobachten können, wie diese selbst mit Genuss Bücher lesen, dann werden sie später selbst kein Interesse am Lesen entwickeln. Eltern verstehen, dass sie eine Verantwortung dafür tragen, ihre Kinder mit Büchern bekannt zu machen, und dass sie diese nicht auf die Schule abwälzen können. Daher lesen wir ihnen vor dem Schlafengehen vor – ein Ritual, das die Kleinen wie die Großen genießen.

Mathe dagegen wird auf eine ganz andere Art gelernt: Kindern wird sie angeboten wie eine bittere Medizin: Sie bekommen zu hören, dass sie »eben sein muss«. Oft werden sie durch Druck zum Lernen angetrieben – meist erst kurz vor Klassenarbeiten. Manchmal auch durch Bestechung (»Wenn du eine Zwei schreibst, bekommst du die Spielkonsole«) oder falsche Versprechungen (»Wirklich, es ist ganz leicht«). Durch all dies zeigen Eltern ihren Kindern unabsichtlich, wie sehr sie selbst Mathe verabscheuen.

Doch warum soll es unmöglich sein, mit Kindern in der gleichen, natürlichen und entspannten Art Mathe zu lernen, in der wir ihnen das Lesen beibringen? Und wie sollen Kinder ein Interesse an Mathematik entwickeln, wenn sie nie Erwachsene zu sehen bekommen, die sich freiwillig und mit Freude an diese heranwagen?

Dieses Buch handelt davon, wie Sie Kindern Mathe ohne Angst beibringen, als Teil Ihres Familienalltags, mit der gleichen Natürlichkeit, mit der Sie mit ihnen lesen. Wir werden Ihnen erklären, welche Probleme Kinder typischerweise mit dem Stoff der Grundschule haben und wie Sie ihn Ihren Kindern anschaulich vermitteln können. Die beiden wichtigsten Mittel, die wir dabei benutzen, sind Spiele und Rätsel. Doch eines muss Ihnen klar sein – ohne Sie geht es nicht. Falls Sie – wie ich – ein Mathe-Trauma haben, fragen Sie sich, wodurch dieses verursacht wurde. Hatte es wirklich mit der Mathematik an sich zu tun oder nicht viel mehr mit den Erfahrungen Ihrer Schulzeit?

Mir half eine simple Erkenntnis bei der Bewältigung meiner eigenen Mathe-Angst: Auch gestandene Mathematiker haben ihre Probleme mit ihr. Sogar viel mehr als wir Durchschnittsrechner – sie verzweifeln täglich an ihr. Doch wir bekommen nur das Produkt ihrer Arbeit zu sehen, die galanten, unverständlichen Formeln – und nie die vielen Versuche und Irrtümer, die den Weg zu diesem Ergebnis pflasterten. Eines werden wir Ihnen oder Ihrem Kind daher nie versprechen: dass Mathe »ganz leicht« sei, wenn man nur einen besonderen Trick anwende. Sie ist schwer, und es ist normal, damit Probleme zu haben. Doch gerade deswegen macht es Spaß – es ist die Freude am puren Denken.

Seien Sie Ihrem Kind daher ein Vorbild und beschäftigen Sie sich im Alltag Ihrer Familie mit der gleichen Selbstverständlichkeit mit Mathematik, mit der Sie vorlesen. Reden Sie mit Ihrem Kind – zum Beispiel über die Preise im Supermarkt, den Benzinverbrauch Ihres Autos. Wenn Ihr Kind Sie beim Lösen eines Sudokus betrachtet, wie Sie daran verzweifeln, aber nicht aufgeben, ein System entwickeln und am Ende doch noch die Lösung finden – dann hat es in diesen Minuten mehr über Mathematik gelernt als in einer Woche Unterricht. Mathe *kann* Spaß machen. Das beweisen das anhaltende Sudoku-Fieber, der Erfolg von Bestsellern wie Hans Magnus Enzensbergers *Der Zahlenteufel* oder Simon Singhs *Fermats letzter Satz* – und mein Onkel Klaus.

Nehmen Sie den Titel dieses Buchs daher wörtlich – es heißt *Mathe für Mamas und Papas,* nicht: *Mathe für Kinder.* Es ist für Sie geschrieben. Wir wollen, dass Sie zusammen mit Ihren Kindern die Mathematik neu entdecken. Ich für meinen Teil habe festgestellt, dass Mathe nicht nur Spaß, sondern regelrecht süchtig macht. Manchmal, wenn die Kinder schlafen, programmiere ich heimlich irgendwas mit Primzahlen in BASIC. Wenigstens knabbere ich keine Möhren dabei.

Tipps

Ermuntern Sie Ihr Kind nicht dazu, Mathematik abzulehnen Wir vermitteln Kindern oft unbeabsichtigt ein sehr negatives Bild dieser Wissenschaft. Wenn Sie Ihrem Kind sagen, dass Sie selbst Mathe nie begriffen haben oder dass sie zwar schwierig und langweilig sei, »aber sein muss«, wird es diese negative Einstellung von Ihnen übernehmen. Falls Sie sich nur mit Widerwillen mit den Mathehausaufgaben Ihres Kindes beschäftigen, wird Ihr Kind ebenfalls keine Freude am Rechnen entwickeln. Doch auch wenn Sie jedes Mal vor dem Lernen versprechen, dass es »ganz leicht« sei, wecken Sie beim Kind das gleiche argwöhnische Gefühl, wie wenn Sie es beim Arzt beruhigen, bevor es eine Spritze bekommt: »Es tut nur ein ganz kleines bisschen weh!«

Rätseln Sie!

Eine junge Irin verblüffte 1999 die Welt. Sarah Flannery entwickelte mit 16 Jahren den Cayley-Purser-Algorithmus, ein Kryptographie-Verfahren, das damals das Potenzial zu haben schien, das neue Standardverschlüsselungsverfahren der Welt zu werden. Sie gewann damit zwei bedeutende Wissenschaftswettbewerbe und wurde eine Art irische Nationalheldin – in ihrer Heimatstadt Cork ist bis heute eine künstlerisch gestaltete Straßenlaterne nach ihr benannt. Woher rührte ihr mathematisches Können? In ihrem Buch *In Code* erinnert sie sich an ihre Kindheit auf einem Bauernhof mit ihren vier Brüdern. Ich mag dieses Werk, weil die Art, mit der ihr Vater Mathe mit ihr lernte, so natürlich und unverkrampft war und so gar nichts mit der Klischeevorstellung des Mathepaukens zu tun hat:

> »Wir bekamen keinen Extraunterricht und mussten keine anstrengenden Übungsstunden mit überehrgeizigen Eltern ertragen. Doch ohne es zu ahnen, erfuhren wir schon Hilfe, als wir noch sehr jung waren – außergewöhnliche Hilfe auf eine subtile und verspielte Art, die uns Selbstbewusstsein beim Lösen von mathematischen Problemen gab. Seit ich denken kann, stellte uns mein Vater kleine Rätsel und Pro-

bleme. Wie oft hörte ich – und höre es heute noch – ›Papa, gib uns ein Rätsel!‹ Diese Rätsel waren herausfordernd und regten die Neugierde an. Noch grundlegender lehrten sie uns abzuwägen und für uns selbst zu denken. Auf diese Art nutzten Rätsel mir mehr als jahrelanges Lernen von Formeln und ›Beweisen‹.«

Kein Mensch mag Matheaufgaben. Das Wort löst sofort Versagensängste aus, denn es suggeriert: »Wer dies nicht lösen kann, ist doof.« Doch alle mögen Rätsel wie »Bewegen Sie zwei Streichhölzer, so dass aus diesen fünf Streichholz-Quadraten vier werden!« Zum einen scheinen sie auf den ersten Blick nichts mit Mathematik zu tun zu haben und sind daher frei von dem emotionalen Ballast, den das Wort mit sich bringt. Zum anderen ist es kein Beinbruch, wenn man nicht sofort auf die Lösung kommt – wenn es einfach zu lösen wäre, dann wäre es ja kein Rätsel! Kommt man allerdings doch darauf, dann stellt sich ein großes Glücksgefühl ein: »Ich habe es geschafft!« Und man will sofort das nächste haben.

Kleine Rätsel sind ein prima Weg, um Mathematik in den Alltag seiner Familie einzuflechten. Man kann auf Autofahrten, beim Abwaschen oder auf Spaziergängen über sie sprechen. Oder man kann beim Abendessen den Satz fallenlassen: »Ich habe ein Rätsel, das mir schon den ganzen Tag im Kopf herumgeht, und ich komme nicht auf die Lösung.« Bei jedem im Raum werden Zahnräder im Kopf anspringen.

Zugegeben: Rätsel helfen einem Kind nicht dabei, das Einmaleins auswendig zu lernen oder schriftliche Divisionen zu üben. Aber sie helfen dabei, Kindern Spaß an Mathematik zu vermitteln und dabei einige wichtige Fähigkeiten zu trainieren. Vor allem Hartnäckigkeit – ohne die geht es in Mathe nicht –, das Analysieren und Verstehen von Problemstellungen und systematisches Vorgehen bei der Lösung.

Viele Rätsel sind für Grundschulkinder vielleicht zu schwer zu lösen. Doch sie müssen sie noch nicht einmal selbst lösen können, um von ihnen zu profitieren. Sie lernen viel dabei, wenn sie einfach ihren Eltern zuhören, während die sich an Rätseln versuchen, und hin und wieder ihren eigenen Beitrag geben können. Und beim nächsten Mal kommen sie vielleicht selbst auf die Lösung.

Ein Tipp: Wenn Sie sich mit Ihrer Familie an Rätseln versuchen – lesen Sie vorher die Lösungen nicht! Sobald einer in der Gruppe die Antwort weiß, sie den anderen vorenthält und die Rolle des Besserwissers einnimmt, geht die verbindende Erfahrung der Ratlosigkeit und der Spaß am Grübeln flöten – und aus dem Rätsel wird eine schnöde Matheaufgabe.

Zum Aufwärmen: Drei schnelle Rätsel[*]

Bomben entschärfen Haben Sie den Film *Stirb langsam – jetzt erst recht* gesehen? In ihm hat ein jahrhundertealter Klassiker aller Rätselsammlungen einen prominenten Auftritt. Ein Bösewicht schickt Bruce Willis und Samuel L. Jackson auf eine Schnitzeljagd durch New York City – sie müssen Rätsel lösen, ansonsten explodieren Bomben in der Stadt. Neben einem Springbrunnen finden sie eine Kofferbombe, die an eine Waage angeschlossen ist. Ein Krug mit fünf Gallonen und einen weiteren Krug mit drei Gallonen. Messen Sie genau vier Gallonen Wasser ab. Können Sie die Bombe entschärfen? Wenn es Ihnen leichter fällt, können Sie Gallonen durch Liter ersetzen.

Eine schwierige Überfahrt Der Gelehrte Alkuin lebte im 8. Jahrhundert und war Berater am Hof Karls des Großen in Aachen. Es wird überliefert, dass er seinem Herrscher das folgende Rätsel stellte: Ein Bauer will seine Waren zum Markt bringen: einen Wolf, eine Ziege und einen Kohlkopf. Er gelangt an einen Fluss, den er mit einem Boot überqueren muss. Leider ist das Boot so klein, dass es nur den Bauern und entweder den

---

[*] Die Auflösungen finden Sie auf S. 330. Aber wie gesagt: Schauen Sie später gemeinsam nach!

Wolf, die Ziege oder den Kohl fassen kann. Nun kann der Bauer nicht den Wolf mit der Ziege alleine lassen – der würde sie fressen. Auch kann er nicht die Ziege mit dem Kohl alleine lassen. Wie kommt er mit seinen drei Besitztümern an das andere Ufer?

Raus aus der Kiste Falls Sie mal auf ein Managerseminar geschickt wurden, auf dem man Ihnen riet, Sie sollten »out of the box« denken, dann kennen Sie schon die Lösung für dieses Rätsel: Verbinden Sie alle sechs Punkte mit nur vier geraden Strichen ohne den Stift abzusetzen.

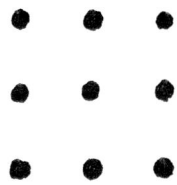

Tipp: Rätselbücher

Es gibt unzählige mathematische Rätselsammlungen als Bücher zu kaufen. Die bekanntesten wurden von den Autoren Martin Gardner und – im neunzehnten Jahrhundert – von Sam Loyd verfasst. Sie haben zu viele Werke geschrieben, um diese hier aufzulisten. Wenn Sie die Autorennamen in eine Suchmaschine eingeben, werden Sie auch viele deutsche Übersetzungen finden.

Ein Hoch auf Fehler!

Einer der Gründe, warum Mathe so verhasst ist, wurde mir bei einem Abendessen unserer Familie vor Augen geführt: Es liegt daran, dass es das einzige Fach ist, bei dem die Aufmerksamkeit ständig auf das gerichtet wird, was wir nicht können – und wenig auf das, was wir richtig machen.

Ein Beispiel. Rothana hat zwei jüngere Brüder: Max ist zwei Jahre alt und Lukas vier. Eines Abends streckte Max seine Hand mit der leeren Tasse aus und sagte: »Bliplep!« Er wollte noch etwas Tee. Alle am Tisch waren entzückt darüber, dass er erkannt hatte, in welchem Kontext man das Wort »bitte« benutzt, und störten sich nicht daran, dass er es noch nicht richtig aussprechen konnte. Max war begeistert von unserer Reaktion, und in den folgenden zehn Minuten streckte er immer wieder die Hand mit der Tasse aus und sagte: »Bliplep!« Er wollte gar nicht mehr damit aufhören.

Lukas zählte unterdessen die Fleischwurststücke auf seinem Teller: »Eins, zwei, sechs, acht!« Ich korrigierte ihn sofort. »Nein, das ist falsch! Das heißt doch eins, zwei, drei, vier!« Er wurde bockig. »Nein, falsch rum!«, sagte er. »Das heißt doch vieeeel«, und reckte mir seine Hand mit allen fünf ausgestreckten Fingern entgegen – »viel« war für ihn damals eine Zahl, die alle Mengen größer als drei bezeichnete. Jetzt mischte sich seine Schwester Rothana ein. »Nein, das heißt nicht viel, sondern vier«, sagte sie und bog ihm einen seiner fünf Finger wieder zurück, so dass nur noch vier ausgestreckt waren. Das war zu viel für Lukas. Er mümmelte beleidigt an seinem Wurstbrot und redete von nun an nicht mehr über Zahlen.

Beim Abwaschen kam ich ins Grübeln: Keiner am Tisch wäre auf die Idee gekommen, Max dafür zu kritisieren, dass er nicht korrekt »bitte« gesagt hatte. Niemand befürchtete, dass er sein Leben lang »bliplep« brabbeln könnte, wenn man ihn nicht sofort auf seinen Fehler hinweisen würde. Stattdessen haben alle sich einfach über das gefreut, was er schon konnte.

Dass Kinder nicht sofort vom ersten Tag an jedes Wort richtig aussprechen können, erscheint das Selbstverständlichste der Welt.

Schon der Gedanke, das Wort »Fehler« im Zusammenhang mit einem Kind zu verwenden, das sprechen lernt, scheint absurd und pedantisch. Doch ganz anders hatten alle am Tisch reagiert, als Lukas sich zum ersten Mal an Mathematik versuchte. Dabei hatte er so viel richtig gemacht: Er hat erkannt, dass eins, zwei, sechs und acht keine Adjektive, sondern Zahlen sind. Der Junge wusste sogar, dass sechs und acht größer sind als eins und zwei. Er hat sich selbst eine gewisse mathematische Kompetenz angeeignet, ohne einen einzigen Blick in ein Lehrbuch geworfen zu haben. Allerdings wurde er nicht für das gelobt, was er konnte. Stattdessen wurde er für das kritisiert, was er nicht konnte.

Das ist das Sonderbare an unserem Verständnis von Mathematik: Bei allen anderen Disziplinen akzeptieren wir die Tatsache, dass Fehler notwendiger und natürlicher Bestandteil jedes kreativen Prozesses sind – nur nicht bei der Mathematik. Sie gilt als ein Fach, bei dem es vor allem darum geht, *keine* Fehler zu machen. Fehler gelten als eine peinliche Angelegenheit – die Folge von Unwissen, Unkonzentriertheit, Schlampigkeit oder schlicht Dummheit. Zu selten interessieren sich Lehrer oder Eltern für die Frage, *warum* ein Kind einen Rechenfehler gemacht hat. Sie sehen es als nicht notwendig an, das Richtige im Fehler zu suchen und darauf einzugehen. Schließlich genügt es zu wiederholen, wie man es richtig macht.

Doch in den meisten Fällen steht hinter einem Fehler eine durchaus sinnvolle und begründete Überlegung. Kinder wie Erwachsene machen Fehler meistens, wenn sie einen vertrauten und eingeübten Lösungsweg auf eine neue, unbekannte Situation anzuwenden versuchen – dann müssen sie feststellen, dass das Gewohnte nicht mehr funktioniert. Es sind die Fehler, die uns erst auf das Neue hinweisen. Sie sind daher nicht peinlich, sondern Wegweiser zur Lösung. Wir sollten sie nicht tabuisieren, sondern genau untersuchen.

Ein Beispiel: Rothana übte das Zählen. Sie sagte: »achtundneunzig, neunundneunzig, hundert, einhundert, zweihundert, dreihundert …« Mein erster Impuls war zu sagen: »Nein, nein, nein, du machst das falsch! Das heißt hunderteins, hundertzwei, hundertdrei!« Aber dann besann ich mich eines Besseren und fragte sie: »Kannst du das aufschreiben?«

Sie nahm Stift und Papier und schrieb korrekt die Zahlen von achtundneunzig bis hundertzwei auf: »98, 99, 100, 101, 102.« Sie wusste also sehr wohl die korrekte Abfolge der Zahlen, allerdings nicht, wie man sie aussprach. Also fragte ich sie weiter.

»Warum sagst du einhundert und nicht hunderteins?«

»Nein«, antwortete sie. »Man sagt zuerst das Kleine und dann das Große!«

Na klar: Man sagt schließlich achtundneunzig: das Kleine (acht) zuerst und dann das Große (neunzig). Woher sollte sie wissen, dass man diese Abfolge bei Zahlen über hundert auf einmal umdreht?

»Aber müsste es dann nicht eins-und-hundert heißen?«, fragte ich sie weiter.

»Man sagt das eben so!«, war ihre Antwort. Sie hatte also gehört, wie Erwachsene »einhundert« und »zweihundert« sagen, und hat dieses Wissen in ihre Art zu zählen eingebaut. Das war eine kreative Leistung, für die sie durchaus Lob verdient.

»Du hast fast alles richtig gemacht!«, sagte ich. »Allerdings sagt man bei Zahlen, die größer als hundert sind, hunderteins, hundertzwei – und so weiter.«

Sie blickte mich kurz an und fragte mich dann: »Warum?«

Ja, warum?

»Keine Ahnung!«, erwiderte ich.

Tipps

Schelten Sie Ihr Kind nicht für Fehler Sie gehören zu jedem Lernprozess dazu und sind notwendig, um zu lernen. Reden Sie mit ihm freundlich und sachlich über sie.

Suchen Sie das Richtige im Falschen Fehler sind in den meisten Fällen nicht Schlamperei, sondern gehen auf eine gut begründete Überlegung des Kindes zurück – meist, weil es versucht hat, ein bewährtes Verfahren auf eine neue Situation anzuwenden, in der dieses keine Gültigkeit mehr hat. Konzentrieren Sie sich auf das Richtige und nehmen Sie dies zum Ausgangspunkt.

Machen Sie selbst Fehler! Ein Problem des Schulunterrichts ist, dass Kinder dort keine Vorbilder zu sehen bekommen, die ihnen zeigen, wie man mit den eigenen Fehlern selbstbewusst umgeht. Lehrer dürfen sich nicht verrechnen, da sie sonst ihre Autorität verlieren würden. Sie sind da im Vorteil – Sie können sich so oft verhaspeln, wie Sie wollen, Ihr Kind liebt Sie trotzdem. Zeigen Sie Ihrem Kind, dass Sie ständig damit rechnen, Fehler zu machen, dass Sie sich nicht dafür schämen und dass Sie Fehler untersuchen, um aus ihnen zu lernen. Nebenbei: Der Lehrer verrechnet sich nur deshalb nie, weil er ein Lösungsbuch in der Schublade seines Pults hat.

Loben Sie Ihr Kind für Hartnäckigkeit Auch gute Mathematiker lösen nicht jedes Problem mit Leichtigkeit – sie sind sogar der Ansicht, dass sich die Zähne an einem Problem auszubeißen genau das ist, was Mathematik so erfüllend macht. Vermitteln Sie nicht den Eindruck, bei Mathe gehe es darum, »schlau« oder »schnell« zu sein, sonst wird Ihr Kind schnell frustriert sein, wenn es mal steckenbleibt. In der Mathematik (und im Leben) führt Hartnäckigkeit zum Ziel.

Mathe spielen

Kein Kind wird auf die Aufforderung »Komm, lass uns Mathematik lernen!« mit leuchtenden Augen antworten – doch ganz anders reagieren sie auf die Einladung »Hey, ich habe mir ein Spiel ausgedacht!«.

Erfolg in Mathematik basiert auf zwei Dingen: einem tiefen Verständnis des Stoffes und regelmäßigem Üben und Wiederholen. Die Zahlenpaare im Raum von eins bis zehn oder das Einmaleins zum Beispiel müssen »sitzen« und daher regelmäßig und über Jahre hin wiederholt werden. Viel dieses Lernstoffs, der automatisiert werden muss, können Sie in Spiele verpacken.

Lernen durch Spielen hat eine Reihe von Vorteilen gegenüber einfachem Abfragen oder dem Ausrechnen von Stapeln von Arbeitsblättern. Es schafft eine gelöste Atmosphäre und ein verbindendes Erlebnis zwischen Ihnen und Ihrem Kind. Nicht nur Ihrem Kind wird es mehr Spaß machen – sondern wahrscheinlich auch Ihnen. Durch Spielen werden Sie und Ihr Kind wahrscheinlich mehr Zeit mit Mathematik verbringen.

In jedem Kapitel haben wir Ihnen unter der Überschrift »Zum Spielen« zum Lernstoff passende Spiele zusammengestellt. Diese sollten Sie allerdings nur als Beispiele verstehen. Sie können diese Spiele sehr leicht abwandeln oder sich einfache Karten- oder Würfelspiele selbst ausdenken. Man sollte seine Spiele allerdings sorgfältig auswählen: Kinder durchschauen es sofort, wenn Erwachsene unmotiviert versuchen, dröges Auswendiglernen in ein Spiel zu verpacken, und reagieren dann manchmal ablehnend, weil sie das Gefühl haben, »wie ein kleines Kind« behandelt zu werden.

Machen Sie sich klar, worin für Kinder die Faszination von Spielen besteht: Sie wachsen in einer Welt auf, in der Erwachsene ihnen körperlich und intellektuell überlegen sind. Die Faszination liegt für sie darin, dass in der Welt des Spiels alle die gleichen Chancen haben und für alle dieselben Regeln gelten. Sie sind für einen Moment ihren Eltern gleichgestellt – ja, sie haben sogar die Möglichkeit, sie zu besiegen! Ein Wettrennen, wer mehr Additionsaufgaben pro Minute lösen kann, wird Kinder daher schnell enttäuschen, da sie entweder ständig verlieren oder feststellen werden, dass ihre Eltern sie mit Absicht gewinnen lassen. Spielen Sie mit Ihren Kindern daher nur Spiele, bei denen diese eine realistische Chance haben zu siegen.

Das ideale Mathelernspiel enthält daher eine Zufallskomponente, die die Unterschiede in der mathematischen Leistung der Spieler ausgleicht – zum Beispiel durch Würfeln oder Mischen von Karten. Zugleich sollte es aber eine taktische Komponente haben, die einen Bezug zum Lernstoff hat – die Spieler sollten die Möglichkeit haben, durch geschicktes Rechnen den Verlauf des Spiels zu beeinflussen.

Beliebt sind bei vielen Pädagogen sogenannte kooperative Spiele, bei denen es nicht darum geht, einen Gegner zu besiegen, sondern darum, gemeinsam ein vorher festgelegtes Ziel zu erreichen. Den Kindern einen kooperativen Geist nahezubringen ist zwar *politisch korrekt,* langweilt sie aber tödlich. Kooperatives Arbeiten in Gruppen macht Kindern beim Lösen von Rätseln Spaß – doch beim Spielen treten sie lieber *gegeneinander* an.

Tipps

Zehn Minuten täglich sind besser als einmal drei Stunden Mathelernen muss nicht aus stundenlangen Sitzungen bestehen. Es ist besser, wenn Sie regelmäßig und dafür in kleinen Portionen lernen.

Machen Sie aus dem Lernen ein tägliches Ritual Vielleicht kommt Ihnen diese Situation bekannt vor: Man ist früher von der Arbeit nach Hause gekommen und hat Zeit, mit seinem Sohn zu lernen. Doch der ist gerade vertieft in den Bau eines Flugzeugs aus Legosteinen. Aus seinem Spiel wird er unerwartet herausgerissen. Natürlich setzt er sich widerwillig an den Tisch, ist unkonzentriert und maulig. Um solche Situationen zu vermeiden, sollten Sie sicherstellen, dass Ihr Kind weiß, wann Sie lernen. Lernen Sie daher zu vorher festgelegten Zeiten, die eine Bedeutung für das Kind haben. Es sollte zum Beispiel wissen: »Wenn Papa nach Hause kommt, lernen wir kurz Mathe, und dann essen wir zu Abend« oder »Nach dem Mittagsschlaf lerne ich mit Mama, danach kann ich spielen gehen«.

Stellen Sie fest, wo genau Ihr Kind Unterstützung braucht Kinder sind nie allgemein »schlecht in Mathe«. Sie haben meist sehr spezifische Probleme mit einzelnen Verfahren. Oft kann nur ein kleines Stück fehlendes Wissen einen ganzen Rattenschwanz an weiteren Schwierigkeiten mit sich bringen, welche dann die Sicht auf die Ursache verstellen. Wenn ein Kind zum Beispiel mit Leichtigkeit die Grundrechenarten meistert, aber viele Schwierigkeiten beim Lösen von Sachaufgaben hat, sagen viele Erwachsene oft, es habe eben »wenig Vorstellungsvermögen«. Vielleicht hat es aber einfach die Umrechnung von Maßeinheiten nicht verstanden – ohne die sind die meisten Textaufgaben unlösbar. Versuchen sie daher präzise herauszufinden, wo genau die Probleme Ihres Kindes liegen. Bei diesem Vorhaben stehen Ihnen zwei Hilfen zur Verfügung: zum einen dieses Buch, zum anderen der Lehrer.

Lassen Sie das Kind alleine grübeln Mit Kindern Mathe zu lernen muss nicht heißen, die ganze Zeit neben ihnen zu sitzen. Ihnen muss klar sein, dass Ihre Anwesenheit das Kind beeinflusst. Zum einen kann sie das Kind unter Druck setzen. Kinder neigen dazu, eher aus der Mimik und Körpersprache ihrer Eltern abzulesen, ob sie auf dem richtigen Weg sind, statt sich mit dem mathematischen Problem auf dem Tisch vor ihnen zu beschäftigen. Sie lernen schnell: »Wenn ich etwas stöhne und hilflos gucke, dann verrät Papa mir das Ergebnis oder gibt mir zumindest einen Hinweis.« Kleine Kinder sind meist nicht konzentriert genug, um alleine zu arbeiten. Doch es lohnt sich auszuprobieren, was passiert, wenn Sie weg sind. Erklären Sie kurz, was ansteht, rechnen Sie zusammen eine Beispielaufgabe durch und lassen Sie danach Ihr Kind alleine arbeiten, während Sie hin und wieder vorbeischauen, um Rückmeldung zu geben und zu loben. So lernt es nicht nur, eigenständig zu arbeiten, sondern Sie haben zudem noch Zeit, E-Mails zu schreiben oder die Spülmaschine auszuräumen.

Fragen Sie Ihr Kind, wie es auf eine Lösung gekommen ist – immer! Gewöhnen Sie es daran, über seine Gedanken beim Mathe-Aufgaben-Lösen zu sprechen und sich selbst zu erklären. Dabei sollten Sie immer mit ihm über seine Lösungswege sprechen, auch wenn sein Ergebnis richtig ist. Fragen Sie nur nach, wenn ein Fehler aufgetreten ist, wird das Kind das Reden über Lösungswege als unangenehme und belehrende Problemgespräche empfinden. Sagen Sie daher nicht: »Was hast du dir dabei gedacht?« Eine gute Einstiegsfrage könnte sein: »Was hast du als Erstes gemacht?« Nach der Ausführung des Kindes könnte man nachhaken: »Warum?« Gewöhnen Sie es auch daran, dass verschiedene Menschen die gleiche Aufgabe auf unterschiedlichen Wegen lösen.

Fangen Sie beim Konkreten, Alltäglichen an Wenn Sie einen neuen Stoff erklären, suchen Sie sich ein konkretes Beispiel, anhand dessen Sie diesen veranschaulichen können. Konkret heißt: etwas aus dem Alltag des Kindes, das es anfassen kann. Fangen Sie beim Suchen in der Küche an, meistens wird man da fündig. Steigern Sie dann langsam das Abstraktionslevel. Zuerst mit Skizzen auf Papier, erst danach als formale Rechnung mit Gleichung.

2. KAPITEL

VOR DER SCHULZEIT

1 2 3 4 5 6 7 8 9

Zählen lernen

Erwachsenen fällt es oft schwer, die Probleme, die Kinder beim Lernen der Zahlen haben, nachzuvollziehen. Wir sehen es als selbstverständlich an, dass die Null die Menge »nichts« darstellt und dass nach der Neun die Zehn kommt, die durch die Ziffern Eins und Null dargestellt wird. So sind die Zahlen eben – könnte es jemals anders gewesen sein? Wenn wir uns vor Augen halten, wie langwierig die Entwicklung hin zu unserem Zahlensystem war, hilft es uns vielleicht zu verstehen, was für eine intellektuelle Leistung ein Vierjähriger vollbringt, wenn er die Gummibärchen in seiner Hand zählt.

Wie unser Zahlensystem entstanden ist

Um zu begreifen, wie genial unsere Zahlen sind, hilft es, sich etwas mit den römischen zu beschäftigen, die bei uns noch bis vor wenigen hundert Jahren in Gebrauch waren. Bei den Römern wurden Zahlen durch sieben verschiedene Buchstaben dargestellt – jeder von ihnen stand unveränderbar für eine bestimmte Menge. Hier eine Übersicht.

I	V	X	L	C	D	M
1	5	10	50	100	500	1000

Komplexere Zahlen wurden durch Addition und Subtraktion dargestellt. XXII zum Beispiel steht für 22 (10 + 10 + 1 + 1 = 22) und MMXIII für 2013 (1000 + 1000 + 10 + 1 + 1 + 1 = 2013). Wenn kleinere Buchstaben auf der linken Seite von größeren standen, wurden sie subtrahiert. IIX zum Beispiel bedeutet acht (10 - 2 = 8). Es fällt auf, dass bei diesem System die Anzahl der Buchstaben nichts über die dargestellte Menge aussagt – es fällt somit schwer,

Zahlen zu vergleichen. Einer, Zehner und Hunderter lassen sich nicht einfach in Spalten untereinanderschreiben.

Dieses System war somit prima, um eine Jahreszahl in den Sockel eines Denkmals zu hämmern – aber komplett ungeeignet, um schriftliche Berechnungen durchzuführen. Doch die waren nicht notwendig: Man rechnete damals mit dem Abakus, in seiner ganz frühen Form war das ein Brett mit Rillen, auf dem Tonmurmeln hin und her geschoben wurden. Je nachdem, wo sich diese Murmeln auf dem Brett befanden, konnten sie einen Einer, Zehner oder Hunderter darstellen. Geschriebene Zahlen dienten nur zum Festhalten des Ergebnisses, aber nicht zu dessen Berechnung. Eine Zahl für die Menge »nichts« war somit nicht notwendig. Wo auf dem Abakus keine Murmel war, war eben nichts.

Dann brachten arabische Händler eine Neuerung aus dem fernen Indien nach Europa, die wahrscheinlich die wichtigste kulturelle Errungenschaft der Menschheit nach Ackerbau und Viehzucht ist: das Stellenwertsystem. Die Hindus hatten ein System entwickelt, bei dem der Wert einer Ziffer von ihrer Position in der Zahl abhing: Jede Stelle der Zahl war das Zehnfache der jeweils rechts von ihr stehenden wert. Die Ziffer Eins konnte somit für die Menge eins, zehn, hundert oder eine Trillion stehen. Das älteste erhaltene Dokument dieser Art ist eine in Sanskrit beschriebene Kupferplatte aus dem Jahr 595 n. Chr., welche die Zahl 346 enthält. Dieses System brachte riesige Vorteile mit sich: die Größenordnung einer Zahl war ganz einfach aus ihrer Länge ersichtlich, Zahlen ließen sich somit sehr einfach vergleichen, untereinanderschreiben und addieren. Somit wurden schriftliche Berechnungen erst möglich!

Die Geschichte der Null

Die Zahl Hundertundeins bestand nun aus einem Hunderter und einem Einer, aber keinem Zehner. Zwischen dem Hunderter und dem Einer war – nichts! Man brauchte einen Platzhalter, um diesen fehlenden Zehner darzustellen. Zuerst ließ man einfach eine

Lücke: 1 1. Auf diese Weise ließ sich aber nicht feststellen, ob es sich um die Zahl Hundertundeins oder um Tausendundeins handelte. Irgendwann setzte man einen Punkt als Platzhalter ein, der sich später zu einem Kreis entwickelte – die Zahl Null war geboren. Man nimmt an, dass die Null in Indien erfunden wurde. Die älteste noch erhaltene Null der Welt stammt aus dem 7. Jahrhundert und findet sich heute in Kambodscha als gemeißelte Inschrift der Tempelanlage Sambor Prei Kuk. Dort steht geschrieben: »Die Śaka-Ära erreicht 605 den fünften Tag des abnehmenden Mondes …«

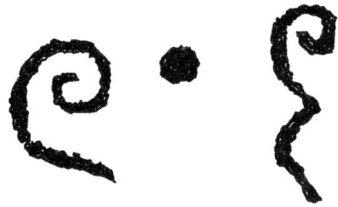

Der italienische Wissenschaftler Leonardo Fibonacci erkannte als einer der Ersten die Überlegenheit der indisch-arabischen Zahlen gegenüber den damals in Europa benutzten römischen Zahlen und beschrieb sie um das Jahr 1200 in Europa. Das heißt aber noch nicht, dass sie damit den Sprung in unseren Kulturkreis geschafft hätten. Sie wurden als »heidnische« Zahlen verschrien, während die römischen zu »christlichen« und »teutschen« erklärt wurden. Ein Erlass von 1299 in Florenz verbot Kaufleuten das Rechnen mit der Null, da sie »Betrug Tür und Tor« öffnen würde. Es dauerte noch mehrere hundert Jahre, bis sich das indisch-arabische Zahlensystem mit der Null in Europa durchsetzen konnte. In Deutschland verhalf ihm erst 1522 der sprichwörtlich gewordene Rechenmeister Adam Ries (»Das macht nach Adam Riese …«) mit seinem Büchlein *Rechenung auff der linihen und federn* zum Durchbruch.
Wenn Ihr Kind also nicht verstehen will, warum zehn größer ist als neun, obwohl die Zahl doch nur aus einer Eins und nichts besteht, halten Sie sich vor Augen, wie lange die Europäer gebraucht haben, um diesen asiatischen Zahlenzauber zu begreifen.

Wie würde Homer Simpson zählen?

Unsere Finger sind der Grund, warum wir ein Zahlensystem benutzen, das auf der Zehn basiert. Noch heute bezeichnet man im Englischen Ziffern und Stellen als *digits* – Finger und Zehen. Wie wichtig unsere Finger für die Entwicklung unseres Zahlensystems waren, wird klar, wenn wir uns mit den Zahlensystemen der Mayas, Azteken oder Kelten beschäftigen. Die Menschen dieser unterschiedlichen Kulturen hatten gemein, dass sie barfuß im Schneidersitz rechneten und somit nicht nur ihre Finger, sondern auch ihre Zehen nutzen konnten. Daher verwendeten sie Zahlensysteme, die auf der Zwanzig basierten. Abgesehen von unserer Fingerzahl, gibt es keinen zwingenden Grund für das Zehner-System. Ein auf der Zwölf fußendes System zum Beispiel hätte uns aus mathematischer Sicht mehr Vorteile zu bieten: Da die Zwölf ohne Rest durch zwei, drei, vier und sechs sowie eins und sich selbst geteilt werden kann, hätte uns ein Zwölfer-System viel von der ungeliebten Bruchrechnung erspart – die Zehn dagegen kann nur durch zwei, fünf sowie eins und sich selbst dividiert werden. Doch was wäre, wenn wir nur acht Finger hätten – so wie Homer Simpson oder Micky Maus? Dann würden wir so zählen: 1, 2, 3, 4, 5, 6, 7, 10, 11, 12 … Ein solches Zahlensystem nennt man Oktalsystem. Beachten Sie, wie die Ziffer Acht hier nie auftaucht – so wie es in unserem Dezimalsystem keine Ziffer für die Zehn gibt. Irritierenderweise erscheinen die Ziffern Acht und Neun ständig in *Simpsons*-Folgen – Homer rechnet also trotz seiner Finger dezimal. Und das, obwohl sich jede Menge Mathematiker und Naturwissenschaftler unter den Autoren der Serie befinden!

Wie Kinder zählen lernen

Unsere Kinder wachsen umgeben von Gegenständen auf, die durch Zahlen bezeichnet werden: Das Haus der Familie hat die Nummer drei; wenn sie mit der Mutter in der Straßenbahn in die

Stadt fahren, sagt diese: »Wir nehmen *die Acht*.« Es ist daher nicht überraschend, dass Kinder zu dem Schluss kommen, diese Nummern seien fest mit den Gegenständen verbunden. Wenn Kinder im Alter von zwei oder drei Jahren Zahlen kennenlernen, nehmen sie diese eher als Eigenschaftswörter oder Namen wahr denn als Mengen.

Ein Beispiel: Angenommen, Sie zählen mit Ihrem Kleinkind zusammen Gummibärchen. Wenn Sie es fragen, ob es Ihnen drei Bärchen geben könne, wird es Ihnen nur eines reichen – nämlich jenes, auf das Sie zeigten, als Sie beim Zählen »drei« gesagt hatten. Der erste Schritt, den ein Kind daher machen muss, ist, festzustellen, dass Zahlen keine Eigenschaften sind, sondern Mengen bezeichnen. Führen wir uns kurz vor Augen, was es auf dem Weg zum souveränen Zähler zudem noch lernen muss:

- Offensichtlich muss es die Namen der Zahlen lernen: eins, zwei, drei …
- Es muss lernen, diese Namen in der richtigen Reihenfolge wiederzugeben, ohne diese zu verändern.
- Es darf beim Zählen keine Zahl überspringen.
- Es darf Dinge nicht mehrfach zählen. Dieser Punkt fällt Kindern in der Regel besonders schwer. In ihrer Euphorie zählen sie Dinge oft doppelt und dreifach, bis ihnen die Zahlen ausgehen. Sie müssen ein System entwickeln, um gezählte von noch ungezählten Dingen abzugrenzen. Bei beweglichen Gegenständen, indem sie zwei Gruppen bilden und beim Zählen Dinge von der einen in die andere verschieben. Und bei unbeweglichen Dingen – zum Beispiel Punkte auf einer Serviette –, indem sie in Reihen abzählen.
- Das Kind muss wissen, dass die Zahl, die beim letzten abzuzählenden Gegenstand einer Menge genannt wird, die Anzahl bezeichnet. Man nennt dies das »Kardinalzahlprinzip«.

Am Anfang brauchen Kinder zum Zählen noch etwas Konkretes, das sie anfassen und sehen können, wie ihre Finger oder Bauklötze. Sie sehen die Reihenfolge der Zahlen noch als eine Kette an, die nicht gebrochen werden darf: Wenn sie beim Zählen unterbrochen werden – zum Beispiel durch den nervigen kleinen Bruder –, können sie nicht von der Stelle an weiterzählen, an der sie aufgehört haben. Fragt man sie, welche Zahl nach neun kommt, werden sie daher bei eins beginnend anfangen zu zählen: »1 – 2 – 3 – 4 – 5 – 6 – 7 – 8 – 9 – 10!«

Die letzte Zahl zeigt die Menge an

Der Knackpunkt und eine große Hürde ist das Verständnis des Kardinalzahlprinzips, das besagt, dass beim Abzählen die letzte genannte Zahl die Menge bezeichnet. Man kann es Kindern alleine durch reines Vormachen und Wiederholen nicht vermitteln. Stattdessen muss man sie zusätzlich dazu anregen, über Mengen nachzudenken.

Ein Beispiel: Ein Kind zählt sieben Legosteine ab, indem es auf jeden einzeln deutet und die Zahlenwortreihe aufsagt: einszweidreivierfünfsechssieben! Es hat den Anschein, als könne es zählen. Wenn man es aber fragt: »Wie viele Legosteine sind es denn?«, sagt es nicht sieben, sondern wiederholt als Antwort einfach den Prozess des Zählens: einszweidreivierfünfsechssieben! Das Zählen ist für dieses Kind nur ein Ritual, dessen äußeren Ablauf es zwar imitieren, dessen Sinn es aber noch nicht nachvollziehen kann.

Es gibt einen simplen Test, um zu prüfen, ob ein Kind das Kardinalzahlprinzip verstanden hat. Lassen Sie es einige Dinge abzählen, zum Beispiel Murmeln. Nehmen Sie diese dann und tun Sie sie in einen undurchsichtigen Behälter, etwa eine Tasche. Fragen Sie Ihr Kind dann: »Wie viele Murmeln sind jetzt in der Tasche?« Ein Kind, welches das Prinzip versteht, wird Ihnen, ohne zu zögern, die Menge sagen. Ein Kind, welches dieses Prinzip noch nicht verstanden hat, wird verlangen, in die Tasche sehen zu dürfen. Es muss die Murmeln vor sich haben, um das Zählritual zu wiederholen.

Ein anderer Weg ist Reden – man muss mit Kindern immer wieder über Mengen sprechen, damit sie deren Bedeutung verstehen. Fragen Sie sie zum Beispiel: »Rate mal, wie viele Gummibärchen ich in meiner Tasche habe!« Vergleichen Sie mit dem Kind Mengen: »Ich habe sieben Gummibärchen, und wie viele hast du? Wer von uns hat mehr und wer hat weniger?« Manchmal kann es sinnvoll sein, absichtlich Fehler zu machen: »Oje, du hast acht gezählt und ich nur sieben! Wer von uns hat jetzt recht? Lass uns das noch mal zählen!«

Tipps

Lenken Sie die Aufmerksamkeit auf die Menge Durch reines Imitieren des Abzählvorgangs verstehen Kinder noch nicht, wie Zahlen Mengen beschreiben. Man muss daher ihre Aufmerksamkeit immer wieder auf die Tatsache lenken, dass ein Zahlwort eine Gruppe abgezählter Dinge beschreibt. Ordnen Sie Dinge wie Muggelsteine zu Gruppen und reden Sie mit Ihrem Kind über Mengen. Was ist mehr? Was ist weniger? Tun Sie die Steine in eine Schachtel, so dass Ihr Kind sie nicht mehr sehen kann, und fragen Sie es: Wie viele sind da drin?

Trennen Sie Gezähltes von Ungezähltem Kinder verzetteln sich beim Zählen von losen Dingen wie Legosteinen oft, weil sie sich schwer merken können, welche Dinge sie bereits gezählt haben. Schieben Sie daher bereits abgezählte Gegenstände übertrieben deutlich zur Seite, um zu zeigen, dass diese nicht noch einmal gezählt werden dürfen.

Mischen Sie die Dinge immer wieder Arrangieren Sie die Gegenstände beim Zählen immer wieder neu, um Ihrem Kind zu verdeutlichen, dass die Anordnung und die Reihenfolge, in der Gegenstände abgezählt werden, keinen Einfluss auf deren Menge haben. Zeigen Sie Ihrem Kind, dass sich die Zahl der Dinge durch das Neuarrangieren nicht verändert.

Mengen erfassen

Um später flüssig rechnen zu können, müssen Kinder als ersten Schritt lernen, kleine Mengen im Raum von bis zu neun Dingen, sofort und ohne abzuzählen, zu erkennen. Doch wie erkennen wir Erwachsenen Mengen auf einen Blick? Betrachten Sie die untere Abbildung. Können Sie sofort erkennen, wie viele Punkte abgebildet sind – ohne mit den Augen von einem zum anderen zu wandern, um sie abzuzählen?

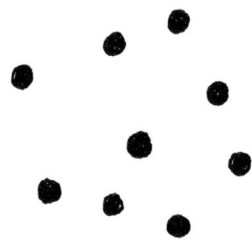

Wahrscheinlich können Sie nicht ohne Abzählen erkennen, um was für eine Anzahl von Punkten es sich hier handelt – wenn wir sie allerdings so anordnen, ist es offensichtlich:

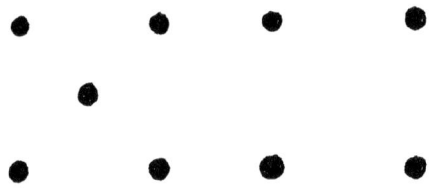

Menschen können nur Mengen von bis zu vier Dingen auf einen Blick erfassen, wenn diese nicht geordnet sind. Auch in Gedanken können wir uns nur sehr kleine Anzahlen vorstellen. Allerdings haben wir gelernt, diese Beschränkung unseres Gehirns zu umgehen, indem wir Mengen strukturieren und in kleine Gruppen aufteilen, die sich in unserer Vorstellung leichter darstellen lassen.

Probieren Sie es aus: Stellen Sie sich kleine Mengen von Gummi-bärchen vor und beobachten Sie Ihr Gehirn dabei, wie es diese völlig unbewusst und automatisiert zu Gruppen anordnet.

Ein Gefühl für Mengen zu entwickeln bedeutet also zum einen zu lernen, Anzahlen bis zu vier sofort zu erkennen, zum anderen, An-zahlen von fünf bis neun zu strukturieren, indem man sie in klei-nere Mengen zerteilt. Um mit diesen größeren Mengen im Raum von fünf bis zehn umzugehen, müssen Kinder wissen, wie sich Mengen aus kleineren Mengen zusammensetzen. Glücklicher-weise haben wir das perfekte Lernwerkzeug dafür ständig dabei und vor unseren Augen – unsere Finger.

Die Finger als Zähl- und Rechenhilfe

Die Finger haben als Rechenhilfe keinen guten Ruf. »Das solltest du aber schon ohne Hände können!«, bekommen Kinder in der Grundschule oft zu hören. Dabei übersehen Eltern und Lehrer allerdings oft, dass unsere Finger grundlegend für ein Verständnis von Mengen sind. Wir sollten nicht vergessen: Sie sind der Grund, weshalb wir ein Zahlensystem verwenden, das auf der Zehn ba-siert. Es ist daher lohnend, sich etwas näher mit ihnen zu beschäf-tigen – richtig angewendet können sie eine wunderbare Zählhilfe sein, die Kindern tiefe Einblicke bietet.

Wenn wir uns Mengen im Raum von fünf bis neun vorstellen, strukturieren wir diese in Gedanken, indem wir sie in kleinere Mengen einteilen. Bei der Einteilung orientieren wir uns oft an unseren Fingern. Sie bilden durch ihre natürliche Aufteilung – zwei Hände à fünf Finger, die zusammen zehn Finger haben – eine Art Referenzrahmen für unsere Vorstellung von Mengen. Das Be-sondere an unseren Fingern ist, dass sie nicht nur eine Zahl abbil-den können, sondern gleichzeitig noch ein inverses Abbild von ihr zeigen. Wenn wir zum Beispiel vier durch vier ausgestreckte Finger darstellen, zeigen uns die eingeknickten Finger gleichzeitig, dass diese Zahl um eins kleiner ist als fünf und um sechs kleiner ist als zehn. Diese inversen Zahlen sind für ein Verständnis von Mengen genauso wichtig wie die gezeigten.

Ein Beispiel: Es ist schwer, eine Vorstellung davon zu entwickeln, was neun ist – »eine Hand mit fünf ausgestreckten Fingern und eine Hand mit vier ausgestreckten Fingern« –, diese Vorstellung bringt unser Hirn schon an die Grenzen. Es ist einfacher, sich neun als »zwei Hände mit einem eingezogenen Finger« vorzustellen.

Die Finger verraten somit nicht nur eine Zahl, sondern zeigen gleichzeitig noch deren Beziehung zu den Zahlen Fünf und Zehn – den beiden entscheidenden Bausteinen unseres Zahlensystems – und machen dies *fühlbar*.

Sehen wir uns mal die Zahl Acht dargestellt durch Finger an:

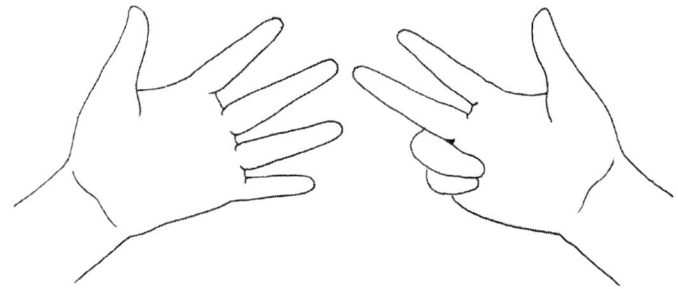

Natürlich sehen wir, dass die Acht aus acht Einsern (Fingern) besteht. Doch die Finger zeigen uns noch viel mehr: Wir bekommen vor Augen geführt, dass die Acht sich aus einer Fünf (eine ganze Hand) und einer Drei (die drei Finger der rechten Hand) zusammensetzt. Darüber hinaus sehen wir, dass die Acht zwei (eingeklappte) Finger von der Zehn (zwei ganze Hände) entfernt ist. Das sind eine ganze Menge Informationen, die eine einfache Ansammlung von abgezählten Dingen – wie Legosteine oder Gummibärchen – uns nicht vermitteln kann.

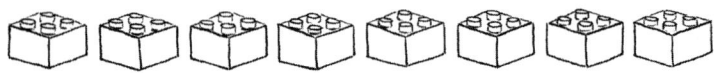

Wenn Kinder wissen, dass die Acht durch eine ganze Hand und drei Finger dargestellt werden kann, können sie Aufgaben wie »acht weniger fünf« mühelos lösen – indem sie einfach eine ganze Hand wegnehmen. Auf ähnlich einfache Weise können sie »acht weniger drei«, »acht und zwei dazu«, »zehn weniger zwei« oder »fünf und drei dazu« lösen. Sie können dieses Wissen allerdings nur dann nutzen, wenn sie Anzahlen mit den Fingern sofort, ohne Nachdenken und Abzählen anzeigen können.

Führen wir uns vergleichend vor Augen, wie umständlich es für ein Kind ist, »acht weniger fünf« zu lösen, wenn es durch Finger gezeigte Mengen nicht sofort erkennen kann. Zuerst müsste das Kind acht Finger abzählen. Dann müsste es wieder fünf zurückzählen, um dann festzustellen, dass es beim dritten Finger gelandet ist. Leider führt dieses sehr ineffektive Verfahren am Anfang zu richtigen Ergebnissen – es besteht daher die Gefahr, dass Kinder sich daran gewöhnen und gar nicht auf die Idee kommen, dass man anders rechnen kann. Dann kann das abzählende Rechnen für es zu einer gefährlichen Sackgasse werden.

Entscheidend ist, dass Kindern klar ist, dass sie fünf Finger an einer Hand haben und zehn an beiden zusammen. Sie müssen dann lernen, Anzahlen mit den Fingern sofort anzuzeigen, ohne dabei einzelne Finger zu zählen. Und dass sie umgekehrt in der Lage sind, mit den Fingern gezeigte Zahlen zu erkennen, ohne abzuzählen.

Tipps

Bringen Sie Ihrem Kind bei, dass eine Hand fünf Finger hat Für einen Vier- oder Fünfjährigen ist dieses Wissen nicht banal. Schütteln Sie dann die Hand durch. Wie viele Finger sind es jetzt? Hat deine Schwester auch fünf Finger an einer Hand? Haben alle Menschen gleich viele Finger an einer Hand? Gibt es Menschen, die sechs Finger an einer Hand haben? Bevor Sie das Zeigen von acht und neun Fingern üben, sollte das Kind wissen, dass es wie alle Menschen zehn Finger hat und dass sich diese Zahl nie ändert. Sie können zum Beispiel Ihre beiden Hände auf den Tisch legen und das Kind die Finger zählen lassen. Dann schütteln Sie die Finger durch und vertauschen Sie die Hände – die rechte Hand liegt links, die linke rechts. Sind es noch genauso viele?

Üben Sie das Anzeigen von Zahlen mit den Fingern Wichtig ist dabei, dass die Kinder diese sofort ohne Abzählen zeigen können. Fangen Sie mit Zahlen kleiner als fünf an. Es bereitet Kindern meistens keine Probleme, ein und zwei Finger zu zeigen. Aber schon bei drei Fingern müssen viele zählen. Reden Sie mit dem Kind darüber, wie seine Hand aussieht, wenn es drei zeigt: »Wenn wir drei zeigen, sind drei Finger ausgestreckt und zwei geknickt.« Das Gleiche gilt für das Zeigen von vier Fingern: Nur ein Finger der Hand ist eingezogen.

Üben Sie das sofortige Erkennen von Finger-Zahlen Fragen Sie Ihr Kind: »Wie viele Finger halte ich hoch?« Wenn es anfängt, die Finger doch abzuzählen, bringen Sie Schnelligkeit ins Spiel, um dies zu verhindern: Zeigen Sie Ihre Hände nur für einige Sekunden. Ihr Kind wird das schnelle Erkennen von Fingeranzahlen als Spiel auffassen. Wenn Kinder miteinander Spiele erfinden, geht es häufig darum, wer etwas »am schnellsten« kann. Den meisten Kindern macht es Spaß, ihren Eltern zu zeigen, wie schnell sie Zahlen erkennen können.

Fangen Sie klein an Verlangen Sie nicht zu viel von Ihrem Kind: Fangen Sie mit einem, zwei oder drei Fingern an. Erst wenn es alle Anzahlen erkennen kann, führen Sie die Menge vier ein.

Warten Sie nicht, bis Ihr Kind anfängt zu raten Angenommen, Ihr Kind kann Mengen bis vier erkennen. Doch jetzt halten Sie fünf Finger hoch, und es ist auf einmal ratlos: »Ähhh …« Wenn Sie zu lange warten, wird es anfangen zu raten und die Zahlen, die ihm bereits bekannt sind, durchprobieren – und unter Umständen diese falschen Zahlen mit dem Bild von fünf Fingern verbinden. Lassen Sie es nicht so weit kommen, sondern sagen Sie ihm sofort die richtige Antwort: »Fünf! Das sind fünf! Danach halten Sie sofort wieder fünf Finger hoch. Jetzt weiß es natürlich die Antwort: »Fünf!« Sie rufen »Richtig!« und loben es euphorisch. Ihr Kind hat ein Erfolgserlebnis und verbindet dieses schöne Gefühl mit der Zahl Fünf und merkt sie sich. Auch wenn es Fehler macht, wird dieses Spiel so zu einer einzigen Abfolge von Erfolgen und nie langweilig.

Lehren Sie Ihr Kind zu rechnen, ohne abzuzählen Wenn das Kind alle Zahlen von eins bis zehn ohne Abzählen zeigen kann, dann können Sie einfache Rechenaufgaben ausprobieren – allerdings ohne mathematisches Vokabular zu benutzen: »Was passiert, wenn wir acht zeigen und eine Hand wegnehmen? Oder wenn wir fünf zeigen und zwei dazutun?« Nehmen Sie allerdings nur Aufgaben, die fünf (also eine ganze Hand) oder zehn beinhalten – es reicht, wenn Ihr Kind sich einige Grundaufgaben merken kann.

Das Zehnerfeld

Dürfen Kinder also nur noch mit den Fingern zählen lernen – und nicht mehr mit Bohnen, Murmeln, Steinen, Tannenzapfen oder Büroklammern? Doch, natürlich. Solche losen Zählhilfen sind leider nicht so schön dem Dezimalsystem entsprechend strukturiert wie unsere Finger, aber eine solche Struktur kann man ihnen sehr schnell verpassen – mit dem Zehnerfeld.

Dies ist ein einfaches auf Papier gezeichnetes Gitter, das aus zwei Reihen von jeweils fünf Feldern besteht. Es lässt sich in Sekunden mit Stift und Papier herstellen. Gewöhnen Sie Ihr Kind beim Abzählen daran, die losen Zählhilfen in das Zehnerfeld zu legen. Eine gefüllte Reihe entspricht fünf, ein komplett gefülltes Feld zehn – das sollte Ihr Kind wissen.

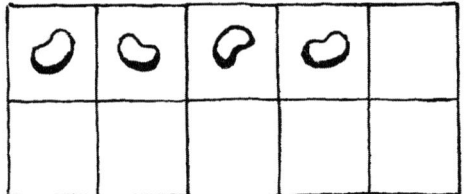

Vielleicht müssen Sie ein solches Zehnerfeld noch nicht mal zeichnen, weil Sie es bereits im Haushalt haben – im Kühlschrank! Ein Zehner-Eierkarton hat genau die richtige Anordnung zum Zählenlernen. Und Kinder lieben Eierkartons!

Die Namen der Zahlen verstehen

Probleme mit der Sprache

Nachdem das Kind erfolgreich die Zahlen bis zehn gelernt hat, wartet eine neue Hürde auf es, wenn es in den zweistelligen Bereich kommt: unsere Sprache. Beim Umgang mit Zahlen ist die alles andere als logisch und konsistent. Wir bezeichnen die Zahl 13 zum Beispiel als »dreizehn«, obwohl wir bei den Ziffern die Eins zuerst schreiben – das kann man nur mit den berühmten »historischen Gründen« erklären. Ein Kind muss sich fragen, warum es die Zahlen Dreizehn und Vierzehn gibt, aber keine Einszehn und Zweizehn. Dann, nach der Hundert, dreht sich das System plötzlich wieder um. Nun kommt der Hunderter zuerst, dann der Einer und erst danach der Zehner: Einhundertdreiundzwanzig. Kein Wunder, dass Kinder jede Menge kreative, aber leider falsche Zahlen kreieren. Sie erfinden vielleicht Namen wie »Zweizig« für die 20 oder bezeichnen 120 als »zwölfzig« oder 123 als »dreiundzwanzighundert«. Halten Sie sich vor Augen, dass diese Kreationen der Kinder meist durchaus Sinn ergeben – es ist unsere Sprache, die unlogisch ist! Sie können Ihre Kinder mit der Tatsache trösten, dass sie nicht als Franzosen auf die Welt gekommen sind: Bei denen heißt die Siebzig »sechzig-zehn« (soixante-dix), die Achtzig »vier-zwanzig« (quatre-vingt) und die Neunzig »vier-zwanzig-zehn« (quatre-vingt-dix). Liebe Franzosen – geht's noch?

Die Zahlensymbole

Eltern messen den Ziffern, also den geschriebenen Symbolen der Zahlen, viel Bedeutung bei. Es ergibt allerdings wenig Sinn, mit den Kindern Zahlen lesen und schreiben zu üben, wenn sie noch kein sicheres Gefühl für Mengen haben – für ein Kind ist es ziemlich schwierig, sich zu merken, wie das Symbol für »fünf« aussieht, wenn es keine richtige Vorstellung davon hat, was fünf ist. Bringen Sie Ihrem Kind daher die Ziffern erst bei, wenn es folgende Dinge beherrscht:

- Es hat das Kardinalzahlprinzip verstanden, weiß also, dass eine Zahl für eine ganze Gruppe von abgezählten Gegenständen steht.
- Es kann Anzahlen mit den Fingern der beiden Hände sofort anzeigen, ohne abzählen zu müssen.
- Es sollte wissen, dass es an einer Hand fünf und an beiden Händen zehn Finger hat und dass sich diese Anzahl niemals ändert – wenn man nicht gerade mit Kreissägen oder Piranhas spielt.
- Es kann kleine Mengen auf einen Blick erkennen.

Als ersten Schritt müssen Kinder die Symbole der Ziffern den Namen zuordnen können. Sie können die Ziffern zum Beispiel beim Betrachten von Bilderbüchern einführen: Kinder lieben es, wenn ihre Eltern sie beim Lesen von Bilderbüchern Dinge suchen lassen – insbesondere bei den bekannten »Wimmelbüchern«. Statt »Wo ist das Kaninchen?« können Sie fragen: »Wo ist die Eins?« – und dann auf die Seitenzahl deuten. Oder Sie können beim Lesen von Bilderbüchern ein Papier mit den ungeordneten Ziffern von eins bis neun bereithalten. Dann können Sie Dinge fragen wie »Wie viele Kanonen hat das Piratenschiff?«. Wenn das Kind diese gezählt hat, fragen Sie: »Und wo ist die Sechs hier auf dem Papier?«

Es hilft, sich zu vergegenwärtigen, was Kinder alles verstehen müssen, um schließlich den Ziffern Mengen zuordnen zu können:

- Sie müssen die Namen der Zahlen in ihrer Reihenfolge nennen können.
- Sie müssen die Namen der Zahlen auf Mengen übertragen können – zum Beispiel die Finger an ihrer Hand oder eine Anzahl Bauklötze.
- Sie müssen den Namen der Zahlen ihre Symbole, also die indisch-arabischen Ziffern, zuordnen können.

Während sie dies lernen, sind alle möglichen Übergangsstadien möglich: Es kann sein, dass ein Kind zwar die Namen der Zahlen aufsagen und durch Zählen die Menge einer Anzahl Bauklötze feststellen kann, diese aber nicht einer Ziffer zuordnen kann. Es ist möglich, dass ein Kind die Menge acht an den Fingern abzählen kann, ihm das Gleiche in einem anderen Kontext nicht gelingt – zum Beispiel, wenn es eine Sammlung aus Bauklötzen vor sich liegen hat, die keine vorgegebene Reihenfolge haben.

Eine große Hilfe beim Erlernen der Namen sind Legosteine. Ihr großer Vorteil ist, dass sie sich zu Säulen zusammenstecken lassen. Man könnte zum Beispiel die Ziffern aus Papier ausschneiden und auf den Tisch legen. Dann könnte man die Kinder eine bestimmte Menge Legosteine abzählen lassen, diese zu einer Säule zusammenstecken und sie dann fragen: »Das sind jetzt drei! Zu welcher Papier-Zahl stellen wir die Legosteine?«

3. KAPITEL

DIE SCHULE

Wer entscheidet,
was unsere Kinder lernen?

Bildung ist in Deutschland Angelegenheit der Bundesländer. Was Kinder in der Grundschule in Mathematik lernen, wird vom Kultusministerium des jeweiligen Bundeslandes im sogenannten Lehrplan festgelegt, der auch Bildungsplan oder Kerncurriculum heißt. Den Lehrplan Ihres Bundeslandes können Sie über die Webseite www.bildungsserver.de herunterladen.

Die Lehrpläne der unterschiedlichen Bundesländer sind sich meist recht ähnlich. In allen Ländern lernen Kinder in der Grundschule die Grundrechenarten, Geometrie und die Maßeinheiten. Überall wird ihnen bis zum Ende der zweiten Klasse das Rechnen mit Zahlen bis 100 und bis zum Ende der vierten Klasse das Rechnen mit Zahlen bis 1 000 000 beigebracht. Zudem einigten sich die Kultusminister der Bundesländer im Jahr 2004 auf gemeinsame Bildungsstandards für das Fach Mathematik in der Grundschule. Die können Sie von der Webseite der Kultusministerkonferenz www.kmk.org herunterladen.

Die Unterschiede der Lehrpläne liegen im Detail. In den Bildungsstandards wurden neben den Grundrechenarten, Geometrie und Maßeinheiten auch Daten und Wahrscheinlichkeit sowie Muster und Strukturen als neue Themen für den Mathematikunterricht aufgenommen. (In den Bildungsstandards ist von »Leitideen« die Rede, um zu unterstreichen, dass diese Themen miteinander verknüpft sind.) Allerdings haben bisher nur sechs Bundesländer diese Standards vollständig in Lehrpläne umgesetzt.

Unterschiede gibt es auch bei den schriftlichen Rechenverfahren. Einige Länder haben das Abziehverfahren als neues Standardverfahren für die schriftliche Subtraktion übernommen, andere blieben beim Ergänzungsverfahren – eine kurze Erklärung der Unterschiede finden Sie auf S. 64, eine ausführliche im Kapitel zur dritten Klasse.

Was hat sich seit der Schulzeit der Eltern verändert?

Wenn Sie die Schulbücher und Hefte Ihres Kindes durchblättern, werden Sie vielleicht feststellen, dass dieses nicht genau das Gleiche lernt, was Sie in der Schule gepaukt haben. Die Änderungen in deutschen Lehrplänen geben dabei Trends in allen westlichen Ländern wieder, die zum einen auf die ständige Verfügbarkeit von Computern und Taschenrechnern reagieren, zum anderen auf neue Erkenntnisse in der Lernforschung. Dabei fallen die Änderungen, die deutsche Eltern hinnehmen müssen, noch vergleichsweise harmlos aus – Briten oder Australier dagegen erkennen kaum etwas wieder, wenn sie in die Bücher ihrer Kinder blicken.

Kopfrechnen mit Gedankenstütze

Die wahrscheinlich auffälligste Veränderung gegenüber der Schulzeit der Eltern ist, dass heute weit mehr Wert auf Kopfrechnen gelegt wird als früher. Kinder lernen daher ab der zweiten Klasse Wege zum Lösen von Aufgaben der vier Grundrechenarten, die im Grunde genommen nichts anderes sind als jene vielfältigen Methoden, die wir täglich beim Rechnen in Gedanken benutzen. Dabei bringen ihnen die Lehrer bei, ihre Rechnungen durch kurze Notizen zu unterstützen. Diese Methoden heißen »halbschriftliche Verfahren« im Lehrer-Jargon. Da wir festgestellt haben, dass Eltern durch diesen Jargon oft verwirrt werden, benutzen wir lieber den Begriff »gestütztes Kopfrechnen«.

Lassen Sie uns kurz durch ein Beispiel den Unterschied zwischen gestütztem Kopfrechnen und schriftlichen Methoden verdeutlichen. Rechnen Sie die Aufgabe 27 + 14 einmal im Kopf und dann in einer schriftlichen Rechnung mit Untereinanderschreiben der Zahlen.

Fertig? Wie haben Sie es gemacht? Beim Rechnen im Kopf sind
Sie wahrscheinlich folgendermaßen vorgegangen: »27 plus zehn
ist 37 und 37 plus vier ist 41.« Vielleicht auch so: »20 plus zehn ist
30 und sieben plus vier ist elf, 30 plus elf ist 41.« Auf diese Weise
könnte man diese beiden Rechenwege als »gestütztes Kopfrechnen« auf Papier aufschreiben:

$$27 + 14 = 41$$
$$27 + 10 = 37 \qquad \textit{Schrittweises Vorgehen}$$
$$37 + 4 = 41$$

$$27 + 14 = 41$$
$$20 + 10 = 30 \qquad \textit{Stellenweises Vorgehen}$$
$$7 + 4 = 11$$
$$30 + 11 = 41$$

Egal, welchen Weg Sie wählten – Sie haben die zu addierenden Zahlen in ihre Stellen, also Einer und Zehner, aufgeteilt. Halbschriftliches Rechnen bedeutet nicht, dass nur die Hälfte der Rechnung
aufgeschrieben wird – in der Schule lernen die Kinder gestütztes
Kopfrechnen und schreiben durchaus jeden Rechenschritt auf.

Und bei der schriftlichen Rechnung?
Hier haben Sie vier mit sieben addiert, eine Eins
übertragen und diese mit einer Zwei und einer weiteren Eins addiert. Das haben alle schriftlichen Stan-

$$\begin{array}{r} 2\ 7 \\ +\ 1_1 4 \\ \hline 4\ 1 \end{array}$$

61

dardverfahren gemein: Man arbeitet bei ihnen nicht mit Stellen, sondern mit Ziffern – also nur mit Zahlen im Raum von null bis neun. Das macht das Rechnen mit ihnen so einfach. Doch der wirkliche Wert der Zahlen wird ignoriert. Das ist der Hauptunterschied zu den halbschriftlichen Verfahren, bei denen immer mit »kompletten« Zahlen gearbeitet wird.

Ein Problem der schriftlichen Standardverfahren ist, dass sie Kindern verschleiern, was bei der Berechnung vor sich geht. Da bei ihnen nur mit Ziffern gearbeitet wird, können sie bei Kindern zu einer Zahlenblindheit führen. Kinder, die noch kein gesundes Gespür für Zahlen entwickelt haben, können somit nicht kontrollieren, ob das, was sie tun, Sinn ergibt und ob das Ergebnis überhaupt stimmen kann – sie akzeptieren somit unhinterfragt alles, was ihre schriftliche Berechnung produziert.

Auch vor den Lehrplanänderungen haben Kinder bereits Kopfrechnen mit Gedankenstütze gelernt – allerdings wurden diese Verfahren von den Lehrern damals nur als kurzes Übergangsstadium hin zu den schriftlichen Verfahren angesehen, die als die »richtigen« Rechenverfahren galten. Verändert hat sich nur die Gewichtung des Unterrichtstoffs – halbschriftliche Verfahren bekommen heute weit mehr Aufmerksamkeit als die schriftlichen.

Daten und Wahrscheinlichkeit

Jeden Tag konfrontieren uns Fernsehen, Zeitung und Internet mit Statistiken: So erfahren wir, dass die Bundesbürger im Schnitt 60 Kilogramm Kartoffeln und 23 Fischstäbchen pro Jahr essen, sie haben 6,4-mal pro Monat Sex, und jeder fünfte von ihnen ist von Armut bedroht. Meist werden diese Zahlen mit Torten-, Kurvenoder Balkendiagrammen veranschaulicht. Dies suggeriert Präzision. Doch Statistiken können leicht missverstanden werden oder absichtlich in die Irre führen: Wenn wir hören, dass der Anteil der Frauen in der Führungsschicht eines großen deutschen Autoherstellers innerhalb eines Jahres um 13 Prozent gewachsen ist, klingt das beeindruckend. Ernüchternd wirkt es, wenn wir erfahren, dass der Anteil weiblicher Manager dabei nur von 4,3 auf 4,9 Prozent gestiegen ist.

Das Verstehen und Hinterfragen von Diagrammen und Statistiken ist eine wichtige Fähigkeit, die Kinder lernen müssen. Daten und Wahrscheinlichkeit ist daher ein neues Unterrichtsthema, das in die Bildungsstandards der Kultusministerkonferenz aufgenommen wurde und seit einigen Jahren auf den Lehrplänen mancher Bundesländer steht.

Bei diesem Unterrichtsthema geht es nicht nur darum, Daten zu sammeln und in Diagrammen zu präsentieren, sondern auch um Wahrscheinlichkeiten. Die Bildungsstandards verlangen, dass Kinder »Wahrscheinlichkeiten von Ereignissen in Zufallsexperimenten vergleichen«.

Muster und Strukturen

Als neue »Leitidee« für den Unterricht wurde von der Kultusministerkonferenz das Thema »Muster und Strukturen« eingeführt. Dabei geht es um das Entdecken und Untersuchen von Mustern und Regelmäßigkeiten. Zum einen sind damit tatsächlich geometrische Muster wie auf einer Tapete gemeint. Zum anderen Regelmäßigkeiten in Zahlenfolgen – zum Beispiel gerade und ungerade Zahlen. Von allen Leitideen der Kultusministerkonferenz ist diese die am vagsten formulierte. Zudem haben wir festgestellt, dass die meisten Beispielaufgaben, die von den Kultusministerien an Lehrer verteilt werden, auch anderen Unterrichtsbereichen wie den Grundrechenarten oder der Geometrie zugeordnet werden können. Daher haben wir auf ein eigenes Kapitel für Muster und Strukturen verzichtet. Trotzdem beschäftigen sich viele Inhalte in diesem Buch mit Mustern und Strukturen – zum Beispiel das Spiel »Nim« (S. 80), das Spiel »Bis 100« (S. 118) oder die Abschnitte zum Erforschen der Hunderter-Tafel (S. 178 f. und S. 211 f.) und der Einmaleins-Tafel (S. 142 f.).

Abziehverfahren versus Ergänzungsverfahren

Die meisten Eltern haben als Methode für die schriftliche Subtraktion wahrscheinlich das Ergänzungsverfahren gelernt. Seit einigen Jahren wird in vielen Bundesländern allerdings ein neues Verfahren zur schriftlichen Subtraktion gelernt, das sich Abziehverfahren nennt.

$$
\begin{array}{r}
3\ 1\ 2 \\
-\ 1_{1}2_{1}3 \\
\hline
1\ 8\ 9
\end{array}
\qquad\qquad
\begin{array}{r}
{}^{2}\ {}^{10}\ {}^{12} \\
\cancel{3}\ \cancel{1}\ \cancel{2} \\
-\ 1\ 2\ 3 \\
\hline
1\ 8\ 9
\end{array}
$$

Ergänzungsverfahren   *Abziehverfahren*

Im Grunde genommen unterscheiden sich beide Methoden nur minimal. Lediglich beim Umgang mit Überträgen – jenen Zahlen, die man sich »leiht« oder »im Sinn hat« – gibt es Unterschiede. Beim Ergänzungsverfahren addiert man den Übertrag zur nächsten Stelle des Subtrahenden (die Zahl, die abgezogen wird). Beim Abziehverfahren zieht man ihn von der nächsten Stelle des Minuenden (der Zahl, von der abgezogen wird) ab. Wir behandeln die Unterschiede zwischen Abziehverfahren und Ergänzungsverfahren ausführlich im Kapitel zur schriftlichen Addition und Subtraktion in der dritten Klasse (S. 182 ff.).

Ein typischer
Grundschul-Mathelehrplan

Wir haben im Folgenden in einer Übersicht zusammengefasst, wie ein typischer Verlauf des Matheunterrichts Ihres Kindes in der Grundschule aussehen könnte. Diese Aufstellung dient aber nur als Beispiel – schließlich unterscheiden sich die Lehrpläne von Bundesland zu Bundesland. Zudem liegt es oft im Ermessen des

Lehrers, welche Schwerpunkte er setzen will und welchen Stoff er wann in den Unterricht einfügt.

Erste Klasse

Im ersten Halbjahr wird der Lehrer zuerst sicherstellen, dass alle Kinder zählen und alle Ziffern erkennen und benennen können. Sie lernen dann Addieren und Subtrahieren – zuerst im Raum bis zehn, danach im Raum von zehn bis zwanzig. Dabei rechnen sie zuerst ohne Zehnerüberschreitung, zum Beispiel Aufgaben wie $13 + 4 = 17$. Im zweiten Halbjahr machen sie sich dann an das Rechnen über den Zehner und lösen Aufgaben wie $8 + 4 = 12$. Bei den Größen und Maßeinheiten werden sie Begriffe wie Euro und Cent oder Meter und Zentimeter kennenlernen. Sie werden Geldbeträge mit Spielgeld legen und lernen, Maßeinheiten mit Dingen aus ihrer Umgebung zu verbinden: »Mein Finger ist ungefähr einen Zentimeter breit« oder »Ein großer Schritt ist etwa ein Meter«. Im Bereich der Geometrie wird der Lehrer zuerst sicherstellen wollen, dass alle Kinder grundlegende Fähigkeiten wie das Unterscheiden von rechts und links oder vorne und hinten beherrschen. Sie üben zeichnen mit dem Lineal und lernen zweidimensionale Formen und Bezeichnungen wie Quadrat oder Kreis kennen.

Zweite Klasse

Der Lehrer wiederholt das Addieren und Subtrahieren im Raum von eins bis zehn und achtet nun darauf, dass es automatisiert geschieht, also augenblicklich durch Abrufen von Wissen und nicht durch Abzählen oder Kopfrechnen. Die Kinder lernen dann im Raum bis hundert Addieren und Subtrahieren und verwenden hierbei halbschriftliche Verfahren. Sie lernen Multiplikation und Division kennen und beginnen, die sogenannten Kernaufgaben, die einfacher zu merkenden Aufgaben des Einmaleins wie die

Fünfer- oder die Zehner-Reihe auswendig zu lernen. Bei den Maßeinheiten lernen sie zum Beispiel, Kalender und Fahrpläne zu lesen und Geldbeträge in Kommaschreibweise zu schreiben. Sie untersuchen die Eigenschaften von zweidimensionalen Körpern und lernen Symmetrien zu erkennen. Zudem lernen sie dreidimensionale Körper wie Würfel, Quader, Zylinder, Kegel oder Pyramide kennen.

Dritte Klasse

In diesem Jahr lernen die Kinder die Zahlen im Raum bis tausend kennen. Sie bekommen beigebracht, mit schriftlichen Verfahren Additions- und Subtraktionsaufgaben zu lösen und mit halbschriftlichen Methoden Multiplikations- und Divisionsaufgaben. Am Ende des Schuljahres sollten sie das gesamte Einmaleins auswendig kennen. Bei den Größen begegnen ihnen neue Einheiten, zum Beispiel Gramm, Kilogramm und Tonne. Sie lernen, Einheiten umzurechnen: Meter in Zentimeter oder Stunden in Minuten. Im Bereich der Geometrie üben sie das Zeichnen von Grundrissen von Gebäuden und Räumen. Sie falten Würfel in Würfelnetze auf und zeichnen dreidimensionale geometrische Figuren auf Karopapier ab.

Vierte Klasse

In diesem Schuljahr lernen die Kinder Zahlen bis 1 000 000 kennen. Sie üben das halbschriftliche Rechnen bei Division und Multiplikation und erarbeiten sich die schriftliche Multiplikation sowie die schriftliche Division mit einem einstelligen oder einem einfachen zweistelligen Divisor. Bei den Größen lernen sie, Maßeinheiten sowohl in Bruch- als auch in Dezimalschreibweise darzustellen. So erfahren sie zum Beispiel, dass man einen halben Liter sowohl als ½ l als auch als 0,5 l schreiben kann. Im Bereich der Geometrie zeichnen sie Pläne für Bauwerke aus Quadern und

Würfeln und lernen, diese aus verschiedenen Richtungen – von
vorne, von oben, schräg von der Seite – zu zeichnen. Sie lernen
Begriffe wie »senkrecht«, »parallel« und »rechter Winkel« kennen.
Bei zweidimensionalen Formen auf Karopapier messen sie deren
Flächeninhalt durch Zählen von Kästchen.

Unterschiede in den Lehrplänen der Bundesländer

Im Großen und Ganzen ähneln sich die Lehrpläne der Bundesländer für das Fach Mathematik – bei den Grundrechenarten und
Geometrie gibt es kaum Unterschiede. Unterscheidungen gibt es
vor allem in drei Punkten:

- Nicht in allen Bundesländern ist das Thema Daten und Wahr-
scheinlichkeit Teil des Lehrplans.
- Nur in einigen Ländern gehören Muster und Strukturen zum
Lehrplan.
- Beim schriftlichen Minusrechnen ist in einigen Ländern den
Lehrern das Ergänzungsverfahren vorgeschrieben, in anderen
das Abziehverfahren (siehe S. 64), während es in vielen keine
Vorschriften gibt und der Lehrer somit wählen kann, welches
Verfahren er den Kindern beibringen will.

Der folgenden Tabelle können Sie schnell entnehmen, welche Re-
gelungen in Ihrem Bundesland gelten.

Bundesland	Daten und Wahr-scheinlichkeit	Muster und Strukturen	Abzieh- oder Ergänzungsverfahren
Bayern[1]	Nein	Nein	Abziehverfahren verpflichtend
Baden-Württemberg	Ja	Ja	Keine Vorschriften

Bundesland	Daten und Wahrscheinlichkeit	Muster und Strukturen	Abzieh- oder Ergänzungsverfahren
Berlin[2]	Ja	Nein	Keine Vorschriften
Brandenburg[2]	Ja	Nein	Keine Vorschriften
Bremen[2]	Ja	Nein	Keine Vorschriften
Hamburg	Ja	Ja	Keine Vorschriften
Hessen[3]	Nein	Nein	Ergänzungsverfahren verpflichtend
Mecklenburg-Vorpommern[2]	Ja	Nein	Keine Vorschriften
Niedersachsen	Ja	Ja	Keine Vorschriften
Nordrhein-Westfalen	Ja	Nein	Keine Vorschriften
Rheinland-Pfalz	Nein	Nein	Keine Vorschriften
Sachsen	Nein	Nein	Keine Vorschriften
Sachsen-Anhalt	Ja	Ja	Beide Verfahren verpflichtend
Saarland	Ja	Ja	Keine Vorschriften
Schleswig-Holstein	Nein	Nein	Ergänzungsverfahren verpflichtend
Thüringen	Ja	Ja	Keine Vorschriften

1 Unter www.lehrplanplus.bayern.de kann bereits der Entwurf für einen Plan angesehen werden, der auch Daten und Wahrscheinlichkeit sowie Muster und Strukturen enthält.

2 Diese Bundesländer haben identische Lehrpläne.

3 Der offizielle hessische Lehrplan für Grundschulen stammt aus dem Jahr 1995 (!) und wird daher im Schulalltag weitgehend ignoriert. Stattdessen orientiert man sich an den Bildungsstandards der Kultusministerkonferenz.

4. KAPITEL

DIE GRUNDRECHENARTEN –
EIN WEGWEISER

$$1 + 1 = 2$$

$$5 - 2 = 3$$

$$2 \times 2 = 4$$

$$6 : 3 = 2$$

Der Grundschatz
an mathematischem Wissen

Vielleicht blättern Sie durch dieses Buch und denken sich, dass es einfach zu viel ist. Unter Umständen werden Sie nie die Zeit haben, mit Ihrem Kind alle Spiele und Forschungsprojekte durchzunehmen. Daher möchten wir an dieser Stelle einen Wegweiser für die Eltern einfügen, deren Zeit begrenzt ist, und die entscheidenden Wegpunkte der Entwicklung Ihres Kindes hervorheben, an denen Ihre Unterstützung wichtig ist.

Haben Sie auf einem Elternabend einmal das Wort »Zahlensinn« gehört? Es ist zu einem Schlachtruf der Pädagogen geworden, der alles anprangert, was in der Vergangenheit im Mathematikunterricht falsch lief und was jetzt verbessert werden soll. Doch was ist Zahlensinn?

Das Wort ist vage. Wir würden es so erklären: Ein Kind mit Zahlensinn besitzt ein umfangreiches Wissen darüber, wie sich Zahlen aus anderen zusammensetzen. Es weiß zum Beispiel, dass fünf aus zwei und drei oder vier und eins besteht. Oder dass sich zehn aus zwei Fünfern oder einer Eins und einer Neun zusammensetzt. Auf dieses mathematische Allgemeinwissen kann es jederzeit augenblicklich zugreifen.

Ein Kind mit Zahlensinn kann dieses Wissen nutzen, um Rechenaufgaben effektiv zu lösen und um eigene Lösungswege zu finden. Ein Beispiel: Ein Schulanfänger wird zum ersten Mal mit einer Aufgabe konfrontiert, die ein Ergebnis größer als zehn ergibt: sechs plus fünf. Er kennt noch kein Verfahren zum Rechnen über den Zehner. Doch er weiß, dass die Rechnung 5 + 5 zehn ergibt. Da ihm klar ist, dass sechs eins mehr als fünf ist, schließt er daraus, dass das Ergebnis eins mehr als zehn sein muss: also elf. Er zeigt »Zahlensinn«.

Wir sehen hier, dass Zahlensinn auf einem Grundschatz an Wissen basiert. Das ist typisch für Mathematik: Wie in keinem anderen Fach baut neues Wissen auf bereits vorhandenem auf, das jederzeit abrufbar ist.

Während Zahlensinn das ist, was Lehrer im Mathematikunterricht erreichen möchten, ist »abzählendes Rechnen«, was sie um jeden Preis verhindern wollen. Ein Kind, das nicht automatisch abrufen kann, dass 5 + 5 zehn ergibt, wird die Aufgabe 5 + 6 durch Abzählen lösen. Durch Zählen rechnen können Kinder schon, bevor sie in die Schule kommen. Haben sie zum Beispiel zwei Gruppen von einmal drei und einmal vier Gummibärchen vor sich liegen, können sie diese addieren. Sie müssen nur die beiden zusammenschieben und deren Gesamtsumme abzählen. Dieses abzählende Rechnen ist ein notwendiges und natürliches Übergangsstadium, um andere, schnellere Methoden zu lernen. Problematisch wird dieses Vorgehen aber, wenn es sich in der Schulzeit verfestigt.

Mit dem Begriff »abzählendes Rechnen« meinen wir nicht das Addieren und Subtrahieren mit den Fingern. Wir bezeichnen damit eher die Vorstellung, dass Zahlen wie auf einer Perlenkette aufgereiht seien und dass der einzige Weg zu rechnen sei, auf dieser Zahl für Zahl vor- oder zurückzuspringen. Kinder können aber durchaus im Kopf trotzdem abzählend rechnen – und umgekehrt mit den Fingern arbeiten und dabei nicht zählende Methoden verwenden.

Wenn Kinder Probleme mit den Grundrechenarten haben, zeigt sich das immer durch ein Hängenbleiben beim Abzählen. Überspitzt kann man sagen: Eine Rechenschwäche *ist* zählendes Rechnen. Es ist das Hauptziel des Mathematikunterrichts in der Grundschule, Schüler von dieser Art, Aufgaben zu lösen, wegzubringen und hin zu effektiveren Wegen zu führen. Wir werden daher in diesem Buch auf die Gefahren des abzählenden Rechnens noch häufig zurückkommen.

Ein Grundschatz an mathematischem Wissen ist notwendig, damit Kinder Zahlensinn entwickeln und vom abzählenden Rechnen lassen. Entscheidend ist, dass dieses Wissen automatisiert ist – dass Kinder es also jederzeit und augenblicklich abrufen können, ohne lange zu grübeln. Automatisierung erreicht man nur durch Üben, Wiederholen und Vertiefen. Und dies ist der Punkt, an dem die Hilfe der Eltern wichtig ist. Denn leider ist die Zeit im Unterricht zum Üben und Wiederholen begrenzt. Wir halten daher die folgenden vier Bereiche für besonders wichtig für die Entwicklung Ihres Kindes:

- **Vor der Schule und in der ersten Klasse:** Das Erkennen von kleinen Mengen auf einen Blick ohne Abzählen – zum Beispiel eine durch Finger angezeigte Anzahl oder die Menge der Augen auf einem Würfel. (Siehe S. 46)
- **In der ersten Klasse:** Die Zahlenpaare. Dies sind alle Plus- und Minusaufgaben im Bereich von eins bis zehn, die zehn oder fünf als Ergebnis oder als Teil der Rechnung enthalten. Zum Beispiel 2 + 3 = 5 oder 10 - 3 = 7. Ihr Kind sollte sie am Ende der ersten Klasse auswendig können. (Siehe S. 84)
- **In der zweiten und dritten Klasse:** Das Stellenwertsystem. So bezeichnen wir das System, mit dem wir Zahlen aufschreiben. Die Position der Zahl, ihre Stelle, bestimmt ihren Wert. Die Ziffer Eins kann somit für Eins, Zehn oder Hundert stehen. Versteht ein Kind das Stellenwertsystem nicht, kann es nur durch Abzählen rechnen. (Siehe S. 99 ff.)
- **In der dritten Klasse:** Das Einmaleins – Kinder müssen es vollständig auswendig wissen. (Siehe S. 135)

5. KAPITEL

GRUNDRECHENARTEN: DIE ERSTE KLASSE

1 2 3 4

Das mathematische Wissen
der Schulanfänger

Meine Frau und ich zählten mit unserem fünfjährigen Sohn Lukas Legosteine. Aus irgendeinem Grund verlangt er von uns immer, dass wir die Augen zumachen, wenn er etwas zählt – als befürchte er, dass wir ihm ins Hirn gucken könnten. Ich legte ihm drei Steine hin, und als ich meine Augen wieder öffnete, rief er: »Drei!« Dann gab ich ihm fünf weitere Steine, schloss die Augen, und er rief: »Fünf!« Danach schob ich die beide Haufen zusammen und hörte: »Acht!« Ich fragte ihn: »Also, Lukas, wie viel sind drei plus fünf?« Er schaute mich kurz empört an und sagte: »Musst du Rothana fragen! Ich geh noch nicht zur Schule!«

Wenn Kinder ihre erste Stunde Mathematikunterricht erleben, bringen sie wie Lukas bereits ein großes mathematisches Wissen mit, auf dem die Lehrer aufbauen können. Dabei gibt es aber große Unterschiede zwischen ihnen – in einer Klasse können manche vielleicht schon bis hundert zählen, während andere erst bis zur Zehn kommen. Besonders beim Schreiben von Ziffern sind die Wissensdifferenzen sehr groß. Es gibt daher nicht *den* Durchschnittsschulanfänger. Da sich viele Eltern allerdings fragen, was ihr Kind am Anfang der ersten Klasse können sollte, haben wir hier eine Übersicht von Fähigkeiten aufgestellt, welche die meisten Schulanfänger beherrschen. Wir möchten allerdings deutlich machen, dass diese nur als Beispiel dienen soll – sie ist weder vollständig noch verbindlich. Machen Sie sich also nicht verrückt, wenn Ihr Kind bei der Einschulung nur bis 14 zählen kann.

- Die überwiegende Zahl der Kinder kann die Zahlenwortreihe bis 20 aufsagen.
- Sie können Mengen mit bis zu vier Elementen auf einen Blick erkennen. Zum Beispiel, wenn man ihnen eine mit Punkten bedruckte Karte für einige Sekunden vor die Augen hält.

- Sie können weiterzählen – also an einem beliebigen Punkt der Zahlenwortreihe einsetzen und zum Beispiel von neun an weiterzählen. Das ist nicht so selbstverständlich, wie es vielen Erwachsenen erscheint!
- Sie können feststellen, welche Zahl vor einer anderen kommt. Also zum Beispiel die Antwort auf die Frage »Was kommt vor der Neun?« finden.
- Sie können Mengen mit zehn bis 20 Elementen abzählen – zum Beispiel Bauklötze oder Kastanien.
- Sie können durch Zählen zwei Mengen vergleichen und feststellen, welche größer ist – zum Beispiel sieben und acht Bauklötze.

Was die allermeisten Kinder noch nicht beherrschen, ist das Schreiben der Ziffern. Typischerweise können sie vielleicht ein oder zwei korrekt schreiben und noch ein paar mehr spiegelverkehrt. Das erste Drittel des Schuljahres wird der Lehrer nutzen, um alle Kinder auf den gleichen Stand zu bringen und mit ihnen das Zahlenschreiben zu üben.

Das Zählen vertiefen – im Rückwärtsgang

Die meisten Kinder können bei der Einschulung schon zählen. Es ist aber wichtig, dass sie lernen, flexibler und vielseitiger abzuzählen. Besonders Jungs wissen: Bevor Raumschiffe abheben, zählt man rückwärts bis zum Start der Triebwerke. Das Rückwärtszählen ist eine wichtige Fähigkeit und eine Voraussetzung für das Minusrechnen. Leider sind Starts von Raumfähren und Raketen heute in den Nachrichten und in Kinderbüchern weit weniger präsent, als sie es noch während meiner Kindheit waren. Doch ein solcher Countdown lässt sich heute noch bei allen Arten von albernen Spielen mit Kindern einsetzen: vor dem Sprung ins kalte Wasser des Freibads zum Beispiel oder beim Versteckenspielen. Countdowns lassen sich nutzen, um Kinder daran zu gewöhnen, dass es eine Zahl gibt, die kleiner als eins ist. Lassen Sie Ihre

Countdowns also immer bei null enden und schreien Sie die Zahl mit Ihrem Kind zusammen hinaus. Es soll wissen: »Bei null geht's los!«

Weiterzählen

Oft fällt es Kindern nicht leicht, die Zahlenwortreihe aufzubrechen und von einer bestimmten Zahl an weiterzuzählen. Zum Beispiel, wenn sie diese Aufgabe gestellt bekommen: »Bei welcher Zahl landest du, wenn du von acht aus um vier weiterzählst?«
Dies macht Kindern Mühe, da sie zweimal zählen müssen: Zum einen müssen sie die Zahlwortreihe aufsagen, zum anderen müssen sie festhalten, wie viele Schritte sie bereits gegangen sind. Typischerweise benutzen sie dabei die Finger und strecken immer einen zusätzlichen aus.
Erwachsene unterschätzen, wie schwer das Weiterzählen Kindern fällt. Die Schwierigkeiten werden aber schnell deutlich, wenn wir es selbst ausprobieren und die Zahlen dabei durch Buchstaben ersetzen: Versuchen Sie von g aus um d Schritte weiterzuzählen, ohne dabei Buchstaben durch Zahlen zu ersetzen. Sie werden feststellen, dass es ohne Benutzung der Finger so gut wie unmöglich ist.
Kinder machen beim Weiterzählen einen häufigen Fehler. Sie nennen die Zahl, von der aus sie anfangen sollen zu zählen, und strecken bereits den ersten Finger aus. Ein Kind, das diesen Fehler macht, löst die oben genannte Beispielaufgabe, indem es so zählt: 8, 9, 10, 11. Sein falsches Ergebnis 11 ist also um eins kleiner als das richtige. Dieser Abzählfehler ist einer der häufigsten, den Kinder beim Rechnen in der ersten und zweiten Klasse machen, wenn sie noch durch Abzählen rechnen. Das Weiterzählen muss mit Kindern daher geübt werden. Bringen Sie Ihrem Kind bei, beim Weiterzählen die Hand zu einer Faust zu ballen, wenn es die Zahl nennt, von der aus gezählt werden soll – erst bei der folgenden streckt man den ersten Finger aus.

Rückwärts weiterzählen

Weiterzählen ist schwierig, doch noch schwieriger ist das Rückwärts-Weiterzählen. Beim Rückwärtszählen sind die Kinder weniger sicher als beim Vorwärtszählen. Erschwerend kommt nun dazu, dass sie bei der Zahlwortreihe und beim Protokollieren der Schritte in unterschiedliche Richtungen gehen müssen: Während sie die Zahlwortreihe rückwärts zählen, müssen sie beim Protokollieren mit den Fingern vorwärts zählen.

Sie können das Rückwärts-Weiterzählen mit Ihrem Kind üben, indem Sie Zahlen auf den Boden malen und auf diesen in Schritten vor- und zurücklaufen. Wenn Sie große, rechteckige Fliesen in Ihrer Wohnung haben, können Sie diese mit etwas Kreide durchnumerieren. Oder Sie können die Platten des Gehwegs vor dem Haus dafür nutzen.

Zum Spielen: Nim

Dieses Spiel ist für sehr kleine Kinder geeignet, da man nur bis zwei zählen können muss, um daran teilzunehmen. Sie lernen dabei die Ziffern von eins bis zehn – und noch viel mehr. Man braucht für das Spiel nur einen Plan mit zehn nebeneinanderliegenden Feldern, die mit den Zahlen von eins bis zehn beschriftet sind – er lässt sich schnell mit Stift und Papier herstellen –, und zweimal sieben Spielsteinen in unterschiedlichen Farben. Zur Not lassen sich Stücke aus farbigem Papier verwenden.

1	2	3	4	5	6	7	8	9	10

Die Spieler können nun bei eins beginnend abwechselnd entweder einen oder zwei Spielsteine nebeneinander auf die Felder legen – mindestens einen *müssen* sie allerdings legen. Wer am Schluss seinen Stein auf die Zehn legen kann, hat das Spiel gewonnen. Die meisten Kinder kommen sehr schnell darauf, dass es eine Gewinnstrategie gibt: Man muss bestimmte Felder besetzen, um zu siegen. Tatsächlich ist es ein sogenanntes »Pseudospiel«, weil ein wissender Spieler sich schon im ersten Zug in eine Position bringen kann, von der aus er das Spiel auf jeden Fall gewinnen wird. Finden Sie und Ihr Kind die Siegerstrategie heraus? (Auf S. 331 finden Sie die Auflösung – aber versuchen Sie erst mal, selbst darauf zu kommen!)

Ziffern schreiben

Wenn Kinder in die Schule kommen, können sie in der Regel schon die Ziffern lesen und benennen. Anders sieht es beim Schreiben aus: Das muss mühsam geübt werden. Wenn Sie Ihrem Kind beim Zahlenschreiben helfen, achten Sie darauf, dass es an den richtigen Stellen an- und absetzt. Mehrstellige Zahlen und Rechenaufgaben sollten von links nach rechts geschrieben werden – nicht »wie man spricht«.

Addition und Subtraktion

Schon lange bevor Kinder eingeschult werden, beherrschen sie informelle Wege des Addierens. Das formale Rechnen mit Zahlen und Symbolen jedoch lernen sie erst in der Schule. Dort wird das Addieren gleichzeitig mit dem Subtrahieren als dessen Umkehrung des Plusrechnens eingeführt. Typischerweise werden Kinder im ersten Halbjahr des ersten Schuljahres Addieren und Subtrahieren im Zahlenraum von eins bis zehn lernen und im zweiten Halbjahr mit Zahlen bis 20. In der zweiten Klasse lernen sie das

Rechnen mit Zahlen bis 100 mit halbschriftlichen Methoden. Das Addieren stellt Kinder in der Regel vor wenige Probleme – schließlich ist es nur die Weiterführung des Abzählens. Es ist eher die Subtraktion, die ihnen Schwierigkeiten bereiten kann.

Vier Rechentaktiken von Kindern

Wenn Kinder das Addieren und Subtrahieren lernen, gehen sie durch verschiedene Entwicklungsstadien, in denen sie je nach Situation und ihrem Wissen unterschiedliche Vorgehensweisen nutzen. Über die erste Taktik haben wir schon im letzten Kapitel gesprochen: das Abzählen. Wenn Sie ein Kind am Anfang der ersten Klasse 5 + 3 rechnen lassen, wird es wahrscheinlich 1-2-3-4-5 abzählen und von hier an noch drei weiter: 6-7-8. Diese Vorgehensweise, »Allesabzählen«, ist die langsamste und umständlichste von allen.

Irgendwann stellen Kinder fest, dass es nicht notwendig ist, *alles* zu zählen. Sie können genauso gut von der Fünf an weiterzählen und gelangen trotzdem zum gleichen Ergebnis: 6-7-8! Weiterzählen ist ein Fortschritt gegenüber Alleszählen, aber immer noch ein Übergangsstadium hin zum Kopfrechnen.

Nach einiger Zeit werden Kinder sich merken, dass das Zahlenpaar fünf und drei zusammen acht ergibt. Sie müssen nicht mehr abzählen, sondern können auf vorhandenes Wissen zurückgreifen – offensichtlich ist das die schnellste und effektivste Methode. Einen großen Teil des Mathematikunterrichts in der Grundschule verbringt Ihr Kind mit dem Auswendiglernen der Zahlenpaare im Zahlenraum – das sind im Grunde genommen alle Rechenaufgaben, die fünf oder zehn in der Aufgabe oder im Ergebnis enthalten. Mit gutem Grund.

Denn entscheidend für den langfristigen Erfolg des Kindes ist eine vierte Vorgehensweise: Wenn die mathematischen Probleme, mit denen das Kind konfrontiert wird, komplexer werden, wird es nicht immer auf seine bekannten Zahlenpaare zurückgreifen können. Es wird Probleme nur lösen können, wenn es von seinem bekannten Wissen neues Wissen ableitet.

Hier ein Beispiel für ein solches Vorgehen: Ein Kind wird mit dem Problem 5 + 6 konfrontiert. Es denkt sich: »Ich weiß das Ergebnis von 5 + 6 nicht – aber ich weiß, dass 5 + 5 zusammen zehn ergibt. Da sechs eins mehr als fünf ist, muss das Ergebnis also elf sein!« Man könnte diese Taktik als die Fähigkeit beschreiben, eine schwierige Aufgabe in eine leichtere umzuwandeln, die zu dem gleichen Ergebnis führt.

Diese vierte Methode – »Wissen ableiten« – ist die Geheimwaffe erfolgreicher Rechner! Führen Sie sich vor Augen, wie viel Wissen ein Kind sich allein von einer einzigen bekannten Lösung ableiten kann:

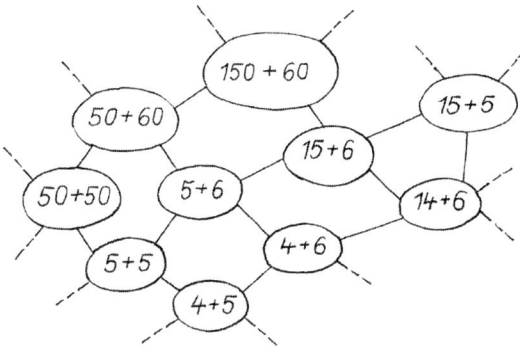

Zudem können sich Kinder selbst erarbeitetes Wissen sehr gut merken. Sie eignen sich somit ständig neues Wissen über Zahlen an, das sie wiederum als Ausgangspunkt zum Ableiten von weiterem Wissen nutzen können. Bei Kindern, die in der Lage sind, sich selbst Wissen abzuleiten, kommt es daher zu einer flächenbrandartigen Zunahme ihres Wissens über Zahlen.

Doch offensichtlich kann es kein abgeleitetes Wissen ohne eine bereits vorhandene Sammlung an bekanntem Wissen geben – wenn ein Kind nicht weiß, dass 5 + 5 zehn ergibt, wird es dieses Wissen nicht nutzen können, um daraus das Ergebnis von 5 + 6 abzuleiten. Erinnern Sie sich noch daran, wie wir im letzten Kapitel das sofortige Anzeigen von Zahlen mit den Fingern geübt haben? Es wird den Kindern jetzt beim Erlernen der Zahlenpaare helfen.

Verliebte Zahlen

Die Zahlenpaare im Raum von eins bis zehn werden von den Lehrern gerne »verliebte Zahlen« genannt. Im Grunde genommen sind damit alle Additionsaufgaben gemeint, die links oder rechts vom Gleichheitszeichen fünf oder zehn enthalten sowie ihre Tauschaufgaben.

1 + 4	2 + 3	5 + 1	5 + 2	5 + 3	5 + 4

1 + 9	2 + 8	3 + 7	4 + 6	5 + 5

Die Kenntnis dieser Zahlenpaare ist entscheidend, um den Absprung vom abzählenden Rechnen mit den Fingern hin zum Kopfrechnen zu schaffen. Sie sind eine Grundlage, um den Übergang aus dem Zahlenraum von eins bis zehn über den Zehner zu schaffen. Die Zahlenpaare sind daher eines der Themen, bei dem Eltern den Lehrer massiv unterstützen können, indem sie diese zu Hause durch Spiele üben.

Zum Spielen: Zehn und fünf

Für dieses Spiel brauchen Sie fünf oder mehr der herkömmlichen Würfel mit sechs Seiten. Der erste Spieler wirft die Würfel. Aus den gewürfelten Zahlen versucht er, Paare, die zusammen zehn oder fünf ergeben, zu bilden. Diese Paare werden zur Seite gelegt. Man addiert die Zahl der Augen der übrig gebliebenen Würfel und merkt sie sich. Danach ist der zweite Spieler an der Reihe. Der Spieler, bei dem die niedrigere Augenzahl übrig geblieben ist, gewinnt die Runde. Nach zehn Runden ist das Spiel vorbei – der Spieler, der die meisten Runden gewonnen hat, ist Sieger.

Ein Beispiel: Der erste Spieler wirft: eins, sechs, zwei, zwei, vier. Er kann mit der Sechs und der Vier eine Zehn bilden. Übrig bleiben fünf Augen. Der zweite Spieler wirft: drei, vier, vier, zwei, sechs. Er kann eine Zehn und eine Fünf bilden, übrig bleiben vier Augen – der zweite Spieler hat somit diese Runde für sich entschieden.

Die Zahl Null

Im zweiten Kapitel haben wir beschrieben, mit welchem Misstrauen die Europäer der asiatischen Null begegnet sind. Wenn man ein Kind in der zweiten oder dritten Klasse hat und erlebt, wie viele Probleme diese Zahl ihm bereitet, kann man Verständnis für sie entwickeln. Dass die Null für Kinder so schwierig zu durchschauen ist, liegt daran, dass sie handlungsbetont an Matheaufgaben herangehen. Die Aufgabe 2 + 2 kann man zum Beispiel als »zu zwei Kastanien zwei weitere hinzufügen« darstellen – das geht bei 2 + 0 aber nicht: »Zu zwei Kastanien nichts hinzufügen« lässt sich schwer als Handlung darstellen.

Da Lehrer und Eltern die Null oft übergehen, werden diese Probleme verschärft. Beim Zählen wird sie meist ignoriert – wir beginnen in der Regel mit der Eins. Auch beim Einmaleins wird sie meist übergangen – weder Eltern noch Lehrer fragen Kinder ab, wie viel null mal neun ist. Übersehen Sie also beim Zählen und bei den ersten Rechenaufgaben die Null nicht und sprechen Sie mit Ihren Kindern über Aufgaben wie 5 + 0, 8 - 0 oder 9 - 9. Was bedeutet es, wenn man zu fünf Kastanien keine Kastanien hinzufügt oder von neun Kastanien neun Kastanien wegnimmt?

Zum Erforschen: Die Schüttelbox

Eine Schüttelbox für Kinder ist ein spielerischer Weg zum Lernen der Zahlenpaare. Dies ist eine Schachtel, gefüllt mit zehn Holzkugeln oder Plastikperlen. Ihr Deckel besteht aus einem Fenster, durch das man in die Box schaut. Dort wiederum befindet sich neben den Kugeln eine durchbrochene Trennwand, die den Innenraum in zwei Teile aufteilt. Schüttelt man die Box, landen die Perlen in zufälligen Aufteilungen links und rechts der Trennwand. So können Kinder spielerisch erkunden, wie sich die Zahl Zehn in Zahlenpaare aufteilen lässt. Besonders spannend wird es, wenn eine Hälfte des Fensters abgedeckt wird – dann müssen Kinder aus der Zahl der sichtbaren Kugeln auf die der verdeckten schließen.

Wenn Sie »Schüttelbox Mathe« bei Google eingeben, werden Sie zu zahlreichen Onlineshops für Lehrmittel geleitet, welche solche Boxen anbieten. Sie lässt sich aber auch schnell basteln.

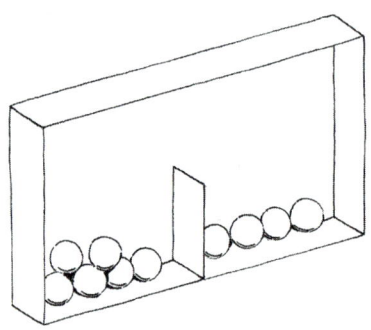

Zum Spielen: Zahlen-Memory

Memory ist jenes Spiel, bei dem man normalerweise Paare von Bildern mit drolligen Tierkindern suchen muss. Man kann das auch mit Zahlenpaaren machen: Nehmen Sie elf kleine Karteikarten oder Papierstücke, schreiben Sie nacheinander die Ziffern von null bis zehn auf jeweils eine Karte und wiederholen Sie das mit einem weiteren Elfer-Stapel, so dass Sie am Ende eine Sammlung von 22 Karten erhalten, in der jede Zahl zweimal vorhanden ist. Mischen Sie die Karten und breiten Sie diese mit der Aufschrift nach unten aus. Ziel ist es, immer zwei Karten aufzudecken, deren Summe zusammen zehn ergibt.

Ich kann mich hier nicht auf wissenschaftliche Studien stützen, aber Kinder scheinen ein fotografisches Gedächtnis zu haben, das Erwachsenen verlorengegangen ist – zumindest zieht mich Rothana beim Memory jedes Mal über den Tisch.

Abzählen – eine gefährliche Sackgasse

Da verfestigtes Rechnen durch Abzählen *die* Hauptursache für anhaltende Probleme ist, möchten wir an dieser Stelle etwas genauer darauf eingehen. Abzählen ist ein notwendiges Übergangsstadium, durch das Kinder gehen müssen, das sie jedoch rechtzeitig hinter sich lassen sollten – möglichst am Ende der ersten Klasse. Doch ein Teil tut sich schwer damit, von den Abzähltaktiken zum Wissen über Zahlenpaare und zum Rechnen durch abgeleitetes Wissen zu wechseln. Stattdessen verfeinern sie ihre Abzähltechnik immer weiter. Der Grund: Abzählendes Rechnen funktioniert und liefert meist richtige Ergebnisse. Doch je weiter die Kinder im Stoff der Grundschule voranschreiten, desto mehr wird es zu einem Ballast.

Wir müssen uns vor Augen halten, wie umständlich und fehleranfällig das Rechnen durch Abzählen ist. Hartmut Spiegel und Christoph Selter geben in ihrem Buch *Kinder und Mathematik* ein anschauliches Beispiel: Versuchen Sie einmal zu rechnen, indem Sie Zahlen durch Buchstaben ersetzen: Das A ist die Null, das B ist die Eins und so weiter. Sie werden wahrscheinlich mit ihren Fingern zählen müssen, um die Buchstaben in Ziffern zu übersetzen. Die Aufgabe C + E lässt sich auf diese Weise noch recht schnell lösen. Aber wie sieht es mit K + W aus? Und jetzt stellen

Sie sich vor, Sie müssten auf diese Weise subtrahieren oder multiplizieren!

Rechnen durch Abzählen bringt noch ein weiteres Problem mit sich: Es verstellt Kindern die Sicht darauf, wie sich Zahlen aus anderen zusammensetzen. Ein Kind, das abzählt, kann zum Beispiel nicht erkennen, dass sich 11 aus 5 + 5 + 1 oder aus 10 + 1 zusammensetzt. Zahlen bleiben für dieses Kind immer wirre, ungeordnete Ansammlungen von Einern. Es kann sich daher Wissen über Zahlen nicht selbst ableiten und macht keine Fortschritte in Mathematik. Ein Verharren beim Abzählen ist daher ein typisches Anzeichen für das, was man gerne »Rechenschwäche« nennt.

Es ist, als würden Kinder, die durch Abzählen rechnen, in einem anderen Mathe-Universum rechnen als jene, die effektivere Wege nutzen. Sie denken, dass es beim Rechnen nur um Abzählen geht und dass ihr Misserfolg darauf basiert, dass sie nicht genau und schnell genug zählen. Daher versuchen sie, ihre Abzähltechniken immer mehr zu verbessern, und verfestigen diese Methode immer weiter – Abzählen wird somit zu einer Sackgasse.

Wenn Kinder beim Rechnen sehr lange überlegen, flüstern, die Lippen bewegen, mit dem Kopf nicken oder mit ihren Fingern spielen, sind dies Anzeichen für Rechnen durch Abzählen. Lösen sie ihre Aufgaben auf Papier, sind Ansammlung von Punkten am Seitenrand oder auf der Rückseite, die das Kind als Zählhilfen gezeichnet hat, Hinweise auf abzählendes Rechnen.

Es ergibt keinen Sinn, Kindern das Abzählen zu verbieten oder ihnen Vorwürfe zu machen, da sie Wege finden, ihre Rechenmethode beizubehalten, ohne dass Erwachsene dies bemerken – zum Beispiel indem sie mit ihren Fingern unter dem Tisch rechnen oder diese zählen, während sie unbewegt auf dem Tisch liegen. Man kann ihnen nur die Zahlenpaare als schnelleren und sichereren Rechenweg anbieten und hoffen, dass sie dessen Vorteil von selbst erkennen. Es ist normal, dass Kinder noch in der zweiten Klasse durch Abzählen rechnen. Aber spätestens in der dritten sollten sie es hinter sich gelassen haben.

Zum Spielen: Bis zehn

Dies ist ein Kartenspiel für drei bis vier Spieler, das die Zahlenpaare im Raum von eins bis zehn übt. Nehmen Sie ein Kartenset (bestehend aus zweimal 55 Blatt) und entfernen Sie Buben, Damen, Könige, Joker und die Zehner. Mischen Sie gut.

Geben Sie jedem Spieler zehn Karten. Alle gehen nun durch ihre Karten und versuchen dabei jeweils Paare zu finden, die zusammen zehn ergeben. Ein Ass bekommt dabei den Wert eins. Der Spieler mit den meisten Paaren gewinnt.

Was ist Minusrechnen eigentlich?

Kinder haben in der Regel wenige Probleme damit, das Addieren zu verstehen – beim Subtrahieren sieht dies allerdings anders aus. Erwachsene sagen Kindern oft, dass es »wegnehmen« sei, während das Addieren »dazutun« sei. Doch Subtrahieren kann auch »die Differenz finden« bedeuten, also ausrechnen, wie viel *zwischen* zwei Zahlen ist. Kinder müssen also nicht nur lernen, *wie* man subtrahiert, sondern auch *wann*. Besonders verwirrend: Um eine Differenz zu finden, müssen Kinder oft das Gegenteil vom Subtrahieren machen – sie müssen addieren. Eine typische Aufgabe zum Differenzfinden könnte so lauten:

»Thomas hat sieben Murmeln und Annika neun. Wie viele Murmeln hat Annika mehr als Thomas?«

Hier werden keine Murmeln weggenommen – am Ende der Aufgabe hat Annika immer noch neun und Thomas sieben Murmeln. Trotzdem ist Subtraktion der richtige Weg. Ein Kind, dem man erklärt hat, dass minus immer »wegnehmen« bedeutet, könnte hier auf die Idee kommen, dass man wohl etwas addieren müsse. Noch deutlicher wird dies bei der folgenden Beispielaufgabe:

»Sarah möchte sich das neue ›SingStar‹-Spiel kaufen. Sie hat 15 Euro gespart. Das Spiel kostet 27 Euro. Wie viel Euro muss sie noch sparen?«

Offensichtlich muss Sarah hier Euros dazutun – trotzdem ist Subtrahieren verlangt. Noch verwirrender: Um die Aufgabe zu lösen, müssen Kinder eine Addition durchführen: 15 + *wie viel?* = 27. Wenn Kinder das Subtrahieren kennenlernen, muss man sie also darauf hinweisen, dass es nicht nur »wegnehmen« bedeutet, sondern auch »Wie viel ist dazwischen?«.

Der im Folgenden vorgestellte Zahlenstrahl hilft Kindern in solchen Situationen ungemein. Wenn wir uns betrachten, wie verschieden Aufgaben mit dem Zahlenstrahl gelöst werden können, werden wir feststellen, dass sie letztendlich nur die Umkehrung der bekannten Additionsverfahren sind.

Der Zahlenstrahl

Der Zahlenstrahl hilft den Kindern, ihre Gedanken zu sortieren: Es handelt sich um eine Linie, auf der die Zahlen in ihrer Reihenfolge von links nach rechts angeordnet sind. Die Kinder können Additionen und Subtraktionen durchführen, indem sie mit einem Stift von einer Zahl zur anderen springen. Der Zahlenstrahl ist heute fester Bestandteil jedes Mathelehrbuchs.

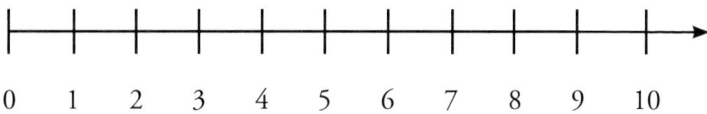

Man muss dabei nicht einen ordentlichen Pfeil mit millimetergenauen Einteilungen zeichnen, wie man ihn aus den Schulbüchern kennt. Im Gegenteil, die Beschriftungen und Einteilungen können Kinder sogar verwirren oder einschüchtern. Am Anfang, wenn die Kinder noch im Raum von eins bis 20 rechnen, reicht es, die Reihenfolge der Zahlen auf Papier aufzuschreiben.

Später, wenn Kinder im Zahlenraum bis 100 rechnen, kann ihnen ein einfacher Zahlenstrahl ohne Skala helfen, ihre Gedanken zu ordnen. Er kann viel mehr, als Kindern nur beim Kopfrechnen zu helfen. Wenn Kinder ihr Vorgehen auf dem Zahlenstrahl festhalten, können sie ihren Eltern eine Vorstellung davon geben, was in ihrem Kopf vorgeht. Und der Strahl hilft dabei, über verschiedene Vorgehensweisen zu sprechen.

Die große Hürde: über den Zehner

Das Rechnen über den Zehner ist eine wichtige Hürde, die Kinder in der zweiten Hälfte der ersten Klasse nehmen müssen. Wenn sie mit dieser Schwelle konfrontiert werden, befinden sie sich in der Regel noch in dem Stadium, in dem sie durch Abzählen rechnen – und jetzt müssen sie feststellen, dass ihnen die Finger ausgehen. Der Lehrer wird die Kinder darauf vorbereiten, indem er zuerst Aufgaben im Raum zwischen zehn und 20 ohne Sprung über die Zehn durchnimmt, wie zum Beispiel 14 + 3 = 17.

Wird das Standardverfahren zum Rechnen über den Zehner durchgenommen, ist etwas abstraktes Denken und viel geplantes Vorgehen notwendig. Bei dieser Methode wird die zu addierende Zahl in zwei Teile aufgetrennt: Man addiert zuerst den ersten Teil, bis die Zehn voll ist. Dann fügt man der Zehn den zweiten Teil hinzu und erhält so das Ergebnis. Lassen Sie uns noch einmal vergegenwärtigen, wie viele Schritte ein Kind bewältigen muss, bevor es zum Beispiel eine Aufgabe wie 7 + 5 durch »Ergänzen zum Zehner« bewältigen kann:

- Das Kind muss zuerst die Differenz zwischen sieben und zehn abzählen und wird zum Ergebnis drei gelangen.
- Danach muss es die Differenz zwischen fünf und drei finden, und wird zum Ergebnis zwei gelangen.

- Schließlich muss es die Zwei zur Zehn addieren und wird so zum Endergebnis zwölf gelangen.

Wenn Sie mit Ihren Kindern das Anzeigen von Zahlen mit den Fingern und später die Zahlenpaare geübt haben, werden sie jetzt von diesem Wissen ungemein profitieren. Doch viele haben monatelang mit der Zehnerhürde zu kämpfen. Falls die Kinder Probleme mit dem Ergänzen zum Zehner haben, kann man ihnen zwei andere Verfahren anbieten: »Verdoppeln« und »Kraft der Fünf«.

Verdoppeln ist ein Verfahren, das Kinder oft von selbst entdecken: Sie können sich gedoppelte Zahlen (»16 ist das Doppelte von acht«) in der Regel leicht merken und sie als Basis nehmen, um den Zahlenraum zwischen zehn und 20 zu erkunden. Die Aufgabe 7 + 8 könnte ein Kind lösen, indem es sich denkt: »Acht plus acht ist 16, sieben ist eins weniger als acht, also muss das Ergebnis 15 sein.«

Es gibt noch ein weiteres Verfahren, das für Kinder leicht umzusetzen ist, da sie hier die Finger als Hilfe für nicht-zählendes Rechnen benutzen können. Es nennt sich »Kraft der Fünf«, weil es die Tatsache ausnutzt, dass wir an unseren Händen fünf Finger haben. Lassen Sie uns erst eine Verdoppelungsaufgabe rechnen, um das Verfahren zu verdeutlichen: 7 + 7. Legen Sie nun Ihre beiden

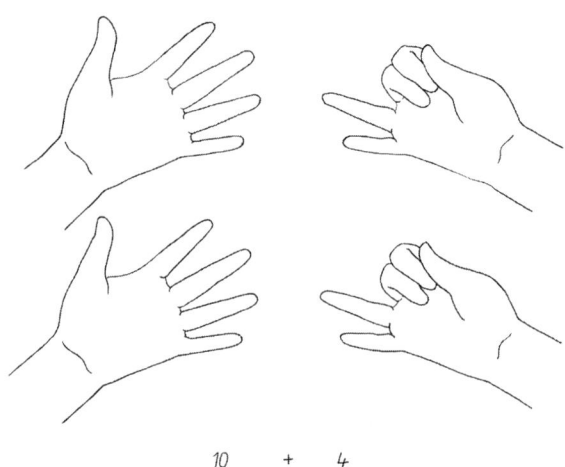

10   +   4

Hände vor sich auf den Tisch. Zeigen Sie die Sieben mit Ihren Fingern: Fünf an einer Hand, zwei an der anderen. Stellen Sie sich jetzt vor, Sie hätten vier Hände, wie eine hinduistische Gottheit, bei der je ein Händepaar zusammen die Zahl Sieben anzeigte. Das wären zwei volle Hände und zwei Hände mit jeweils zwei ausgestreckten Fingern. Die beiden vollen Hände bilden zusammen zehn, die beiden anderen vier – zusammen also 14.

Doch nicht nur Verdoppelungsaufgaben lassen sich so rechnen: Nehmen wir die Aufgabe 7 + 8 als Beispiel. In diesem Beispiel hätten Sie zwei volle Hände vor sich, die zusammen zehn ergeben, sowie eine Hand mit zwei Fingern und eine Hand mit drei Fingern – zusammen also 15.

Zum Knobeln: Immer wieder Affen!

Hier ist ein Rätsel für Kinder, das einen kleinen mathematischen Zaubertrick enthält. Ihr Kind wird verblüfft reagieren, wenn es merkt, dass der Trick *immer* funktioniert. Vielleicht können Sie Ihr Kind auch dazu anregen, darüber nachzudenken, *was* der Trick ist, und mit ihm zusammen das Geheimnis lüften.

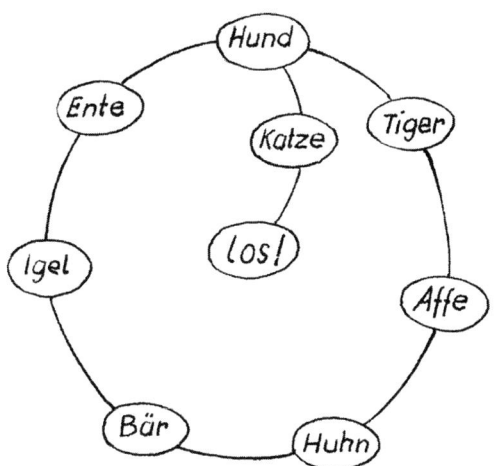

Legen Sie den Zeigerfinger Ihres Kindes auf das Los!-Feld. Sagen Sie ihm, dass es irgendeine Zahl auswählen soll, die größer als zwei ist. Lassen Sie es dann mit dem Finger die entsprechende Zahl Felder gegen den Uhrzeigersinn abschreiten – und dann noch einmal in die umgekehrte Richtung. So zum Beispiel:

Katze – Hund – Ente – Igel – *Richtungswechsel* – Ente – Hund – Tiger – Affe!

Egal, welche Zahl Ihr Kind wählt – es landet immer wieder bei dem Affen! Aber warum? Die Auflösung finden Sie auf S. 331.

6. KAPITEL

GRUNDRECHENARTEN: DIE ZWEITE KLASSE

1 **2** 3 4

Zahlen bis 100 in den Griff bekommen

Im zweiten Schuljahr steigt die Lernkurve der Kinder steil an: Während des ersten Drittels des Jahres wird der Lehrer die Kinder an Zahlen im Raum von 20 bis 100 heranführen. Wenn sie es mit größeren Zahlen zu tun haben, müssen sie sich erstmals mit dem Stellenwertsystem auseinandersetzen – jenem Aspekt unseres Zahlensystems, nach dem die Position einer Ziffer, ihre »Stelle«, in der Zahl ihren Wert bestimmt, wobei immer zehn Einheiten zur nächsthöheren Einheit gebündelt werden. Man kann gar nicht genug betonen, wie wichtig diese Phase für Kinder ist: Ohne ein tiefes und vielseitiges Verständnis des Stellenwertsystems ist es ihnen unmöglich, sich vom abzählenden Rechnen zu lösen. Die Kinder lernen das Addieren und Subtrahieren mit zweistelligen Zahlen, wobei sie Verfahren zum Kopfrechnen und zum halbschriftlichen Rechnen, auch »gestütztes Kopfrechnen« genannt, nutzen. Im zweiten Halbjahr lernen sie zuerst Multiplizieren und das Einmaleins kennen, wobei der Lehrer sich allerdings zunächst auf die »Kernaufgaben«, die am einfachsten zu merkenden Sätze des Einmaleins, beschränkt. Nach dem Multiplizieren lernen sie dessen Umkehrung, das Dividieren, kennen.

Kleine Ansammlungen von Dingen im Raum bis 20 zu zählen fällt Kindern in der zweiten Klasse nicht schwer. Doch wie zählt man eine größere Menge? Die Kartoffeln in einem Sack zum Beispiel oder die Kirschen oder Kastanien, die man an einem Nachmittag gesammelt hat? Wenn Kinder dies ausprobieren, werden sie schnell feststellen, dass sie leicht den Überblick verlieren – wenn sie sich nur ein einziges Mal verzählt haben, müssen sie wieder ganz von vorne anfangen. Sie werden daher vielleicht von selbst auf die Idee kommen, die Elemente in Gruppen oder Bündeln anzuordnen. Sollten sie sich nun vertun, müssen sie nicht mehr zur ersten Kirsche oder Kastanie zurückkehren, sondern nur noch zum Anfang des Bündels, innerhalb dessen sie gerade gezählt hatten – eine große Erleichterung. Angesichts der Tatsache, dass wir zehn Finger haben, liegt es natürlich nahe, die Zahl Zehn als Größe zur Bündelung zu benutzen.

Die Kinder werden durch Zählen feststellen, dass sie drei Zehner-Gruppen und vier einzelne Kirschen oder Kastanien gesammelt haben. Wie können wir das Ergebnis dieser Aufzählung aufschreiben?

Zum einen könnte man es als Rechenaufgabe notieren:

$$10 + 10 + 10 + 4$$

Übersichtlicher ist es natürlich, wenn wir die Zehner zusammenfassen:

$$30 + 4$$

Man könnte Buchstaben verwenden, um deutlich zu machen, welche Ziffer für welche Stellen steht:

$$3 \ Z \ 4 \ E$$

Wir können die Anzahl in eine Tabelle schreiben. Diese nennt man eine Stellenwerttafel. Diese Tafel wird noch sehr wichtig für Ihr Kind werden – sie hilft nicht nur beim Verständnis des Stellenwertsystems, sondern ist eine Voraussetzung für das Erlernen schriftlicher Rechenverfahren.

Z	E
3	4

… und sicher wird Ihr Kind an dieser Stelle leicht genervt anmerken, dass man die Menge auch als Zahl hätte aufschreiben können: 34.

Das kniffelige Stellenwertsystem

Stellen Sie sich ein Kind vor, das gerade erfolgreich bis 20 zählen und die Zahlen von eins bis neun lesen und schreiben kann. Es weiß, dass die Neun viel größer ist als die Eins und dass die Null »nichts« ist. In seiner Welt ist die Neun *immer* größer als die Eins. Dann schreibt sein Vater eine Eins und eine Null auf das Papier und sagt »zehn«. Die Konfusion ist perfekt. Glauben Sie mir: Es ging den Europäern ähnlich, als sie mit dem indisch-arabischen Stellenwertsystem konfrontiert wurden.

Glossar: Stellenwertsystem

Als Stellenwertsystem bezeichnen wir unsere Art, Zahlen zu schreiben: Die Position einer Ziffer in der Zahl zeigt ihren Wert an. Die Stelle ganz rechts zeigt die Einer, eine Stellen weiter links die Zehner, dann die Hunderter – und so weiter.

Es dauert, bis Kinder am Anfang der zweiten Klasse verstehen, dass die Zahl Zehn keine Zahl wie jede andere ist. Kinder schreiben sie zwar korrekt als eine Eins und eine Null, aber sie verstehen den Sinn hinter diesem System noch nicht. Sie sehen die Zehn als zehn Einer an – und die 20 somit als zwanzig Einer und die 21 als 21 Einer. Der Grund, warum die Zehn zwei Stellen hat und nicht nur eine wie die Neun, ist für sie, dass die Zehn eben »größer« als die Neun und daher »länger« ist. Sie sehen Zahlen somit am Anfang als unveränderliche Einheiten an, die immer Vielfaches von eins darstellen – ähnlich den römischen Zahlen, bei denen V *immer* und unveränderbar für fünf steht (beziehungsweise fünf Einer) und X *immer* für zehn (beziehungsweise zehn Einer).
Doch die Zehn ist eine besondere Zahl, denn sie hat eine Doppelnatur: Beim Rechnen kann man sie, je nach Situation, entweder als zehn Einer oder eben als Einheit betrachten – ein Zehner. Wenn wir 10 - 7 rechnen, müssen wir sie als zehn Einer betrach-

ten: Zehn Einer minus sieben Einer ergibt drei Einer. Rechnen wir 20 + 50, müssen wir sie als Einheit betrachten: Zwei Zehner plus fünf Zehner sind sieben Zehner. Wenn wir sie allerdings aufschreiben, gibt es keine Doppeldeutigkeit: Nach unserem Zahlensystem besteht die Zehn *nicht* aus zehn Einern, sondern aus einem Zehner (daher die Eins vorne) und null Einern (daher die Null als Platzhalter).

Wir behandeln in diesem Kapitel das Addieren und das Subtrahieren sowie das Stellenwertsystem in getrennten Abschnitten – aber nur aus Gründen der Übersichtlichkeit. Das Rechnen und das Zahlensystem lassen sich nicht voneinander trennen. Sollte ein Kind dieses System nicht durchschauen, bleibt ihm nichts anderes übrig, als durch Abzählen zu rechnen.

Ein Kind, das das Stellenwertsystem noch nicht begreift, kann zwischen den beiden Sichtweisen – die Zehn als zehn Einer und die Zehn als ein Zehner – noch nicht hin und her schalten. Es betrachtet die Zehn immer als zehn Einer. Daher wird es Zahlen nicht in Zehner und Einer auflösen können, sondern sie nur als Vielfache von eins ansehen: Die Aufgabe 20 + 17 wird es daher lösen, indem es von 20 aus abzählt: 21, 22, 23, 24 … bis zur 37. Wir sehen hier, wie ein mangelndes Verständnis des Stellenwertsystems unweigerlich zum umständlichen Rechnen durch Abzählen führt. Natürlich ist dieses Vorgehen auch extrem fehleranfällig, da Kinder sich leicht verzählen.

Kinder verstehen das Stellenwertsystem nicht von einem Tag auf den anderen. Dazu kommt, dass sie in der ersten Klasse nur mit Zahlen bis 20 konfrontiert werden – wenn Kinder Probleme mit dem Stellenwertsystem haben, wird dies erst in der zweiten und dritten Klasse offensichtlich.

Man muss daher mit ihnen zusammen bis zur dritten Klasse immer wieder über Zahlen, mit denen sie zu tun haben, sprechen und mit ihnen üben, diese in Einer, Zehner und Hunderter zu zerlegen. Besondere Schwierigkeiten bereitet ihnen dabei die Null, der im Stellenwertsystem die Funktion eines Platzhalters zukommt. Schließlich schreiben wir sie zwar als Ziffer, nennen sie aber nicht, wenn wir eine Zahl als Wort aussprechen – es heißt eben hundertdrei und nicht hundert*null*drei. Wenn Sie daher mit Ihren Kindern Zahlen zerlegen, in denen die Null als Platzhalter auftaucht, benennen Sie immer deutlich, wofür sie steht. Die 302 zum Beispiel besteht nicht aus drei Hundertern und zwei Einern, sondern aus drei Hundertern, *null Zehnern* und zwei Einern.

Stellenwerttafel und Legosteine – eine perfekte Kombination

In unserem Zahlensystem bündelt die Zahl Zehn alles: Sie bindet Einer zu Zehnern zusammen und Zehner zu Hundertern. Das Bündeln von Zahlen muss mit Kindern immer wieder geübt werden – nicht abstrakt auf Papier, sondern konkret, mit Dingen, die Kinder anfassen und verändern können.

Besonders gut zum Experimentieren mit dem Stellenwertsystem eignen sich Legosteine, die sich zu kleinen Türmen aus jeweils zehn Steinen zusammenstecken lassen, die wiederum zu Blöcken von hundert Steinen zusammengestellt werden können. Extra für diesen Zweck gibt es im Fachhandel für Lehrmittel auch spezielle

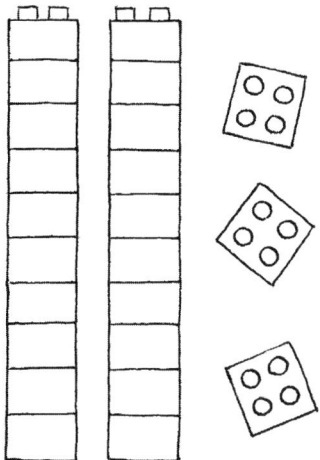

Steckwürfel, die zu Stangen, Platten und Blöcken zusammengefügt werden können. Wenn Sie »Steckwürfel Mathe« in eine Suchmaschine eingeben, bekommen Sie eine entsprechende Auswahl von Online-Shops angezeigt, die solche führen.

Es hilft Kindern ungemein, wenn sie diese Hilfsmittel beim Rechnen bereitliegen haben. Stecken sie bei Additions- und Subtraktionsaufgaben fest, können sie diese aus Legosteinen oder Steckwürfeln »nachbauen«. Legen Sie die Legosteine in eine Stellenwerttafel ein – diese muss natürlich ausreichend groß sein, also mindestens ein DIN-A4-Papier ausfüllen. In dieser müssen einzelne Steine in der Einer-Spalte liegen und Zehner-Säulen in der Zehner-Spalte.

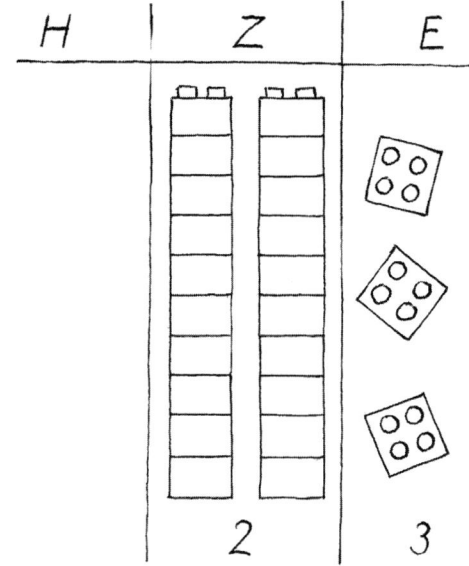

Ihr Kind sollte wissen, dass in jeder Spalte der Tafel nicht mehr als neun Objekte liegen dürfen. Üben Sie mit ihm, zwischen verschiedenen Darstellungsweisen hin und her zu schalten:

• Stellenwerttafel mit Legosteinen
• Stellenwerttafel mit Zahlen

- Zahlen als Aufgabe dargestellt – zum Beispiel 34 als Aufgabe 30 + 4 oder 10 + 10 + 10 + 4

Stellen Sie auch mit Legosteinen und der Stellenwerttafel besondere Situationen nach:

- Rechnen über den Zehner – zum Beispiel in der Aufgabe 17 + 5.
- Rechnen mit Zahlen, die eine Null als Platzhalter enthalten – zum Beispiel 20.
- Rechnungen, die als Ergebnis eine Zahl mit einer Null haben.

Stolpersteine

Zahlendreher Der häufigste Fehler, den Kinder beim Schreiben von zweistelligen Zahlen machen, ist der Zahlendreher: Sie vertauschen den Zehner mit dem Einer. Der Grund dafür liegt in unserer Sprache begründet: Wir sagen »fünfundzwanzig«, nennen also den Einer zuerst und danach den Zehner. Um diesen Fehler zu bekämpfen, muss man mit den Kindern klar über diese Sonderlichkeit unserer Sprache reden. Auf keinen Fall sollten Sie Ihr Kind dazu ermuntern zu schreiben, »wie man spricht« – also beim Beispiel 25 zuerst die Fünf und danach die Zwei aufzuschreiben. Diese würde bei ihm zu Problemen beim Schreiben von Zahlen mit mehr als zwei Stellen führen.

Blockdenken Manchmal verstehen Kinder das Stellenwertsystem – aber nur teilweise. Ihnen ist durchaus klar, dass man eine Zahl wie 53 in Zehner und Einer, also 50 und drei auftrennen kann. Aber sie stellen sich diese zwei Teile dann wiederum als monolithische Blöcke vor, die nicht weiter aufgetrennt werden können. Es hilft diesen Kindern, wenn sie mit der Stellenwerttafel und Legosteinen die Auftrennung in Zehner und Einer üben.

Probleme mit der Null Eine Schwierigkeit für Kinder ist es oft, die Funktion der Null als Platzhalter zu verstehen. Hier ein Beispiel: Ein Kind wurde gefragt, die Zahl 709 aufzuschreiben. Es nahm den Stift und schrieb Folgendes auf:

$$7009$$

Es dachte sich wohl »Siebenhundertneun besteht aus einer Siebenhundert und einer Neun«. Dann schreibt es diese beiden Zahlen nebeneinander. Sehen Sie, wie dieses Denken dem römischen Zahlensystem gleicht, das keinen Stellenwert kannte?

Tipps

Vermitteln Sie Ihrem Kind ein flexibles Bild des Stellenwertsystems Erwachsene neigen dazu, Kindern eine sehr statische Sicht auf unser Zahlensystem beizubringen. Sie sagen zum Beispiel, dass die Zahl 123 aus einem Hunderter, zwei Zehnern und drei Einern bestehe. Das ist zwar richtig – doch 123 besteht *auch* aus zwölf Zehnern und drei Einern oder *auch* aus 123 Einern. Reden Sie mit Kindern darüber, wie man Zahlen in Gruppen unterschiedlicher Größe zerlegen kann.

Nennen Sie die Null als Platzhalter Unsere Sprache nennt die Null als Platzhalter im Stellenwertsystem nicht. Wir sagen »hundertdrei« – dabei besteht die 103 aus einem Hunderter, *null Zehnern* und drei Einern (… oder zehn Zehnern und drei Einern oder 103 Einern). Dies kann Kinder verwirren.

Ermuntern Sie Ihr Kind zur Ordnung Es gibt einen Grund, warum das Papier in Schulheften für Mathematik mit Karos bedruckt ist. Wenn bei einer schriftlichen Rechnung nicht genau zu erkennen ist, ob eine Zahl in die Zehner- oder Hunderter-Spalte gehört, führt dies oft zu völlig unnötigen Rechenfehlern.

Addition und Subtraktion

In der zweiten Klasse lernen Kinder das Addieren und Subtrahieren bis 100 durch Kopfrechenmethoden und halbschriftliche Verfahren. Letztere sind Methoden, bei denen die Kinder die Aufgaben im Kopf lösen, ihren Gedankengang dabei aber auf Papier festhalten. Auch wenn alles aufgeschrieben wird, nennt man diese Methoden trotzdem »halbschriftlich«, um sie von den schriftlichen Methoden mit »Eins im Sinn« abzugrenzen. Eine ausführlichere Erklärung des Begriffs finden Sie auf S. 60 ff. (Kopfrechnen mit Gedankenstütze).

Zuerst addieren die Kinder zweistellige und einstellige Zahlen ohne Zehnerüberschreitung (zum Beispiel 34 + 5), dann mit Sprung über die Zehn (zum Beispiel 38 + 4), schließlich lernen sie das Plusrechnen mit zweistelligen Zahlen (zum Beispiel 42 + 26). Die Art, wie Kinder Zahlen im Hunderter-Raum addieren, ist eng mit ihrem Verständnis des Stellenwertsystems verbunden. Zuerst sehen sie Zahlen nur als Vielfache von eins an und lösen Aufgaben durch Abzählen in Einer-Sprüngen. Wenn sie vertrauter mit dem System werden und die Doppelnatur der Zehn verstehen, gehen sie durch ein Stadium, in dem sie Zehner als »Abkürzung« beim Abzählen ansehen. Die Aufgabe 30 + 27 zum Beispiel lösen sie, indem sie zuerst in Zehner-Sprüngen und danach in Einer-Sprüngen abzählen: 40, 50 – 51, 52, 53, 54, 56 – 57. Dies ist ein großer Fortschritt, aber noch immer eine Übergangsphase, in der sie weiterhin abzählen.

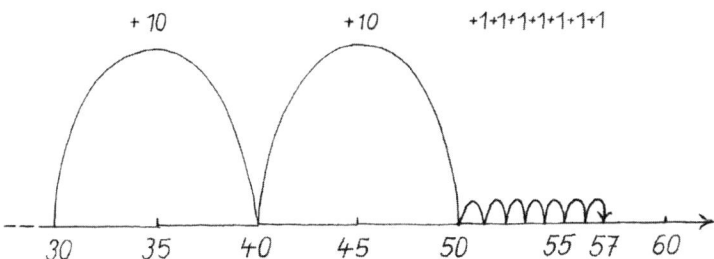

Wenn sie das Stellenwertsystem durchschaut haben, stellen sie fest, dass es eine Reihe von Wegen gibt, um eine Addition im Kopf durchzuführen.

Stellenweises Addieren

Beim stellenweisen Rechnen trennt man die Stellen (Einer, Zehner, Hunderter etc.) der beiden zu addierenden Zahlen auseinander, addiert sie separat und fügt diese beiden Zwischenergebnisse schließlich zusammen. Hier ein Beispiel, wie ein Kind die Aufgabe 46 + 34 mit stellenweisem Rechnen lösen kann. Beachten Sie dabei, dass es anders als bei den schriftlichen Verfahren keine Vorgaben zum Aufschreiben des Lösungswegs gibt – das Folgende ist nur ein Beispiel.

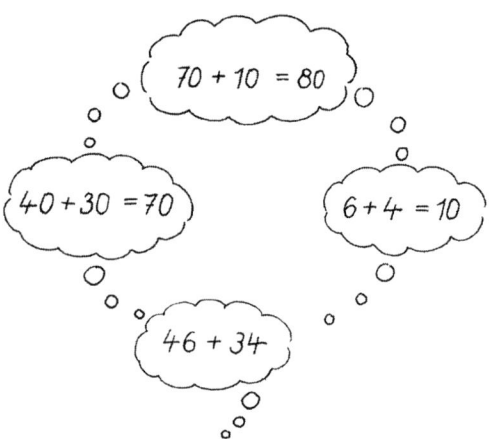

Dieses Kind addierte im ersten Schritt die Zehner der beiden Summanden (40 + 30), dann die Einer (6 + 4). Schließlich fügte es die beiden Zwischensummen zusammen. Dieses Verfahren ist eindeutig das beliebteste Verfahren bei den Kindern und das, was sie beim Addieren am wenigsten Fehler produzieren lässt (ganz anders sieht es allerdings beim Subtrahieren aus). Es bietet den

Vorteil, dass man beim Rechnen nur mit kleinen Zahlen und Vielfachen von zehn (oder, bei dreistelligen Zahlen, hundert) arbeiten muss. Die »schwierigste« Zahl, die als Zwischenergebnis beim stellenweisen Rechnen entstehen kann, ist 18 als Summe von 9 + 9 – kein Wunder, dass Kinder diesen Weg anderen gegenüber bevorzugen!

Glossar: Summand und Summe

Bei einer Plusrechnung bezeichnet man die beiden Zahlen, die zusammengerechnet werden, als Summanden, das Ergebnis ist die Summe: Summand + Summand = Summe. Aufgrund des Vertauschungsgesetzes (2 + 3 = 3 + 2) gibt es keine eigenen Begriffe für den jeweils ersten und zweiten Summanden.

Addieren Schritt für Schritt

Bei dieser Methode wird nur der zweite Summand in Zehner und Einer aufgetrennt. Dann addiert man in zwei Schritten zuerst die Zehner und danach die Einer. Hier wurde die Aufgabe aus dem Beispiel oben durch schrittweises Rechnen gelöst:

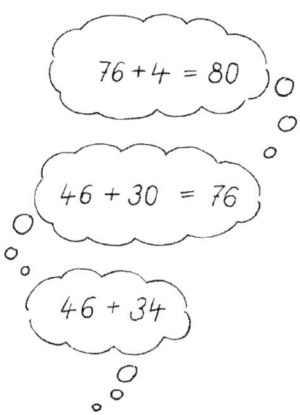

Das schrittweise Rechnen lässt sich am besten an einem Zahlenstrahl verdeutlichen. Wie Sie sehen, müssen Kinder hier mit komplexeren Zahlen (76, 46) arbeiten als beim stellenweisen Rechnen. Trotzdem lohnt es sich, bei seinen Kindern Werbung für das schrittweise Rechnen zu machen – den Grund lernen Sie kennen, wenn wir zum Subtrahieren kommen.

Oft nutzen Kinder Mischformen aus beiden Verfahren. Hier zum Beispiel begann ein Kind eine Aufgabe mit dem stellenweisen Verfahren zu lösen und wechselte dann zum schrittweisen:

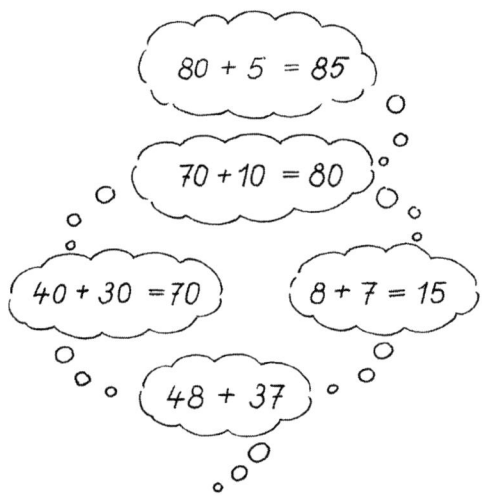

Aufgaben vereinfachen

Es gibt noch ein drittes Verfahren – man leitet aus der Aufgabe eine andere ab, die leichter zu rechnen ist, aber zum gleichen Ergebnis wie die ursprüngliche führt. So kann ein Kind zum Beispiel beide Summanden gleichsinnig verändern, um einen von beiden auf eine »runde« Zahl zu bringen. Was beim einen hinzugefügt wird, muss dabei vom anderen abgezogen werden. Hier ein Beispiel:

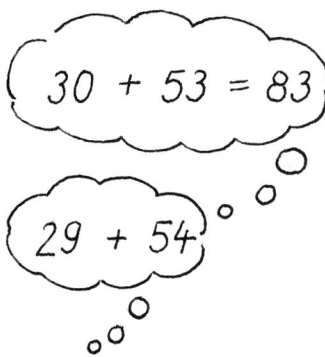

Aus 29 + 54 wurde hier die Aufgabe 30 + 53 abgeleitet – wir erkennen sofort, dass das Ergebnis 83 ist. Alternativ kann man zuerst eine Hilfsaufgabe formulieren: Nur ein Summand wird verändert, man merkt sich die hinzugefügte Menge und zieht sie am Ende wieder ab. Zu 29 + 54 wird so die Hilfsaufgabe 30 + 54 = 84 formuliert. Jene Eins, die man hinzugefügt hat, muss am Ende wieder abgezogen werden: 84 - 1 = 83.

Ableiten ist ein sehr effektives Verfahren, allerdings nur bei einer begrenzten Zahl von Aufgaben, bei denen die zu addierenden Zahlen in der Nähe eines Zehners liegen. Wie mehrere Studien zeigten, spielt diese Strategie für die Kinder eine untergeordnete Rolle – selbst bei Aufgaben, die sie nahelegen.

Stolpersteine

Zahlendreher Diese Art von Fehler erwähnten wir schon im Abschnitt über das Stellenwertsystem. Gerade beim Rechnen mit zweistelligen Zahlen unterlaufen sie Kindern oft. Wenn sie völlig absurde Ergebnisse wie 37 + 9 = 64 oder gar 48 + 5 = 35 produzieren, lohnt es sich zu prüfen, ob vertauschte Stellen der Grund waren. Oft rechnen Kinder das richtige Ergebnis aus, schreiben es aber falsch auf. Es kann vorkommen, dass Kinder schon bei der Rechnung im Geiste Zahlen vertauschen. Hier zum Beispiel:

$$48 + 5 = 98$$

Bei dieser Aufgabe las ein Kind 48 als »vierundachtzig«, addierte korrekt fünf, gelangte zum Ergebnis »neunundachtzig« und schrieb dieses wiederum gespiegelt auf. Macht ein Kind diese Fehler, muss man mit ihm über die Eigenheiten unserer Sprache reden.

Abzählfehler Im Kapitel über die erste Klasse haben wir die Probleme beim Weiterzählen geschildert. Die führen auch jetzt noch zu Fehlern. Wenn die Ergebnisse eines Kindes regelmäßig um genau eins kleiner oder größer als das richtige Ergebnis sind, steckt wahrscheinlich ein solcher Abzählfehler dahinter. Das Kind rechnet durch Zählen und fängt dabei zu früh an. Nehmen wir die Aufgabe 32 + 4 als Beispiel. Da es nicht bei der 33, sondern schon bei der 32 mit dem Zählen beginnt, gelangt es so zum falschen Ergebnis 35: »Zweiunddreißig, dreiunddreißig, vierunddreißig, fünfunddreißig.« Umgekehrt kann dieser Fehler beim Subtrahieren auftreten – dann ist das falsche Ergebnis allerdings um eins zu groß.

Wechsel der Rechenrichtung Das Standardverfahren zum Rechnen über den Zehner, »Ergänzen zur Zehn«, führt manchmal zur Verwirrung bei Kindern. Dabei müssen sie Addition und Subtraktion kombinieren, um zum richtigen Ergebnis zu gelangen. Wenn Kinder sich nicht sicher sind, wann sie plus und wann sie minus anwenden müssen, kann dies dazu führen, dass sie scheinbar willkürlich die Rechenrichtung wechseln. Hier so eine Aufgabe mit einem falschen Ergebnis:

$$37 + 12 = 45$$

Das Kind hat die Teilaufgabe 37 + 10 = 47 richtig gelöst. Dann hatte es noch zwei übrig und erinnert sich, dass man minus rechnen muss, wenn man über einen Zehner springt. Daher zog es vom Zwischenergebnis 47 zwei ab, anstatt sie hinzuzufügen.

Einem solchen Kind kann man helfen, indem man mit ihm am Zahlenstrahl das schrittweise Rechnen übt.

Zum Spielen: Klopf, klopf

Dies ist ein Spiel für zwei bis vier Personen, welches das Addieren im Zahlenraum bis 40 übt.

Wir benötigen dafür ein Set Spielkarten, wie man sie für Rommé oder Canasta verwendet (zweimal 55 Blatt). Die Joker werden entfernt. Jeder Spieler bekommt vier Karten. Ziel des Spiels ist es, mit seinen Karten den größten möglichen Wert zu bilden. Asse haben den Wert eins, Buben, Damen und Könige den Wert zehn. Nun zieht jeder reihum eine Karte und kann entscheiden, ob er eine Karte auf der Hand austauscht oder ob er sie zurücklegt.

Wenn sich einer der Spieler sicher ist, dass er eine größere Summe auf der Hand hält als sein Gegner, klopft er zweimal auf den Tisch. Die anderen Spieler können ein letztes Mal eine Karte ziehen.

Die Spieler rechnen die Summe auf ihrer Hand aus. Der Spieler mit der größten Summe hat die Runde gewonnen. Nach zehn Runden wird der Gewinner des Spiels bestimmt.

Halbschriftliches Addieren:
Stift und Papier als Erinnerungshilfe

Neben dem reinen Kopfrechnen lernen Kinder in der zweiten Klasse das halbschriftliche Rechnen kennen, das auch »gestütztes Kopfrechnen« genannt wird. Dieses ist nichts anderes als Rechnen in Gedanken, bei dem Stift und Papier als Erinnerungshilfe benutzt werden. Die dabei verwendeten Methoden sind die gleichen wie die oben beschriebenen.

Ein Hauptziel des Unterrichts ist dabei, dass die Schüler selbst Lösungswege entdecken, verschiedene Weisen zum Ausrechnen von Aufgaben kennen und, je nach Situation, die am besten geeigneten auswählen. Die Kinder sollen selbst wählen können, ob sie ihre Rechnung beispielsweise als mathematische Gleichung mit Gleichheitszeichen, als Zahlenstrahl oder als Pfeilrechnung aufschreiben. So können Kinder zum Beispiel den Zahlenstrahl verwenden, um eine Aufgabe aufzuschreiben.

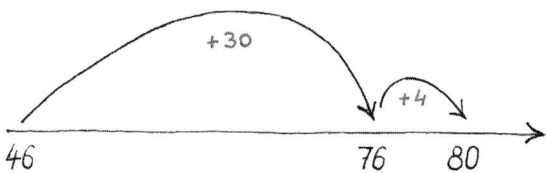

Diese Art der Darstellung ist allerdings nicht für das stellenweise Rechnen geeignet.
Ein anderer Weg der Darstellung wäre die Pfeilrechnung.

$$46 \quad + \quad 34 \quad = \quad 80$$
$$\underset{+30}{} \quad \underset{76}{} \quad \underset{+4}{}$$

Natürlich lässt sich auch die klassische Schreibweise mit Gleichheitszeichen zum gestützten Kopfrechnen nutzen. Im Unterricht hat sich diese Art der Darstellung mit einem horizontalen Strich, der die Rechnung von den Teilrechnungen trennt, durchgesetzt. Ein großer Vorteil dieser Veranschaulichung ist, dass sie sowohl für stellenweises wie auch schrittweises oder gemischtes Rechnen verwendet werden kann.

$$46 \quad + \quad 34 \quad = \quad 80$$
$$\overline{40 \quad + \quad 30 \quad = \quad 70}$$
$$6 \quad + \quad 4 \quad = \quad 10$$
$$10 \quad + \quad 70 \quad = \quad 80$$

Minusrechnen mit Erinnerungshilfe

Die beiden Strategien zum halbschriftlichen Addieren – »stellenweise« und »schrittweise« – lassen sich umdrehen und werden somit zu Verfahren zum halbschriftlichen Subtrahieren. Beim stellenweisen Rechnen kommt es dabei allerdings regelmäßig zu Problemen. Daher wird es in nur wenigen Schulbüchern als Verfahren zum Subtrahieren empfohlen und im Unterricht als solches nur selten durchgenommen. Da viele Kinder allerdings beim Addieren so gute Erfahrungen mit dem stellenweisen Rechnen gemacht haben, wenden sie es trotzdem bei Subtraktionsaufgaben an. Das geht oft gut – oft aber auch nicht. Sehen wir uns zuerst einen Fall an, bei dem das Verfahren problemlos zum richtigen Ergebnis führt.

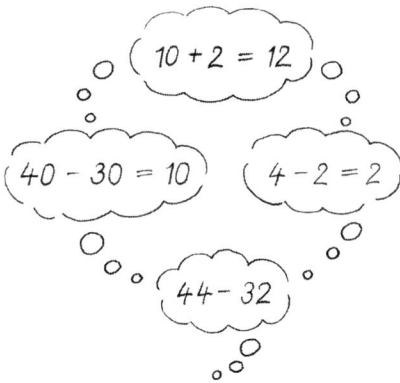

Simpel! Doch was passiert, wenn das Kind in einer Zwischenrechnung eine größere Zahl von einer kleineren abziehen muss, wie in dem folgenden Beispiel?

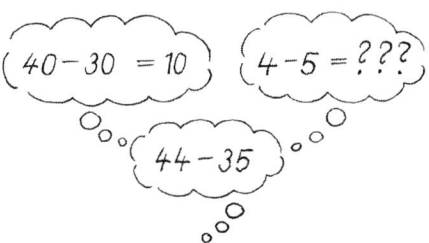

Hier müsste man das Rechnen mit negativen Zahlen beherrschen, um diese Aufgabe richtig zu lösen, in diesem Fall: 4 - 5 = -1. Das ist auch für Erwachsene schwierig. Kinder denken sich in dieser Situation oft »Hm, vier minus fünf geht nicht, dann muss ich wohl fünf minus vier rechnen!« Und sie machen dies:

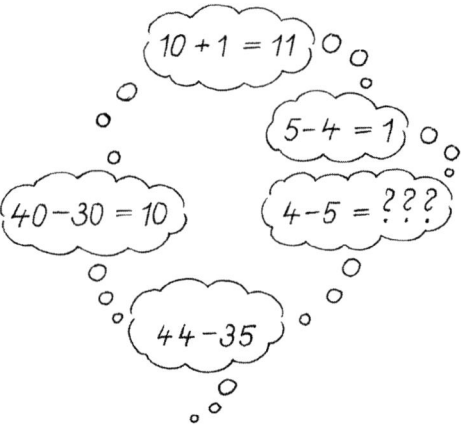

So hätte man die Aufgabe auf die richtige Art durch stellenweises Rechnen mit negativen Zahlen gelöst:

$$44 - 35 = 9$$
$$40 - 30 = 10$$
$$4 - 5 = -1$$
$$10 - 1 = 9$$

Kinder verstehen nicht, warum das stellenweise Rechnen beim Subtrahieren manchmal zu falschen, manchmal zu richtigen Resultaten führt. Es ist unter Lehrern umstritten, ob man das stellenweise Rechnen bei Minusaufgaben im Unterricht behandeln soll. Als pragmatischer Ansatz würden wir empfehlen: Wenn Kinder es ohnehin bei Minusaufgaben nicht verwenden, sollte man es nicht thematisieren. Tun sie es doch, müssen sie auf die Probleme, die damit verbunden sind, hingewiesen werden. Wenn in Teilaufgaben größere von kleineren Zahlen abgezogen werden müssen, sollten sie lieber das schrittweise Rechnen verwenden.

Das Verfahren, das im Unterricht als Weg für die Subtraktion durchgenommen wird, ist das schrittweise Rechnen. Die Aufgabe des Beispiels oben würde man mit dieser Methode so lösen:

$$44 - 35 = 9$$
$$44 - 30 = 14$$
$$14 - 5 = 9$$

Wie Sie sehen, entstehen hier keine negativen Überträge.

Ergänzen

Wenn bei einer Minusaufgabe die beiden Zahlen nahe beieinanderliegen, bietet es sich an, überhaupt nicht zu subtrahieren. Die Aufgabe 81 - 79 ist zum Beispiel als Minusaufgabe schwer zu lösen. Wenn man sie allerdings in eine Additionsaufgabe verwandelt, ist sie auf einmal kinderleicht: »Um wie viel muss ich die 79 ergänzen, um zur 81 zu gelangen?« Nun lässt sie sich durch Abzählen lösen: eins, zwei!

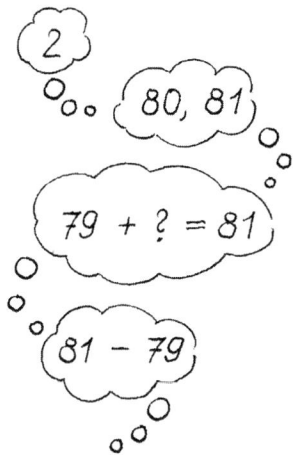

Minusaufgaben einfacher machen

Auch bei Minusaufgaben lässt sich das Ableitungsverfahren anwenden. Kinder müssen allerdings beachten, dass sie die beiden Zahlen der Aufgabe hier nicht gegensinnig, sondern gleichsinnig verändern müssen – was beim einen hinzugefügt wird, muss auch beim anderen hinzugefügt oder weggenommen werden.

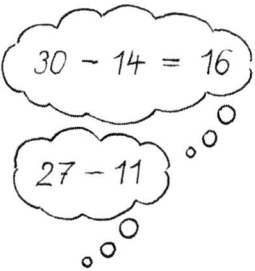

Stolpersteine

Alte Bekannte Die drei häufigsten Fehler, die wir schon im Abschnitt zum Plusrechnen in der zweiten Klasse besprochen haben – Zahlendreher, Zählfehler und Wechsel der Rechenrichtung –, tauchen auch beim Minusrechnen häufig auf. Zusätzlich kommen beim Subtrahieren noch ein paar typische Fehler hinzu.

Falsches Minusrechnen mit Stellen Kinder versuchen eine Minusaufgabe zu lösen, indem sie die beiden Teile der Rechnung in ihre Stellen, also Einer und Zehner, auflösen. Dabei entsteht regelmäßig die Situation, dass man bei den Einern eine größere von einer kleineren Zahl abziehen muss. Manchmal subtrahieren Kinder stur die kleinere von der größeren Zahl, wie in diesem Beispiel:

$$32 - 17 = 25$$
$$30 - 10 = 20$$
$$7 - 2 = 5$$

In diesem Fall wäre es besser gewesen, den Versuch mit dem stellenweisen Rechnen aufzugeben und zum schrittweisen Rechnen zu wechseln. Kinder müssen daher über dieses Problem beim stellenweisen Rechnen bei der Subtraktion klar informiert werden.

Immer die kleinere von der größeren Zahl abziehen Eines der häufigsten Probleme beim Subtrahieren im zweistelligen Bereich ist, dass Kinder oft denken, dass man eine größere Zahl nicht von einer kleineren abziehen kann. Zusätzlich erinnern sie sich daran, dass sie bei den Tauschaufgaben beim Addieren gelernt haben, dass es »egal ist, was vorne und hinten steht«, und übertragen dieses Wissen fälschlicherweise auf das Minusrechnen. Daher neigen sie bei Teilaufgaben mit Übertrag immer dazu, die kleinere Zahl von der größeren abzuziehen, und gelangen zu falschen Ergebnissen wie diesem: 35 - 7 = 32. Das passiert insbesondere, wenn sie das stellenweise Rechnen zum Subtrahieren nutzen. Wenn Kinder diesen Fehler machen, sollte man mit ihnen darüber reden, dass die Reihenfolge der Zahlen beim Subtrahieren nicht vertauscht werden darf. Zudem sollte man das Rechnen mit Überträgen mit ihnen üben.

Übersicht der Kopfrechenverfahren

Verwirrt? Hier eine Zusammenstellung der Vor- und Nachteile der Methoden zum Addieren und Subtrahieren im Kopf und durch gestütztes Kopfrechnen.

	»Aufteilen« (Stellenweise)	»Springen« (Schrittweise)	»Vor und Zurück« (Hilfsaufgabe)
Beschreibung	Man trennt im Kopf Zehner von Einern und addiert oder subtrahiert sie danach getrennt voneinander: Aus 31 + 27 wird 30 + 20 und 1 + 7. Dann addiert man die beiden Zwischenergebnisse.	Man springt auf einem vorgestellten Zahlenstrahl vor oder zurück, wobei man selbst gewählte »Zwischenstationen« einlegen kann – meist bei Vielfachen von zehn.	Man addiert (oder subtrahiert) einen kleinen Betrag, um ein Vielfaches von zehn zu erhalten, und führt dann die Rechnung aus. Danach subtrahiert (oder addiert) man den kleinen Betrag wieder. Beispiel: Die Aufgabe 29 + 17 wird in 30 + 17 verwandelt.
Vorteil	Gut zum Addieren. Kinder müssen nur mit einfachen Zahlen rechnen: Vielfachen von zehn und kleinen Zahlen im Raum von eins bis 18.	Ist für alle Situationen geeignet.	Sehr einfaches Verfahren, wenn einer der Summanden nahe bei einem Zehner liegt – also auf 8, 9, 1 oder 2 endet.
Nachteil	Nicht bei Minusaufgaben verwenden: Es wird problematisch bei Subtraktionen mit Übertrag.	Die Kinder müssen mitunter mit komplexen Zahlen arbeiten.	Wenn keiner der Summanden nahe bei einem Zehner liegt, eher nutzlos.

Zum Spielen: Bis 100

»Bis 100«, auch »Bachetsches Spiel« genannt, ist ein Strategiespiel, das bereits 1612 vom französischen Mathematiker Claude Gaspard Bachet de Méziriac beschrieben wurde. Es ist prima geeignet, um Zählen und Addieren im Zahlenraum bis 100 zu üben … und noch viel mehr. Man braucht dafür nichts – nicht mal zwei freie Hände –, und daher lässt es sich auf Autofahrten, beim Aufräumen oder beim Abwaschen spielen.

Es funktioniert so: Zwei Spieler zählen abwechselnd und aufsteigend die Zahlen bis 100. Dabei beginnen sie bei einer zufällig gewählten Zahl zwischen eins und 30. Jeder muss dabei mindestens eine und höchstens zehn Stellen weiterrücken. Gewonnen hat der, der als Erster bei der 100 landet.

In diesem Beispiel hat man sich darauf geeinigt, bei 13 zu beginnen:

Annika *(addiert 10)*: 23!

Thomas *(addiert 4)*: 27!

Annika *(addiert 7)*: 34!

Thomas *(addiert 10)*: 44!

Annika *(addiert 1)*: 45!

Thomas *(addiert 7)*: 52!

Annika: *(addiert 4)*: 56!

Thomas *(addiert 4)*: 60!

Annika *(addiert 7)*: 67!

Thomas *(addiert 5)*: 72!

Annika *(addiert 6)*: 78!

Thomas *(merkt langsam, dass was faul ist, addiert 8)*: Hmmmmm … 86!

Annika *(addiert eine 3)*: Hah! 89!

Thomas *(denkt lange nach, stellt aber fest, dass es keine Möglichkeit mehr gibt, zu verhindern, dass Annika zur 100 gelangt, also addiert er unmotiviert eine 1)*: Mist! 90!

Annika *(addiert 10)*: 100! Gewonnen!

Es ist ein »Quasi-Spiel«, da ein wissender Spieler sich schon beim ersten Zug eine Position sichern kann, mit der ihm der Sieg sicher ist. Wenn Sie den Trick kennen, können Sie beim

Spielen mit Ihrem Kind selbst entscheiden, wer gewinnt und verliert, und es somit etwas spannend gestalten, ohne dass dies für das Kind offensichtlich ist. Annika im Beispiel oben hatte dieses Wissen. Finden Sie heraus, was ihre Strategie war? Ein Tipp: Schreiben Sie die Zahlen, die Annika als »Treppenstufen« zur 100 benutzt hat, nacheinander auf. Erkennen Sie ein System?

Der Spaß bei dem Spiel besteht darin, diese Strategie herauszufinden. Sie können zum Beispiel ein paarmal Ihr Kind siegen lassen und dann sagen: »Hey, ich habe einen fiesen Geheimtrick, mit dem ich dich immer besiegen kann! Findest du raus, was mein Trick ist?« Wenn Sie über mehrere Spiele hinweg Ihre Züge aufschreiben und vergleichen, wird es bald Regelmäßigkeiten erkennen. Wenn Sie mit Ihrem Kind die Lösung erarbeitet haben, wird es nicht warten können, sein Wissen an den Geschwistern oder dem anderen Elternteil auszuprobieren. Wie würde die Gewinnstrategie aussehen, wenn derjenige, der zuerst bei 100 ankommt, verliert? Oder wenn die Gewinnzahl 73 wäre? Oder wenn höchstens Fünfer-Sprünge erlaubt wären?

(Die Auflösung finden Sie auf S. 332.)

Zum Erforschen: Zauberquadrate

Einer chinesischen Legende nach trat der Fluss Luo, ein Seitenarm des Gelben Flusses, über die Ufer und verursachte große Zerstörung in den umliegenden Ländern. Die Chinesen brachten dem Gott des Flusses verschiedene Opfergaben. Doch was sie ihm auch anboten, sie konnten ihn nicht besänftigen: Immer wieder krabbelte eine Schildkröte aus den Fluten und kroch um die Opfergabe, als Zeichen der Zurückweisung. Bis ein Kind ein seltsames Muster auf dem Rücken des Tieres erkannte:

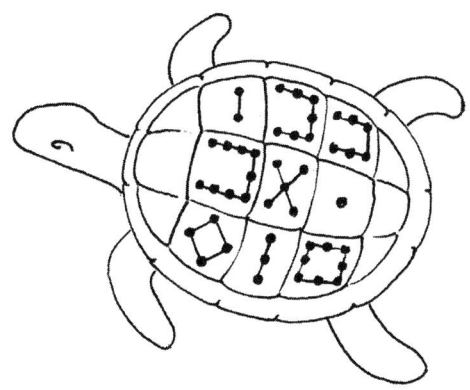

Das Kind löste das Rätsel: Die Punkte stellten Zahlen dar. Das Muster war ein sogenanntes Zauberquadrat. Dies sind Quadrate, in denen Zahlen in Reihen und Spalten angeordnet sind, wobei die Summe aller nebeneinanderliegenden Zahlen – sei es waagrecht, senkrecht oder diagonal – immer gleich ist. Bei dem Zauberquadrat auf dem Rücken der Schildkröte ergab die Summe immer 15 – die Summe der Opfergaben, die der Flussgott haben wollte. Endlich konnte er also besänftigt werden.

Zauberquadrate faszinieren Menschen aus den verschiedensten Kulturkreisen seit langer Zeit. Das älteste Zauberquadrat soll vom mythologischen Gründer der chinesischen Kultur, Fu Xi, erstellt worden sein, der etwa 2800 Jahre vor Christus gelebt haben soll. Zauberquadrate spielten eine große Rolle im indischen Vedismus und noch heute im Hinduismus. Im Gegensatz zu den Chinesen brauchten wir Europäer bis tief ins Mittelalter, um sie zu entdecken. (Wundert sich tatsächlich noch irgendjemand, warum uns die Chinesen bei den PISA-Tests an die Wand gerechnet haben?)

Zauberquadrate sind perfekt geeignet, um nicht nur das Addieren, sondern mathematisches Denken an sich zu trainieren. Ihre Kinder kennen sie sicher aus den Mathebüchern der Schule. Meist lässt man dort in den Quadraten freie Stellen, welche die Kinder ausfüllen müssen. Zauberquadrate sind aber viel zu zauberhaft, um sie nur für das Wiederholen von Additionen zu nutzen!

Mit folgender Methode – man nennt sie auch die siamesische Methode – lassen sich schnell Zauberquadrate schaffen, die eine ungerade Anzahl von Ziffern enthalten. Sie ist allerdings nicht für Quadrate mit einer geraden Anzahl von Feldern geeignet. Dafür gibt es andere Methoden.

Nehmen Sie sich für den Anfang also ein Quadrat mit neun Kästchen vor. Schreiben Sie die erste Zahl in das Feld in der Mitte der obersten Reihe – in unserem Beispiel die Eins. Die jeweils nächste Zahl sollte in das Feld rechts oberhalb der vorausgehenden Zahl geschrieben werden – das ist hier aber nicht möglich, da es kein Feld rechts oberhalb der Eins gibt.

Sie müssen daher einen Trick anwenden: Stellen Sie sich ein imaginäres Quadrat mit den gleichen Abmessungen wie Ihr Zauberquadrat vor, das an der Oberkante Ihres Quadrats anliegt. Jetzt können Sie die Zwei in das Feld rechts oberhalb der Eins schreiben. Dann müssen Sie im Geiste Ihr imaginäres Quadrat nehmen, es nach unten bewegen und es über Ihr Zauberquadrat legen. Die Zwei wird so im Feld rechts unten landen. Ihrem Kind wird es leichter fallen, dieses Prinzip zu verstehen, wenn Sie das vorgestellte Quadrat auf Butterbrotpapier malen und über das Zauberquadrat schieben.

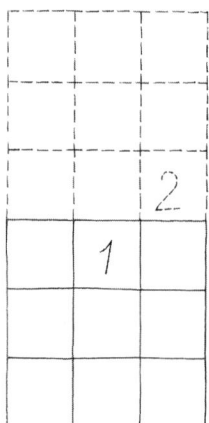

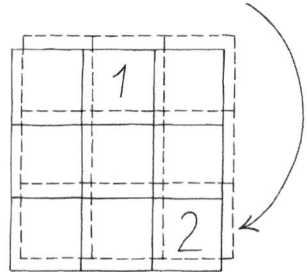

Nun ist die Drei dran – auch sie sollte in das Feld rechts oberhalb der vorangehenden Zahl, der Zwei also, eingetragen werden. Deswegen benötigen Sie auch hier ein imaginäres Quadrat, diesmal an der rechten Kante unseres Zauberquadrats. Sie tragen die Drei im Geiste ein und schieben das imaginäre Quadrat auf das Zauberquadrat. Damit befindet sich die Drei nun also im mittleren Kästchen der linken Spalte des Zauberquadrats.

Und weiter geht es mit den nächsten Zahlen. Wenn das Feld rechts oberhalb der vorausgehenden Zahl bereits belegt ist, schreiben Sie die folgende Zahl *unter* die vorausgehende. In unserem Beispiel findet sich in dem Feld rechts oberhalb der Drei bereits die Eins, daher müssen wir die Vier unter die Drei schreiben.

Wenn Sie dieses Vorgehen ein paarmal durchgeführt haben, können Sie Zauberquadrate unterschiedlicher Größen in Sekunden produzieren. Es spielt dabei keine Rolle, ob Sie mit der Zahl Eins, Fünf oder 3465 beginnen.

Zum Spielen: Triff 55!

Bei diesem Kartenspiel geht es darum, durch geschicktes Arrangieren von Ziffern der Zielzahl 55 am nächsten zu kommen. Ihr Kind übt dabei nicht nur das Arbeiten mit dem Stellenwertsystem, sondern auch Subtrahieren mit zweistelligen Zahlen im Kopf.

Nehmen Sie ein herkömmliches Set aus Rommé-Karten und entfernen Sie Zehner, Buben, Damen, Könige und Joker. Zurück bleiben Asse und die Zahlen von zwei bis neun. Die Asse haben den Wert eins. Jeder der Spieler bekommt vier Karten, die er mit der Rückseite nach oben vor sich auf den Tisch legt. Nun können die Spieler ihre vier Karten aufdecken. Sie müssen ihre vier Ziffern in zwei zweistellige Zahlen arrangieren, die sie dann voneinander abziehen. Der Spieler, dessen Ergebnis näher bei 55 liegt, hat gewonnen.

Angenommen, Ihr Kind hätte die Karten 3, 4, 6, 3 bekommen. Diese könnte es folgendermaßen arrangieren: 64 - 33 = 31. Wenn man 31 von 55 abzieht, erhält man 24. Das Ergebnis ist also 24 von der 55 entfernt.

Sie wiederum bekommen die Karten Ass, Ass, 9, 7. Die Zahlen könnten sie so arrangieren: 71 – 19 = 52. Die Differenz von 52 und 55 ist drei. Sie hätten diese Runde gewonnen! Nach fünf Runden wird der Sieger bestimmt.

Legen Sie mit Ihrem Kind zusammen neue Regeln für dieses Spiel fest:

- Keine Zielzahl verwenden: Der Spieler mit dem größeren oder kleineren Ergebnis gewinnt die Runde.
- Auch die Zielzahl wird durch Ziehen von Karten bestimmt.
- Neben Subtrahieren ist auch Addieren erlaubt.

Zum Spielen: Addieren für Scharfschützen

Dies ist eines dieser Spiele, die auf den ersten Blick simpel wirken, dann eine überraschend komplexe Dynamik entwickeln können. Ihr Kind lernt dabei das Addieren mit kleinen Zahlen – und viel strategisches Denken.

Die Regeln sind schnell erklärt: Am Anfang wird eine Gewinnzahl festgelegt, die irgendwo zwischen 25 und 55 liegen sollte – nehmen wir zum Beispiel 35. Die Spieler müssen abwechselnd Zahlen von eins bis fünf zu einer wachsenden Summe addieren – derjenige, der genau auf der vorgegebenen Zielzahl landet, gewinnt.

Spieler A wählt zum Beispiel 5, Spieler B im nächsten Zug 4, A wieder 2, B danach 1. Die Summe beträgt dann: 5 + 4 + 2 + 1 = 12. Der Spieler, der sie genau auf 35 bringt, gewinnt. Schießt einer über das Ziel hinaus, verliert er. So weit sind die Regeln ganz einfach und ähneln stark dem Spiel »Nim« von Seite 80.

Nun kommt der Haken: Es gibt eine festgelegte Auswahl an Zahlen, die bei jedem Zug verwendet werden darf, und jede darf nur einmal benutzt werden. Festgelegt ist diese Menge in der unten dargestellten Tabelle. Übertragen Sie diese auf Karo-papier. Bei jedem Zug darf sich der jeweilige Spieler eine Zahl aussuchen und muss sie dann durchstreichen.

1	2	3	4	5
1	2	3	4	5
1	2	3	4	5
1	2	3	4	5
1	2	3	4	5

Sie erinnern sich an das Nim-Spiel? Bei diesem ging es darum, durch abwechselndes Addieren von eins oder zwei die Zahl Zehn zu erreichen. Dabei konnte sich der erste Spieler schon beim ersten Zug eine Position erobern, die ihm den Gewinn sichert. Dieses Spiel ist ähnlich – mit dem Unterschied, dass sich die Situation ständig ändert, weil immer weniger Zahlen verfügbar sind.

Ein Beispiel: Die Gewinnzahl sei 35 und alle Zahlen sind noch verfügbar. In dieser Situation müsste das Ziel der Spieler sein, die 29 zu besetzen. Wenn ein Spieler diese erreicht hat, kann sein Gegner nur eine Position zwischen 30 und 34 erreichen. Von all diesen Zahlen aus kann der andere im nächsten Zug auf die 35 springen.

Doch was passiert, wenn auf einmal alle Einer aufgebraucht sind? Nun müsste es das Ziel sein, die Zahl 34, die vorher eine »Verliererzahl« war, zu erreichen! Besetzt ein Spieler diese Zahl, muss sein Gegner im nächsten Zug über die 35 hinaus – weil keine Eins mehr da ist.

Die Multiplikation im Kopf

In der zweiten Klasse lernen die Kinder das Multiplizieren kennen. Das ist im Grunde genommen nichts anderes als mehrfaches Addieren. Sie haben daher in der Regel wenig Schwierigkeiten mit dem Vorgang an sich. Die Probleme liegen woanders. Sie werden nun zunehmend mit Aufgaben konfrontiert, bei denen nicht offensichtlich ist, welches mathematische Verfahren anzuwenden ist. Addieren, Subtrahieren oder Multiplizieren? Das verwirrt sie oft.

Eltern denken beim Wort Multiplizieren vor allem an das Einmaleins, das »sitzen« muss und »im Schlaf« beherrscht werden soll. Zu Recht. Wenn Ihr Kind das Einmaleins beherrscht, hat es eine solide Basis, auf der es sein mathematisches Wissen aufbauen kann und von der es während seiner gesamten Schullaufbahn profitieren wird. Kinder lernen dies nicht von einem Tag auf den anderen. Das Wissen um das kleine Einmaleins muss ständig wiederholt und aufgefrischt werden. Es ist daher einer der Bereiche der Grundschulmathematik, bei dem Eltern den Lehrer massiv unterstützen können, indem sie zu Hause durch Spielen oder durch Abfragen die Zahlenpaare des Einmaleins auswendig lernen und wiederholen.

Multiplizieren oder Addieren?

Multiplizieren ist wiederholtes Addieren. Wie erwähnt, haben Kinder kaum Probleme mit dem Verfahren des Multiplizierens an sich – oft können schon Kindergartenkinder einfache Aufgaben lösen. Schwierigkeiten haben sie manchmal damit, das Addieren vom Malnehmen abzugrenzen, da sich beide Verfahren so ähnlich sind. Bisher mussten sie sich nur zwischen Addieren und Subtrahieren entscheiden. Und das war nicht schwer: Wenn Mengen größer werden, ist Addieren gefragt, wenn sie kleiner werden, Subtrahieren. Doch sowohl beim Addieren als auch beim Multiplizieren werden Mengen größer (zumindest, wenn man noch keine negativen Zahlen und Brüche kennengelernt hat). Kinder haben daher wenig Probleme, wenn man ihnen ein Verfahren vorgibt, sind aber oft unsicher, wenn sie bei Sach- oder Textaufgaben selbst eine Methode wählen müssen.

Die Ähnlichkeit von Multiplizieren und Addieren führt oft zu Kommunikationsproblemen mit Erwachsenen. Hier ein Beispiel. Eine typische Aufgabe, mit der man Kindern das Malnehmen erklärt, ist diese:

> »In einem Klassenraum stehen acht Tische. An jedem Tisch sitzen zwei Kinder. Wie viele Kinder sind in der Klasse?«

Der Erwachsene fragt: »Musst du hier plusrechnen oder malnehmen?«
Kind denkt vollkommen richtig: »Ich muss 2 + 2 + 2 + 2 + 2 + 2 + 2 + 2 rechnen!«
Und sagt: »Plusrechnen!«
Der Erwachsene denkt: »Oh Gott, es will 8 + 2 rechnen! Was geht nur in seinem Kopf vor?«
Er sagt: »Nein, das ist falsch! Du musst 8 x 2 rechnen!«
Kind (verwirrt): »Häh?«

Um zu verstehen, was Multiplizieren ist, brauchen Kinder eine praktischere Erklärung: Was macht man beim Malnehmen – ganz praktisch, mit seinen Händen und seinem Gehirn? Es gibt zwei unterschiedliche Situationen, in denen man multiplizieren muss – Situationen mit einem zeitlichen Aspekt und solche mit einem räumlichen:

Zeitlicher Aspekt: »Man fügt zu etwas mehrmals nacheinander die gleiche Menge an Dingen hinzu.«
Räumlicher Aspekt: »Man zählt Dinge, die mehrmals nebeneinander in Gruppen mit der gleichen Menge angeordnet sind, indem man nur die Gruppen zählt, nicht die einzelnen Dinge.«
Entscheidend ist hier das kleine Wort »mehrmals«, in dem das

»mal« des Malnehmens schon drinsteckt. Es hilft Kindern, das Multiplizieren vom Addieren abzugrenzen, wenn sie sich klarmachen, dass Addieren »einmal etwas hinzufügen« ist, während multiplizieren »mehrmals nacheinander hinzufügen« oder »mehrmals nebeneinander angeordnet« ist.

Malnehmen als »mehrmals nacheinander«

Nehmen wir eine typische Textaufgabe als ein Beispiel, in dem das Multiplizieren als »mehrmals nacheinander« auftritt:

> »Eine Spielwarenfabrik liefert Teddys per LKW aus. Es werden fünf Kartons in den LKW geladen. In jedem Karton sind vier Teddys. Wie viele Teddys werden ausgeliefert?«

Es hilft dem Kind, wenn es sich die Aufgabe bildlich vorstellt, und sich fragt, ob hier etwas *einmal* hinzugefügt wird oder *mehrmals*: Der Lagerarbeiter der Spielwarenfabrik nimmt vier Teddys und tut sie in einen Karton und stellt den Karton in den LKW. Dann nimmt er wieder vier Teddys, tut sie in einen Karton und stellt sie in den LKW. Dann nimmt er wieder vier Teddys … Ganz klar, hier wird etwas mehrmals nacheinander hinzugefügt.

Jetzt eine andere Aufgabe:

> »Ein Spaziergänger legt in einer Stunde vier Kilometer zurück. Wie viele Kilometer legt er in acht Stunden zurück?«

Diese Aufgabe ist etwas abstrakter als die erste, da es hier keinen Lagerarbeiter gibt, der Kartons in einem LKW zu anderen Kartons hinzufügt. Doch wenn man sich den Spaziergänger vorstellt, wie er seinen Weg entlanggeht, wird schnell klar, dass hier etwas *mehrmals nacheinander* hinzugefügt wird: In der ersten Stunde legt der Spaziergänger vier Kilometer zurück. In der zweiten *wieder* vier, also zusammen acht. In der dritten *wieder* vier, also zwölf. In der vierten *wieder* vier …

Malnehmen als »mehrmals nebeneinander«

Wenn Ihr Kind in der Schule Multiplikation kennenlernt, redet der Lehrer mit ihm wahrscheinlich über Dinge, die immer in Gruppen auftauchen: Jeder Mensch hat zwei Hände, jeder Hund vier Beine und jedes Auto vier Räder.

Eine typische Beispielaufgabe, mit der Ihr Kind es zu tun bekommen könnte, würde so lauten:

> »In der Tiefgarage stehen drei Autos. Wie viele Räder haben die Autos zusammen?«

In der Tiefgarage stehen die Autos *nebeneinander,* und jedes Auto steht für eine Gruppe von vier Rädern (wenn man Ersatzräder nicht mitzählt) – es sind also Gruppen zu je vier Rädern *mehrmals nebeneinander* angeordnet.

Wie Kinder Malaufgaben lösen

Ähnlich wie beim Erlernen des Zählens und des Addierens gehen Kinder beim Lernen des Malnehmens durch verschiedene Phasen. Zuerst lösen sie Malaufgaben durch Abzählen, wobei sie am Anfang alles abzählen und eine Zählhilfe wie Muggelsteine, Streichhölzer oder Legosteine brauchen. Wenn sie die Aufgabe 4 x 3 lösen müssen, zählen sie diese ab und ordnen sie in Gruppen: eins, zwei, drei, vier – eins, zwei, drei, vier – eins, zwei, drei, vier. Danach zählen sie in einem zweiten Durchgang die erreichte Gesamtmenge.

Sie finden bald effektivere Methoden: zum Beispiel, indem sie die Finger benutzen. Dabei geben sie der linken und der rechten

Hand unterschiedliche Funktionen. So kann es sein, dass sie die Finger der linken zum Abzählen nutzen, während sie mit denen der rechten festhalten, wie viele Gruppen sie abgezählt haben – natürlich geht dies nur, wenn man mit Zahlen kleiner als fünf arbeitet.

Ein weiterer Fortschritt ist die Phase des rhythmischen Zählens. Die Kinder zählen, wobei sie durch Betonung oder kleine Pausen Marker in der Zahlenfolge setzen, und benutzen die Finger nur noch, um die abgezählten Zahlengruppen zu protokollieren. Bei der Aufgabe 3 x 4 würde dies so aussehen: »Eins, zwei, drei« – Pause, ein Finger ausgestreckt – »vier, fünf, sechs« – Pause, zwei Finger ausgestreckt – »sieben, acht, neun« – Pause, drei Finger ausgestreckt – »zehn, elf, zwölf« – vier Finger ausgestreckt.

Ein letztes Stadium des Multiplizierens durch Abzählen ist das Zählen in Schritten. Dabei addieren die Kinder im Kopf in mehreren Schritten und merken sich die Zwischensumme. 3 x 4 lösen sie, indem sie nur noch »drei, sechs, neun, zwölf« abzählen. An dieser Stelle bekommen Kinder Probleme, wenn sie unsicher beim Rechnen über den Zehner sind.

Wenn sie einen Satz an Aufgaben des Einmaleins auswendig gelernt haben, geben sie das Abzählen auf und lösen Malaufgaben, indem sie neue Ergebnisse aus bereits bekannten Aufgaben ableiten. Dabei nutzen sie Methoden wie die folgenden:

Verdoppeln: »Zwei mal vier ist acht, also ist vier mal vier 16, weil zwei mal acht ebenfalls 16 ist.«

Halbieren: »Zehn mal sechs ist 60, dann ist fünf mal sechs gleich 30.«

Nachbaraufgaben: »Fünf mal sechs ist 30, also ist sechs mal sechs gleich 36.«

Tauschaufgaben: »Drei mal vier ist zwölf, demnach ist vier mal drei ebenfalls zwölf.«

Wie beim Addieren und Subtrahieren benötigen die Kinder hier eine Basis an auswendig gelernten Aufgaben, um den Absprung vom zählenden Rechnen zu schaffen.

Die Schokoladentafelmethode

Viele Aspekte des Multiplizierens lassen sich Kindern am besten erklären, indem man Malaufgaben als Rechtecke darstellt. Wir nennen dieses Verfahren die »Schokoladentafelmethode« – auch wenn man nicht zwingend einen Milka-Riegel dafür braucht. Es geht darum, Aufgaben als Vierecke darzustellen, die aus kleineren Feldern aufgebaut sind – ähnlich einer Schokoladentafel.

Glossar: Faktor und Produkt, Multiplikand und Multiplikator

Bei einer Malaufgabe bezeichnet man die beiden Zahlen, die multipliziert werden, als Faktoren. Das Ergebnis ist das Produkt. Bei den Faktoren unterscheidet man noch einmal zwischen Multiplikand und Multiplikator: Die Zahl, die malgenommen wird, ist der Multiplikand. Die Zahl, mit der malgenommen wird, ist der Multiplikator.

Multiplikand x Multiplikator = Produkt.

Dabei entspricht die Anzahl der Felder, welche die Länge und Breite des Rechtecks bestimmen, den Faktoren der Malaufgabe, während die Gesamtzahl der Felder gleich dem Ergebnis ist. Nehmen wir die Aufgabe 3 x 4 als Beispiel. Das sind drei Gruppen, die je vier Einer enthalten. Das zu dieser Aufgabe passende Rechteck besteht also aus drei Streifen, die wiederum aus jeweils vier Feldern bestehen. Die Gesamtmenge seiner Felder ist zwölf. Daher ist 3 x 4 gleich zwölf.

Gut eignen sich Legosteine für diese Methode der Veranschaulichung, besonders die kleinen mit quadratischer Grundfläche und vier Noppen. Wenn Sie keine im Haus haben, können Sie beim Onlinehändler für Lehrmittel spezielle Steckwürfel bestellen. Kinder sollten ausgiebig mit diesen Rechenhilfen spielen dürfen. Entscheidend ist, dass sie erkennen, wie sie die durch ein

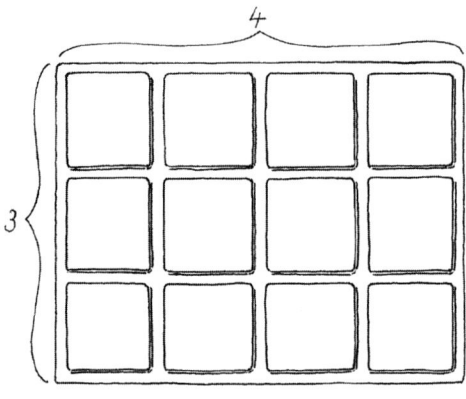

$$3 \times 4 = 12$$

Rechteck dargestellte Menge ermitteln können, wenn sie nur dessen Seitenlängen abzählen.

Bitte halten Sie sich dabei an die Darstellung als Rechteck. Versuchen Sie nicht, Kindern das Multiplizieren anhand von gleich großen Haufen loser, unstrukturierter Dinge wie Kastanien oder Murmeln zu erklären. Der einzige Weg für sie, deren Anzahl zu bestimmen, ist das Abzählen. Es verleitet sie daher zum Rechnen durch Zählen.

Die Schokoladentafelmethode lässt sich nutzen, um Kindern die für sie etwas rätselhafteren Aspekte des Multiplizierens zu erklären – zum Beispiel, warum Zahlen nicht größer werden, wenn man sie mit eins multipliziert oder warum 3 x 4 das Gleiche wie 4 x 3 ist.

Man kann alle möglichen Materialien verwenden, die sich in Reihen und Rechtecken anordnen lassen – Muggelsteine, Plastikplättchen, echte Schokolade oder Stift und Papier. Wenn man auf Papier malt, sollte man am Anfang Punkte zu Rechtecken anordnen, da für Kinder die Darstellung mit durch Linien begrenzten Feldern zu abstrakt ist. Am besten sind jedoch kleine quadratische Legosteine geeignet, die sich auf eine Grundplatte aufstecken lassen.

Kinder werden am Anfang alle einzelnen Felder dieser Schokoladentafel abzählen, um zum Ergebnis zu gelangen. Was wir erreichen möchten, ist, dass sie nur noch einen Blick auf die Anzahlen der Spalten und Reihen werfen, um das Ergebnis im Kopf auszurechnen: 3 x 4 = 12.

Wir lieben dieses Mittel der Veranschaulichung und werden noch oft darauf zurückgreifen, zum Beispiel, wenn es um das Dividieren oder die Bruchrechnung geht. Nebenbei bereitet es Kinder auf die schriftlichen Methoden zur Multiplikation und die Berechnung von Flächeninhalten vor. Außerdem – wer mag keine Schokolade?

Warum 3 x 7 das Gleiche wie 7 x 3 ist

Das Lernen des kleinen Einmaleins vereinfacht sich für Kinder, wenn sie verstehen, dass es keinen Unterschied macht, ob man drei mit sieben multipliziert oder sieben mit drei. Diese Austauschbarkeit der Multiplikatoren nennen Mathematiker das *Kommutativgesetz* oder *Vertauschungsgesetz*.

Weist man Kinder darauf hin, dass es egal ist, in welche Richtung man die Zahlen malnimmt, akzeptieren sie das sofort. Sie machen sich keine Gedanken um die Reihenfolge, in der Zahlen in einer Rechnung auftauchen. Doch dies heißt noch nicht, dass sie das Kommutativgesetz verstünden.

Hier eine Textaufgabe als Beispiel:

>»Nach Lucas Kindergeburtstag sind geöffnete Packungen mit M&Ms übrig geblieben. Luca hat drei Packungen mit zwei M&Ms darin, und Maximilian hat zwei Packungen mit drei M&Ms darin. Wer hat mehr?«

Viele Kinder werden, ohne zu überlegen, sagen, dass Luca mehr hat – mehr Packungen bedeuten für sie automatisch mehr M&Ms.

Die Schokoladentafelmethode hilft, Kindern das Kommutativgesetz zu veranschaulichen. Legen Sie eine Reihe aus sieben Legosteinen. Fügen Sie zwei weitere Reihen dazu, so dass ein Rechteck aus drei Zeilen und sieben Spalten entsteht. Zählen Sie mit Ihrem Kind die Steine. Drehen Sie danach das Ganze, so dass aus den Reihen Spalten werden. Wie viele Steine sind es jetzt? Zählen ist unnötig – die Anzahl hat sich natürlich nicht verändert.

Dank des Kommutativgesetzes müssen Kinder beim Erlernen des Einmaleins nicht 121 Zahlenpaare auswendig lernen, sondern nur 66! Es ist einer dieser phantastischen Fälle, in denen eine mathematische Gesetzmäßigkeit ein ganzes Bündel von Problemen löst (die man ohne Mathematik nicht hätte, werden hier einige sicher hinzufügen …).

Die Sprache des Malnehmens

Bevor wir mit dem Einmaleins beginnen, lohnt es sich, einen kurzen Blick auf die große Vielfalt an Ausdrücken zu werfen, mit der wir eine Multiplikation beschreiben können. Eine Rechnung wie 2 x 3 zum Beispiel kann durch eine Menge an Begriffen beschrieben werden:

- Zwei multipliziert mit drei
- Zwei Dreier-Gruppen
- Zwei Dreier
- Zwei Dreier-Bündel
- Zwei malgenommen mit drei
- Das Produkt aus zwei und drei

Einem Kind ist unter Umständen nicht klar, dass diese Ausdrücke alle den gleichen Vorgang beschreiben. Reden Sie mit Ihrem Kind über diese Begriffe und nutzen Sie die Vielfalt der Ausdrücke, um es daran zu gewöhnen.

Nicht nur die Sprache kann zu Verwirrung führen, sondern auch

Schreibweisen. In deutschen Schulbüchern wird eine Multiplikation durch einen Punkt ausgedrückt. Außerhalb der Schule dagegen wird Malnehmen oft durch ein kleines »x« dargestellt. Bei Tabellenkalkulations-Programmen wie Excel steht ein Sternchen (*) für Multiplikation. Und wenn Ihr Kind später Bruchrechnung und Algebra lernt, wird es feststellen, dass nun gar kein Symbol mehr verwendet wird: 2(a + b).

Das Einmaleins

Das Einmaleins besteht aus 121 Aufgaben, wenn man jene mit einer Null dazuzählt – das erscheint wie eine unüberschaubare Menge. Hält man sich allerdings vor Augen, dass diese Aufgaben zum großen Teil Tauschaufgaben sind, reduziert sich die Summe auf 66. Von diesen sind wiederum 45 einfach zu lösende »Kernaufgaben«, welche null, eins, zwei, fünf oder zehn enthalten. Bleiben noch 21 schwere »Lernaufgaben«.

Bis zum Ende der zweiten Klasse sollten die Kinder die Kernaufgaben auswendig können. Nach dem ersten Drittel der dritten Klasse sollten sie in der Lage sein, für alle Aufgaben innerhalb einiger Sekunden die Antwort zu nennen. Es ist wichtig, dass sie *alle* beherrschen. Denn im vierten Schuljahr werden sie schriftliche Multiplikationen mit drei und vier Stellen lösen – jede besteht aus neun und mehr Teilaufgaben. Wenn ein Kind nur zehn Prozent des Einmaleins nicht beherrscht, wird es kaum in der Lage sein, diese Aufgaben richtig zu rechnen.

Es liegt nahe, Kindern die Reihen des Einmaleins in ihrer Reihenfolge beizubringen, also bei den kleinsten Zahlen anzufangen. Besser ist es aber, sie ihrer Schwierigkeit nach zu ordnen: Man lernt die einfachsten zuerst und die kniffeligsten zuletzt. Auf diese Weise können Kinder die einfachen Aufgaben als Ankerpunkte benutzen, um sich die schwierigeren zu erarbeiten.

In der Schule lernen sie häufig zunächst die Kernaufgaben, die auch Grundaufgaben oder Königsaufgaben genannt werden. Danach üben sie die Vierer- und die Achter-Reihe, die beide Verdoppelungen der Zweier-Reihe enthalten. Dann kommen die durch drei teilbaren Zahlen dran: drei, sechs und neun. Das Schlusslicht ist meist die schwierigste Reihe: die Siebener-Reihe.

Die Einmaleins-Tafel

In dieser Übersicht sind die schwierig zu erlernenden Lernaufgaben grau hinterlegt. Sehen Sie, wie die Quadrataufgaben (zum Beispiel 6 x 6 = 36) eine Grenze zwischen den jeweiligen Tauschaufgaben bilden?

	0	1	2	3	4	5	6	7	8	9	10
0	0	0	0	0	0	0	0	0	0	0	0
1	0	1	2	3	4	5	6	7	8	9	10
2	0	2	4	6	8	10	12	14	16	18	20
3	0	3	6	9	12	15	18	21	24	27	30
4	0	4	8	12	16	20	24	28	32	36	40
5	0	5	10	15	20	25	30	35	40	45	50
6	0	6	12	18	24	30	36	42	48	54	60
7	0	7	14	21	28	35	42	49	56	63	70
8	0	8	16	24	32	40	48	56	64	72	80
9	0	9	18	27	36	45	54	63	72	81	90
10	0	10	20	30	40	50	60	70	80	90	100

Die Multiplikationsreihen

Natürlich sollten Kinder die Ergebnisse aller Zahlenpaare des Einmaleins auswendig kennen. Allerdings dauert das Automatisieren und Wiederholen. Daher brauchen sie Ausweichstrategien für den Fall, dass sie sich manche Paare nicht merken können.

Die Zehner-Reihe

Nichts ist einfacher zu lernen als die Zehner-Reihe. Man nimmt die Zahl, die malgenommen wird, und hängt eine Null an – fertig! 8 x 10 ist somit 80, 9 x 10 ist 90.

Die Fünfer-Reihe

Nur ein bisschen schwieriger ist die Fünfer-Reihe. Doch Kinder erkennen schnell, dass hier jede Zahl der Reihe entweder auf null oder fünf endet und dass sie beim Abzählen der Reihe nur zur nächsten Zahl springen müssen, die auf diese Ziffern endet. Eine andere Strategie (die aber meist nicht notwendig ist): Man nimmt die Zahlen der Zehner-Reihe und halbiert sie.

Die Zweier-Reihe

Die Zweier-Reihe fällt Kindern nicht schwer, wenn man sie nur daran erinnert, dass Mit-zwei-Malnehmen nichts anderes ist als Verdoppeln. Fragt man Kinder »Was ist das Doppelte von vier?«, fällt ihnen die Antwort meist leicht. Will man dagegen das Ergebnis von 2 x 8 wissen, werden sie mitunter etwas grübeln müssen.

Die Vierer-Reihe

Die Vierer-Reihe lässt sich so für Kinder recht einfach ermitteln – als das Doppelte des Doppelten beziehungsweise das Doppelte der Zweier-Reihe. Theoretisch könnte man so auch die Achter-Reihe finden – als das Doppelte des Doppelten des Doppelten. Und es ergibt durchaus Sinn, diese nach den Zweier- und Vierer-Reihen zu lernen, da es zwischen allen viele Überschneidungen gibt: 16 ist zum Beispiel das Produkt von 2 x 8, 8 x 2 als auch von 4 x 4. In der Praxis haben Kinder mit der Achter-Reihe allerdings weit mehr Probleme als mit den Zweier- und Vierer-Reihen. Dreimal verdoppeln ist doch etwas abstrakt. Da die Achter-Reihe Kindern recht schwerfällt, haben wir noch einen weiteren Trick im Ärmel – siehe auf der nächsten Seite.

Die Neuner-Reihe

Kinder lieben die Neuner-Reihe. Man kann jede Zahl der Zehner-Reihe finden, indem man die passende Zahl der Zehner-Reihe nimmt und den Faktor einmal abzieht: 7 x 9 ist das Gleiche wie 7 x 10 minus sieben.

Das reicht in der Regel schon, um die Neuner-Reihe zu lernen. Doch es gibt einen Fingertrick, mit dem man schnell ein Produkt von neun berechnen kann, den wir hier nur deshalb vorstellen wollen, weil er so unterhaltsam ist. Strecken Sie die Hände vor sich aus, mit den Handrücken zum Körper zeigend. Numerieren Sie nun im Geist alle Finger durch. Der kleine Finger der linken Hand erhält so die Nummer eins, der kleine Finger der rechten die Zahl Zehn.

Knicken Sie den Finger mit der Zahl, deren Produkt von neun Sie ermitteln wollen. Wenn Sie das Ergebnis von 7 x 9 wissen wollen, wäre dies der Zeigefinger der rechten Hand. Nun zeigen alle aus-

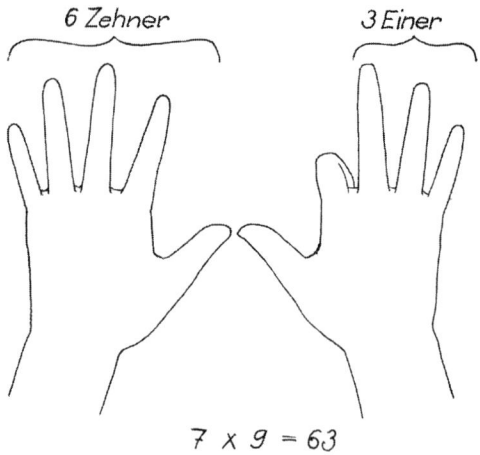

gestreckten Finger links des Zeigefingers die Zehner an – es sind sechs Finger, daher 60. Die Finger rechts des Zeigefingers zeigen die Einer an – es sind drei. Addieren Sie die beiden Zahlen und Sie erhalten das Ergebnis von 7 x 9 – nämlich 63.

Die Sechser-Reihe

Dass sechs die Summe von fünf und eins ist, können sich Kinder leicht merken. Sie können einfach die Tatsache ausnutzen, dass die Sechser-Reihe die Fünfer-Reihe plus einmal der Faktor ist. Anders ausgedrückt: die Zahl mal fünf plus die Zahl. 7 x 6 ist also 7 x 5 + 7 – daher 42.

Die Dreier-Reihe

Erstaunlicherweise ist die Dreier-Reihe eine von jenen Zahlenabfolgen, die für Kinder am schwersten zu lernen ist. Und wir müssen offen sagen: Wir haben hier keinen Trick anzubieten. Man könnte Kinder darauf hinweisen, dass das Dreifache einer Zahl immer das Doppelte der Zahl plus noch einmal die Zahl ist – aber wirklich elegant ist dies nicht.

Die Siebener- und Achter-Reihen

Für die Siebener- und die Achter-Reihen gibt es einen Handtrick. Zugegeben: Er ist kaum alltagstauglich und hat zudem eine Beschränkung: Er funktioniert nur, wenn beide Faktoren größer als sechs sind. Das kleinste Produkt, das sich mit ihm ermitteln lässt, ist also 49 (7 x 7), das größte 81 (9 x 9). Trotzdem: Kinder freuen sich, wenn sie feststellen, dass er funktioniert. Und vielleicht merken sie sich beim Ausprobieren des Tricks die schwierigsten Abschnitte der Einmaleins-Tafel.

Nehmen wir die Aufgabe 7 x 8 als Beispiel. Ballen Sie die Finger zu Fäusten und drehen Sie diese so, dass die geschlossenen Handflächen zum Körper weisen. Ziehen Sie von jedem Faktor der Rechnung fünf ab.

$$7 - 5 = 2$$

$$8 - 5 = 3$$

Strecken Sie jetzt an der linken Hand zwei Finger aus.

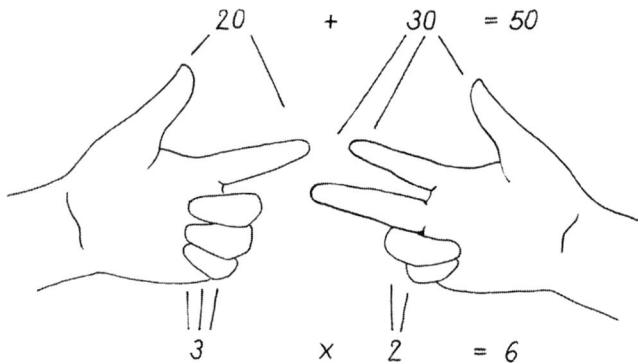

Strecken Sie an der rechten drei aus. Es sind somit an beiden Händen zusammen fünf Finger ausgestreckt und fünf geknickt. Von den gestreckten lassen sich die Zehner des Ergebnisses ablesen, indem man sie addiert – also 50. Anhand der geknickten lassen sich die Einer ausrechnen, indem man die Zahl derer an der linken Hand mit jener von der rechten multipliziert. 3 x 2 ergibt sechs. Wenn wir die beiden Zahlen addieren, erhalten wir das Ergebnis 56.

Stolpersteine

Probleme mit der Null und der Eins Es ist überraschend, dass Kinder besonders häufig Probleme mit Aufgaben haben, die besonders leicht erscheinen – nämlich solche, die eine Null oder eine Eins enthalten. Oft machen sie Fehler wie 1 x 1 = 2 oder 7 x 0 = 7. Sie denken nicht selten vereinfachend, dass durch Multiplizieren Zahlen immer größer werden – viel größer. Das stimmt aber nicht: Beim Multiplizieren mit eins entspricht das Ergebnis dem Faktor, der mit eins malgenommen wurde, während beim Multiplizieren mit null das Ergebnis immer null beträgt. Da die Kinder durch Multiplizieren nicht auf das erwartete größere Ergebnis kommen, probieren sie es mit Addieren und machen Fehler wie 1 x 3 = 4. Verschärft wird diese Situation dadurch, dass auf die Nuller- und die Einer-Reihe von Lehrern und Eltern wenig Augenmerk gelegt wird. Meist taucht die Nuller-Reihe zum Beispiel in Einmaleins-Tafeln überhaupt nicht auf.

Verzählfehler Während Zählfehler beim Addieren meist dazu führen, dass sich das falsche Ergebnis um die Menge eins vom richtigen unterscheidet, können sie beim Multiplizieren zu weit größeren Abweichungen führen. Hier ein Beispiel:

$$4 \times 4 = 12$$

Hier zählte ein Kind die Zahlenreihe ab und protokollierte mit den Fingern, wie viele Viererschritte es bereits gemacht hatte. Richtig wäre dieses Vorgehen so gewesen: »Eins, zwei, drei, *vier* – Finger austrecken – fünf, sechs, sieben, *acht* – Finger austrecken – neun, …« Bis insgesamt vier Finger gestreckt sind. Leider streckte es den ersten Finger schon bei »eins« aus, nicht erst bei »vier« und fing so mit dem Protokollieren zu früh an. Daher brach es dann die Reihe einen Viererschritt zu früh ab. Der beste Weg, solche Fehler zu vermeiden, ist natürlich, das Abzählen so schnell wie möglich hinter sich zu lassen!

Verwechseln der Faktoren Wenn Kinder ein Grundwissen über das Einmaleins haben, lassen sie das Abzählen hinter sich und versuchen zu Ergebnissen zu gelangen, indem sie sich von einem bekannten Ergebnis zu einem unbekannten durch Addieren oder Subtrahieren »hinrechnen«. Dabei kann es vorkommen, dass sie den falschen Faktor hinzufügen oder abziehen, weil sie sich vage daran erinnern, dass es beim Multiplizieren »egal ist, was vorne und was hinten steht«. Hier ein Beispiel:

$$9 \times 4 = 31$$

Das Kind dachte sich richtig »zehn mal vier ist 40« und wollte zum Ergebnis gelangen, indem es einen Faktor der Rechnung von 40 abzieht. Leider wählt es den falschen aus – statt vier zog es neun von 40 ab.

Sieben mal acht Von allen Zahlenpaaren scheint 7 x 8 jenes zu sein, dessen Ergebnis für Kinder am schwersten zu merken ist. Es gibt eine kleine Eselsbrücke: Wenn man die beiden Seiten der Gleichung 7 x 8 = 56 vertauscht, ist es ganz leicht zu merken. Die Zahlenreihe lautet bekanntlich … 5, 6, 7, 8, … Daher 56 = 7 x 8!

Zum Erforschen: Muster auf der Einmaleins-Tafel

Zwischen Zahlen herrschen die unterschiedlichsten Beziehungen: Die Vier ist zum Beispiel das Doppelte der Zwei, die Sechzehn das Quadrat der Vier … Wenn wir sie in Tabellen schreiben, können wir diese Beziehungen als Muster sichtbar machen. Und Ihr Kind kann sie ausnutzen – zum Beispiel, um das Einmaleins zu lernen.

Nehmen wir die Einmaleins-Tafel. Sie können eine solche Tafel schnell mit einem Tabellenkalkulationsprogramm wie Excel erstellen oder als Vorlage aus dem Internet runterladen – »einmaleinstafel pdf« oder »einmaleinstafel ausdrucken« sind gute Begriffe, die Sie in eine Suchmaschine eingeben können.

Bitten Sie Ihr Kind, alle Zahlen der Vierer-Reihe mit einem Marker zu kennzeichnen. Es wird zuerst am Rand der Tabelle nach der Vier suchen und die jeweilige Spalte und Zeile markieren. Doch dann wird es feststellen, dass noch mehr Felder angestrichen werden müssen – auch alle Zahlen der Achter-

Reihe sind in der Vierer-Reihe enthalten! Am Ende wird dieses Muster entstehen:

x	0	1	2	3	4	5	6	7	8	9	10
0	0	0	0	0	0	0	0	0	0	0	0
1	0	1	2	3	4	5	6	7	8	9	10
2	0	2	4	6	8	10	12	14	16	18	20
3	0	3	6	9	12	15	18	21	24	27	30
4	0	4	8	12	16	20	24	28	32	36	40
5	0	5	10	15	20	25	30	35	40	45	50
6	0	6	12	18	24	30	36	42	48	54	60
7	0	7	14	21	28	35	42	49	56	63	70
8	0	8	16	24	32	40	48	56	64	72	80
9	0	9	18	27	36	45	54	63	72	81	90
10	0	10	20	30	40	50	60	70	80	89	100

Erstellen Sie neun Einmaleins-Tafeln und markieren Sie mit Ihrem Kind auf jeder die Zahlen einer anderen Reihe von zwei bis zehn. Vergleichen Sie dann die entstandenen Muster. Die Strukturen welcher Zahlen sind in denen welcher anderen enthalten? Es wird auffallen, dass die Sieben besonders wenige Beziehungen pflegt – ihr Muster ist ein einfaches Kreuz. Woran könnte dies liegen?

Die Division im Kopf

Während die Lehrer Addition und Subtraktion fast gleichzeitig in den Unterricht einführen, bringen sie Kindern Dividieren erst bei, wenn diese bereits multiplizieren können. Der Grund ist, dass sie auf das Einmaleins zurückgreifen müssen, um Divisionsaufgaben flüssig zu lösen. Das Teilen bereitet ihnen weit mehr Schwierigkeiten als das Malnehmen. Auch viele Lehrer stoßen auf Hindernisse, wenn sie es Kindern erklären wollen.

Kindern wird das Lernen des Dividierens durch eine Reihe von Kommunikationsproblemen mit den Erwachsenen erschwert. Für sie ist es zum Beispiel nicht egal, ob sie eine Anzahl Bonbons an Freunde verteilen oder eine Zahl Bonbons in Tüten packen, die immer eine bestimmte Menge enthalten sollen. Diese Beispiele sind für sie unterschiedliche Aufgaben, die verschiedene Rechenmethoden verlangen – und sie haben recht!

Wie man fair teilt

Schon lange bevor Kinder in die Schule kommen, wissen sie, wie man eine Menge in gleich große Teile aufteilt. Eltern, die zwei oder mehr Kinder haben, kennen das: Beim Essen diskutieren diese oft darüber, was »fair geteilt« und was »unfair« sei. Sie haben ihre eigenen Strategien, um Mengen aufzuteilen. Wenn es zum

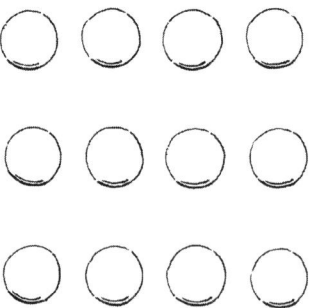

Beispiel Smarties zu vergeben gibt, reichen sie häufig jedem in der Gruppe reihum eines, bis keine mehr da sind. Ihnen ist klar, dass alle in der Gruppe die gleiche Anzahl Smarties bekommen haben. Eine andere Methode ist der optische Vergleich: Sie bilden Reihen aus Smarties, deren Länge sich einfach vergleichen lässt. Wenn alle Süßigkeiten aufgeteilt wurden, bekommt jedes Kind eine Reihe. Sogar Kinder, die noch nicht zählen können, sind auf diese Weise in der Lage, »fair« zu teilen.

Ist es nicht verblüffend, wie sehr dieses Verfahren der Schokoladentafelmethode aus dem vorhergehenden Kapitel gleicht?

Für Kinder ist Teilen nicht gleich Teilen

Dividieren lernen Lehrer mit Kindern gerne, indem sie an ihre Fähigkeit zum fairen Teilen anknüpfen und ihnen kleine Sachaufgaben geben, in denen es darum geht, Dinge unter einer Gruppe aufzuteilen. Doch das kann frustrierend sein: Manche Aufgaben lösen Kinder in wenigen Augenblicken, während sie bei anderen, die Erwachsenen nicht schwerer erscheinen, plötzlich völlig ratlos sind. Es kann sogar vorkommen, dass sie eine Sachaufgabe mit Leichtigkeit lösen, aber später, wenn sie vor die gleiche Rechnung in einer anderen Formulierung gestellt werden, absolut hilflos sind. Woran liegt das?

Nehmen wir eine typische Textaufgabe, mit der ein Lehrer Kindern die Division erläutern würde. Sie könnte so lauten:

> »Die Kinder wollen Osternester für ihre Freunde basteln. Sie haben 24 Ostereier – jedes Nest soll vier Eier enthalten. Wie viele Nester können sie basteln?«

Man könnte diese Aufgabe etwas abändern:

> »Vier Kinder haben Ostereier gesammelt. Sie haben insgesamt 24 gefunden. Nun teilen die Eltern die Eier unter den

Osternestern der Kinder auf. Wie viele kommen in jedes Nest?«

Wie würden Sie diese beiden Aufgaben lösen? Zwischen beiden gibt es einen feinen Unterschied, den Erwachsene nicht wahrnehmen, der für Kinder aber so unübersehbar ist wie ein gestrandeter Wal. Lassen Sie uns die beiden Aufgaben etwas strukturierter formulieren, um den Unterschied offensichtlich zu machen. Die erste lautet:

»24 Ostereier geteilt in Vierer-Nester ist gleich wie viele Nester?«

Oder als formale Gleichung: $24 : 4 = ?$

Die zweite dagegen lautet:

»24 Ostereier geteilt in Nester mit wie vielen Eiern ist gleich vier Nester?«

Als formale Gleichung: $24 : ? = 4$

Niemand rechnet gerne mit Unbekannten links vom Gleichheitszeichen. Doch Erwachsene wissen: Wenn $24 : 4 = 6$ ist, dann ist $24 : 6 = 4$. Wir haben kein Problem damit, diese Rechnung im Kopf schnell umzustellen. Als Sie diese beiden Aufgaben gelesen hatten, als sie noch als Texte formuliert waren, haben Sie diesen Unterschied daher wahrscheinlich gar nicht wahrgenommen. Vielleicht haben Sie die Umwandlung der zweiten Aufgabe so schnell vorgenommen, dass Ihnen deren Besonderheit gar nicht aufgefallen ist. Für Erwachsene stellen beide Textaufgaben die Rechnung $24 : 4 = ?$ dar und sind schnell mit unserem Wissen über das Einmaleins und dessen Umkehrung zu lösen. Ergebnis: sechs.

Bei Kindern ist dies nicht so. Sie gehen handlungsbetont an die Sache heran und stellen sich tatsächlich vor, wie die Eier am Tisch verteilt werden und beobachten vor ihrem inneren Auge, was dabei passiert. Für sie macht es daher einen großen Unterschied, auf welche Art nach einem Ergebnis gefragt wird. Für einen Schüler in der ersten oder zweiten Klasse sind die beiden Beispielaufgaben komplett unterschiedlich und verlangen seiner Meinung nach unterschiedliche Vorgehensweisen, um sie zu lösen.

Die erste Aufgabe (*»24 Ostereier geteilt in Vierer-Nester ist gleich wie viele Nester?«*) nennt man eine Aufteil- oder Bündelungsaufgabe. Beim Dividieren geht es darum, Zahlen in Gruppen oder Bündel aufzuteilen. Bei dieser Art von Aufgabe ist bekannt, wie viel in jedem Bündel ist – bei diesem Beispiel sind es vier Ostereier. Herauszufinden ist allerdings die Anzahl der Bündel, in diesem Fall Nester. Ein Kind wird diese durch wiederholtes Addieren bestimmen und sich vielleicht überlegen: »Die Kinder machen das erste Osternest: vier Eier. Zweites Osternest: acht Eier. Drittes Osternest: 12 Eier …« Und so weiter, bis es bei 24 Ostereiern und sechs Nestern angekommen ist. Als formale Gleichung könnte man dieses Verfahren so darstellen:

$$4 + 4 + 4 + 4 + 4 + 4 = 24$$

Es wurde sechsmal addiert, also ist das Ergebnis sechs. Manche werden rechnen »vier plus vier ist acht, acht plus vier ist zwölf, …« und die Zahl der Schritte mit den Fingern protokollieren, bis sie bei 24 angekommen sind. Andere werden abzählen und dabei die Zahlen der Vierer-Reihe betonen. Fortgeschrittene werden die Vierer-Reihe aufsagen: »Vier, acht, zwölf …« Wieder andere werden vielleicht den umgekehrten Weg wählen: Sie ziehen von 24 immer vier ab, bis sie bei null angekommen sind. Allen diesen Lösungswegen ist aber gemein, dass es darum geht, Vierer-Bündel zu bilden und diese abzuzählen.

Die zweite Aufgabe (*»24 Ostereier geteilt in Nester mit wie vielen Eiern ist gleich vier Nester?«*) ist anders. Es ist eine sogenannte »Verteilaufgabe«. Hier ist bekannt, wie viele Bündel es gibt – es sind die vier Kinder mit ihren Osternestern. Aber es gilt herauszufinden, wie viel Dinge (Eier) in jedes Bündel (Nester) hineinpassen.

Auch diese Aufgabe würde ein Kind in der zweiten Klasse, welches das Dividieren gerade erst kennenlernt, durch wiederholtes Addieren lösen. Das Problem – es weiß nicht, welche Zahl addiert werden muss! Es muss sich fragen: »Welche Zahl lässt sich viermal hintereinander addieren, so dass am Ende 24 dabei herauskommt?« Es wird anfangen, eine Zahl zu suchen, die viermal in die 24 passt. Dabei wird es schätzen, die geschätzte Zahl durch wiederholtes Addieren überprüfen und, wenn sie nicht richtig ist, erneut schätzen und überprüfen. Typischerweise tun Kinder dies, indem sie Zahlen halbieren – ihnen ist instinktiv klar, dass eine Zahl, die eine andere teilt, nicht größer als die Hälfte der geteilten Zahl sein kann (wenn man, wie Grundschüler, ohne Rest und Brüche dividiert). Von dort ausgehend, probieren sie nach und nach kleinere Zahlen durch, bis sie eine gefunden haben, die »passt«. Viele Kinder würden sich bei dieser Aufgabe also fragen: »Passt die Zwölf viermal in die 24? Nein. Passt die Zehn viermal in die 24? Nein. Was ist mit der Acht? Nein. Und die Sieben?« Als Gleichung könnte man dieses Verfahren so zeigen:

$$? + ? + ? + ? = 24$$

Dies ist ein recht langsames und unsystematisches Verfahren. Es ist also nicht überraschend, dass Verteilaufgaben für Kinder schwer zu lösen sind. Natürlich benutzen Kinder die Wörter »Aufteil«- und »Verteilaufgabe« nicht – sie haben nur das vage Gefühl, dass es einen Unterschied zwischen den Aufgaben gibt. Es sind Kategorien, die von Erwachsenen verwendet werden. Daher ist es nicht sinnvoll, Kindern diese Wörter nahezubringen. Dennoch müssen sich Eltern und Lehrer über den Unterschied im Klaren sein, um die Probleme, die Kinder beim Erlernen des Dividierens haben können, zu verstehen.

Verteilen oder Bündeln?

Sach- und Textaufgaben geben Kindern vor, ob sie eine Aufgabe als Verteilungs- oder Bündelungsaufgabe betrachten müssen. Doch was passiert, wenn Kinder mit einer Division als einer nackten, formalen Rechnung konfrontiert werden? In diesem Fall können sie selbst entscheiden, ob sie diese als Verteilung oder Bündelung sehen wollen. Ihre Sichtweise kann darüber entscheiden, wie schwer ihnen die Lösung fallen wird – manche sind einfacher durch Verteilen zu lösen, andere leichter durch Bündelung. Nehmen wir zum Beispiel diese hier:

$$60 : 3$$

Ein Kind könnte sich diese Aufgabe als Bündelungsaufgabe zum Beispiel so vor Augen führen: »60 Bonbons werden so verteilt, dass jedes Kind immer drei erhält. Wie viele Kinder bekommen Bonbons?« Es müsste sich daher fragen, wie oft es drei addieren muss, bis es 60 erhält. Das würde einen Drittklässler viel Zeit kosten.

Und wie sieht es aus, wenn man diese Aufgabe zu einer Verteilaufgabe machen würde? »60 Bonbons werden an drei Kinder verteilt«, ist nicht schwer zu lösen. Die meisten Kinder kommen schnell auf die Antwort: Wenn man sechs Bonbons an drei Kinder verteilt, bekommt jedes zwei. Verteilt man dagegen 60 Bonbons an drei Kinder, wird es das Zehnfache sein – 20.

Nehmen wir jetzt eine andere Aufgabe:

$$60 : 30$$

Diese hier ist als Verteilaufgabe schwer zu lösen – wer kann sich schon 30 Kinder vorstellen, an die 60 Bonbons verteilt werden? Als Bündelungsaufgabe ist sie dagegen einfach zu lösen: »60 Bonbons werden so verteilt, dass jedes Kind immer 30 erhält. Wie viele Kinder bekommen Bonbons?« Wie oft muss man 30 addieren, bis man 60 erhält? Klarer Fall: nur zwei Mal.

Die meisten Kinder mögen Bündelungsaufgaben lieber, da sie sich durch wiederholtes Plusrechnen lösen lassen. Wenn die Situation ihnen selbst die Entscheidung überlässt, wie sie eine Aufgabe wahrnehmen wollen, werden sie diese lieber als Bündelungsaufgabe sehen. Das muss aber nicht so sein. Es gibt auch den umgekehrten Fall: Kinder, die Verteilaufgaben mit Leichtigkeit lösen und bei Bündelungsaufgaben auf dem Schlauch stehen. Da manche Aufgaben sich leichter durch Bündeln lösen lassen, während andere sich leichter durch Verteilen bewältigen lassen, müssen Kinder in der Lage sein, zwischen beiden Sichtweisen hin und her zu schalten. Doch wie bringt man ihnen dies bei?

Schritt für Schritt –
wie Kinder Dividieren lernen

Wie bei allen Rechenverfahren gehen Kinder durch unterschiedliche Stadien, wenn sie das Dividieren erlernen. In einer ersten Phase trennen sie zwischen Verteilen und Bündelung. Sie lösen Bündelungsaufgaben durch wiederholtes Addieren oder Subtrahieren und Verteilungsaufgaben eher zufällig durch Schätzen und Überprüfen der geschätzten Zahl durch wiederholtes Plusrechnen. Noch sehen sie keine Verbindung zwischen Dividieren und dem Wissen über Multiplikation und das Einmaleins, über das sie bereits verfügen.

Später, in einer zweiten Phase, erkennen sie eine Verbindung zwischen Verteilen und Aufteilung. Sie stellen fest, dass beide Operationen zum gleichen Ergebnis führen, und können dieses Wissen nutzen, um Verteilungsaufgaben zu lösen. Das ist eine wichtige Voraussetzung, um das Rechnen durch Umkehrung der Multiplikation zu lernen. Doch lösen sie weiterhin die Divisionsaufgaben durch wiederholtes Addieren oder Subtrahieren.

Während einer dritten Phase schließlich erkennen sie, dass Dividieren die Umkehrung der Multiplikation ist, und nutzen ihr Wissen über das Einmaleins, um sowohl Verteil- als auch Bündelungsaufgaben zu lösen.

Verteilaufgaben durch faires Teilen lösen

Es hilft Kindern, die schwierigen Verteilaufgaben zu lösen, wenn sie sich an das »faire Teilen« erinnern. Nehmen wir die Aufgabe »24 Ostereier geteilt in Nester mit wie vielen Eiern ist gleich vier Nester?« als Beispiel. Dabei entspricht die Anzahl der Runden, während der verteilt wird, der Anzahl der Ostereier, die jedes Kind erhält. Stellen Sie sich die Situation am Tisch einer Familie am Ostersonntag vor:

Erste Runde: Der Vater verteilt vier Eier an vier Kinder – jedes Kind hat ein Ei.

Zweite Runde: Jetzt verteilt er wieder vier Eier an vier Kinder – jedes hat zwei Eier.

Dritte Runde: … wieder vier Eier an vier Kinder – jedes hat drei Eier.

Vierte Runde: … wieder vier Eier an vier Kinder – jedes hat vier Eier.

Fünfte Runde: … wieder vier Eier an vier Kinder – jedes hat fünf Eier.

Sechste Runde: … wieder vier Eier an vier Kinder – jedes hat sechs Eier.

Das Kind muss also nur die Verteilrunden zählen, um am Ende zu wissen, wie viele Ostereier jeder erhalten hat. Hier eine andere Verteilaufgabe als Beispiel:

»Beim Sportfest werden 60 Kinder in Gruppen aufgeteilt, so dass am Ende vier Gruppen entstehen. Wie viele Kinder sind in jeder Gruppe?«

Stellen wir uns einen Haufen von 60 Kindern vor. Der Lehrer ruft immer vier Kinder auf, die einzeln auf die vier Gruppen verteilt werden:

Erste Runde. Vier Kinder werden auf die vier Gruppen verteilt – in jeder Gruppe ist ein Kind.

Zweite Runde: Vier Kinder werden auf die vier Gruppen verteilt – in jeder Gruppe sind zwei Kinder.

…

Fünfzehnte Runde: Vier Kinder werden auf die vier Gruppen verteilt – in jeder Gruppe sind fünfzehn Kinder.

Wenn ein Kind verstanden hat, dass es nur zählen muss, wie oft verteilt wird, um herauszufinden, wie groß die am Schluss erhaltenen Bündel sind, kann es Verteilungsaufgaben wie Bündelungsaufgaben lösen – durch wiederholtes Addieren. Das hilft ihm, zwischen den beiden Sichtweisen, Dividieren als Bündeln und Dividieren als Teilen, hin und her zu schalten. Doch das Dividieren durch wiederholtes Addieren soll nur ein Übergangsstadium sein – wir möchten, dass die Kinder ihr Wissen über das Einmaleins zum Teilen nutzen.

Teilen lernen mit der Schokoladentafelmethode

Kinder müssen lernen, dass Verteilaufgaben und Bündelungsaufgaben zu gleichen Ergebnissen führen und dass sie gefahrlos zwischen den beiden Sichtweisen der Division hin und her wechseln können. Mit anderen Worten: Sie müssen erkennen, dass die Aufgabe 24 : ? = 6 der Aufgabe 24 : 6 = ? entspricht. Wenn sie wissen, dass 24 : 6 = 4 ergibt, dann wissen sie auch das Ergebnis von 24 : 4, nämlich sechs. Wie bringt man Kindern dies bei? Erinnern Sie sich noch daran, wie wir die Schokoladentafelmethode genutzt haben, um Kindern zu zeigen, dass 3 x 7 das Gleiche wie 7 x 3 ist? Man kann sie nutzen, um Kindern zu zeigen, dass sie die Lösung von 24 : 6 wissen, wenn sie wissen, dass 24 : 4 = 6 ist. Fangen wir mit einer Bündelungsaufgabe an: 24 Smarties werden an Kinder verteilt, so dass jedes Kind drei bekommt. Wie viele Kinder können Schokolinsen bekommen? Man würde nun die

Zähler – Smarties, Legosteine oder Punkte auf Papier – in Streifen zu jeweils dreien legen und diese wiederum untereinander anordnen, so dass ein Rechteck aus acht Streifen entsteht. Die Antwort ist jetzt nicht mehr schwer von dem Rechteck abzulesen: Es sind acht Dreier-Gruppen entstanden – acht Kinder können immer drei Smarties bekommen.

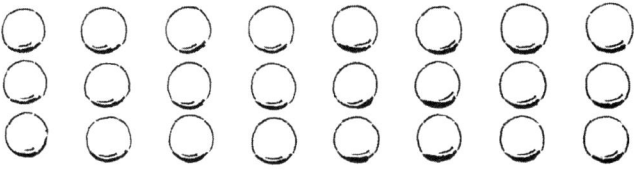

Jetzt nehmen wir die gleiche Aufgabe und formulieren sie zu einer Verteilungsaufgabe um: »24 Murmeln werden an acht Kinder verteilt. Wie viele Murmeln bekommt jedes Kind?« Wir müssen unser Rechteck nicht neu anordnen. Ein Blick genügt: Die Antwort ist drei.

Kinder brauchen am Anfang eine Rechenhilfe, um das Dividieren zu erkunden. Die Schokoladentafelmethode erleichtert ihnen dies. Wie beim Multiplizieren sollten sie viel Zeit mit dieser Rechenhilfe verbringen dürfen, um die verschiedenen Aspekte des Dividierens zu entdecken. Das Verwenden dieser Zählhilfen behindert sie beim Erlernen des Kopfrechnens nicht. Doch auch hier: Die Zähler oder einzelnen Elemente dürfen nicht in losen Haufen angeordnet werden, sondern nur in Rechtecken.

Die Sprache des Dividierens

Wenn Kinder das Dividieren lernen, werden sie mit einem ganzen Schwall an neuen Ausdrücken konfrontiert. Das Teilen kann in Textaufgaben in vielen Formulierungen daherkommen. Es hilft Kindern, wenn man mit ihnen über diese spricht und ihnen zeigt, welche Wörter Teilen signalisieren.

- Wie oft **passt** die Drei in die Zwölf?
- Was ist zwölf **geteilt** durch drei?
- Was ist der dritte **Teil** von Zwölf?
- Wenn man zwölf in Gruppen von jeweils drei **aufteilt**, wie viel ist in jeder Gruppe?
- Was ist zwölf **dividiert** durch drei?
- Wenn zwölf Dinge an drei Personen **verteilt** werden, wie viel erhält jeder?
- **Wie oft** kann man drei von der Zwölf **abziehen**?

Teilen ist umgedrehtes Malnehmen

Es gibt eine Theorie, die besagt, dass kein Mensch jemals eine Division durchgeführt hat – und wahrscheinlich stimmt sie. Niemand rechnet wirklich 24 : 8 im Kopf. Stattdessen fragen wir uns: »Wie viel mal acht ist 24?«

Um flüssig dividieren zu können, müssen Kinder daher lernen, auf das Einmaleins zurückzugreifen. Dafür müssen sie zu jeder Divisionsaufgabe die Umkehraufgabe, also die passende Multiplikationsaufgabe, finden. Doch Kinder tun sich schwer damit, die Tatsache zu akzeptieren, dass Dividieren umgedrehtes Multiplizieren ist. Beim Addieren werden Mengen größer. Beim Multiplizieren werden Mengen *viel* größer. Doch wie ist es beim Dividieren? Die Eltern und der Lehrer sagen, die Mengen verändern sich dabei nicht, und das Kind hat vage Vorstellungen von »Bonbons verteilen« im Kopf. Was soll das mit dem Einmaleins zu tun haben?

Erinnern Sie sich, wie wir beim Multiplizieren die Schokoladentafelmethode benutzt haben, um Kindern zu zeigen, dass 3 x 7 das Gleiche wie 7 x 3 ist? Wir ordneten Punkte als ein Rechteck an, das aus sieben Reihen mit jeweils drei Punkten bestand. Es war gleichgültig, wie man dieses Rechteck drehte – die Menge der Punkte, 21, veränderte sich nicht.

Wenn wir 21 durch drei teilen, bedeutet dies, dass wir das Rechteck wieder in drei Reihen aufteilen, die jeweils sieben Punkte enthalten. Teilen wir die 21 dagegen durch sieben, trennen wir das Rechteck wieder in sieben Spalten auf, die jeweils drei Punkte enthalten.

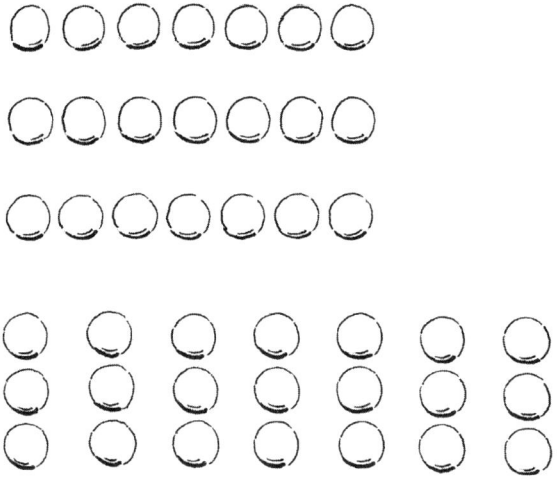

Warum durch Dividieren nichts kleiner wird

Eine häufige Fehlvorstellung, die Kinder entwickeln, ist, dass durch Dividieren Dinge kleiner werden. Sie werden mit einer Rechnung wie 12 : 4 = 3 konfrontiert und sehen, wie die Zahl Zwölf links in die Rechnung eingegeben wird und rechts als kleine Drei wieder herauskommt. Tatsächlich ist aber nichts kleiner geworden: Wenn man zwölf Äpfel an vier Kinder verteilt, bekommt jedes Kind drei. Es sind aber immer noch zwölf Äpfel vorhanden – lediglich ihre Verteilung hat sich verändert.

Kinder neigen zu dieser Ansicht insbesondere, wenn sie viele formale Rechnungen auf Papier ausführen und nicht oft genug die Gelegenheit bekommen, mit kleinen Dingen wie Legosteinen, Murmeln oder Bonbons nachzuvollziehen, was während dieser Rechnungen passiert. Wenn man die Rechnung mit kleinen Gegenständen nachvollzieht, wird schnell klar, was sich beim Dividieren verändert und was nicht. Die Schokoladentafelmethode kann hier weiterhelfen: Wir können zum Beispiel zwölf Legosteine nehmen und diese in gleich große Reihen zu je vier sortieren. Es entstehen drei Reihen. Doch die Zahl der Legosteine hat sich nicht verändert – es sind immer noch zwölf!

Die Vorstellung, dass Dividieren Mengen kleiner macht, wird problematisch, wenn es an das Dividieren durch Brüche geht – dann dividieren die Kinder Zahlen und erhalten am Ende der Rechnung *größere* Zahlen! Zwölf geteilt durch 1/2 ergibt – 24! Die Verwirrung ist perfekt. Wenn man sich diese Rechnung als eine bildliche Situation vorstellt, wird schnell klar, wie diese größere Zahl entstanden ist: Sie haben zwölf Äpfel und schneiden diese in Hälften. An wie viele Kinder könnte man diese verteilen?

Warum darf man durch die Null nicht teilen?

»Durch die Null darf nicht geteilt werden«, sagen Erwachsene Kindern oft. Und wenn wir 1 : 0 in einen Taschenrechner eintippen erhalten wir:

ERROR

Doch Erwachsene können Kindern oft nicht erklären, warum dies so ist. Wer hat beschlossen, dass es verboten sei, durch null zu teilen? Nun, niemand wird Sie verhaften, wenn Sie durch null dividieren – Sie dürfen nur nicht erwarten, dass Sie durch diese Rechnung ein nützliches Ergebnis erhalten.

Nehmen wir an, dass 1 : 0 = 5 sei. Kann das stimmen? Auf keinen Fall, denn die Umkehrrechnung wäre 5 x 0 = 1. Wir wissen aber, dass das nicht stimmen kann. Offensichtlich können wir statt der Fünf so gut wie jede Zahl einsetzen – wir werden nie eine Umkehrrechnung bekommen, die Sinn ergibt.

Doch manche sagen, dass 1 : 0 zum Ergebnis »Unendlich« führt. Das Symbol dafür ist eine liegende Acht. Der Taschenrechner meines Android-Smartphones gibt tatsächlich dieses Ergebnis aus!

$$1 : 0 = \infty$$

Die Umkehraufgabe wäre ∞ x 0 = 1. Sieht doch gut aus! Das Problem ist allerdings: Wenn diese Rechnung stimmt, ergibt jede Zahl geteilt durch null unendlich – und umgekehrt ergibt 0 x ∞ jede erdenkbare Zahl. Vernünftig rechnen kann man damit nicht. Und deshalb lässt man es besser bleiben!

Stolpersteine

Durch null teilen Dieser Fehler könnte auch vielen Erwachsenen passieren:

$$5 : 0 = 0$$

Man kann nicht durch null teilen – diese Aufgabe ist schlicht unlösbar! Kindern kann dies schwer zu vermitteln sein. Wie Sie oben gesehen haben, driftet man schnell ins Philosophische ab, wenn man versucht, diesen Sachverhalt zu erklären. In manchen Schulbüchern finden sich »Fallenaufgaben«, in denen die Kinder aufgefordert werden, durch null zu teilen. Da sie erwarten, dass Aufgaben, die ihnen von Erwachsenen aufgegeben werden, immer zu einem sinnvollen Ergebnis führen, beantworten sie diese meistens mit den Ergebnis null. Bestärkt werden sie in der Ansicht, dass man durch null teilen kann, von der Umkehraufgabe als Multiplikation, die durchaus zu einem sinnvollen Ergebnis führt: 0 x 5 = 0.

Man kann eine andere Umkehraufgabe verwenden, um ihnen zu zeigen, dass dies nicht stimmen kann: Wenn 5 : 0 = 0 wäre, dann wäre 0 x 5 = 0. Das sieht noch gut aus. Aber dann müsste auch 0 : 0 = 5 ergeben, was offensichtlich nicht stimmen kann. Manchmal finden Kinder auch diese falsche Lösung:

$$5 : 0 = 5$$

Ihr Gedanke dahinter: »Wenn ich fünf Smarties an niemanden (also null) verteile, dann habe ich weiterhin fünf Smarties.« Auch hier kann man die Umkehraufgabe verwenden, um sie von dieser falschen Vorstellung abzubringen: 5 x 0 = 5 kann offensichtlich nicht stimmen.

Abzählfehler beim Aufsagen der Einmaleins-Reihe Oft lösen Kinder Divisionsaufgaben durch Aufsagen der passenden Einmaleinsreihe, wobei sie bei jedem Schritt einen Finger ausstrecken und so protokollieren. Die Aufgabe 16 : 4 zum Beispiel würde so ein Kind lösen, indem es zu sich selbst spricht: »Ein mal vier ist vier, zwei mal vier ist acht …« – bis es schließlich bei 16 angekommen ist. Dann würde es auf seine Finger blicken, um von diesen das Ergebnis abzulesen. Alternativ können Kinder auch einfach addieren: »Vier plus vier ist acht, acht plus vier ist zwölf …« Oft passieren bei diesen beiden Vorgehensweisen Fehler wie der folgende:

$$16 : 4 = 5$$

Hier hatte das Kind bereits vor dem ersten Schritt »ein mal vier ist vier« einen Finger ausgestreckt – als Resultat ist sein falsches Ergebnis um eins zu hoch.

Manche Kinder lösen Divisionsaufgaben in der umgekehrten Richtung – durch wiederholtes Subtrahieren. Ein solches Kind würde rechnen: »16 minus vier ist zwölf, zwölf minus vier ist acht …«, und dabei jeden Schritt mit einem Finger erfassen. Dabei kann dieser Fehler auftreten:

$$16 : 4 = 3$$

Dieses Kind zog wiederholt vier von 16 ab. Dabei hörte es aber auf, als es die Vier erreichte – und protokollierte mit seinen Fingern daher nur drei Schritte. Richtigerweise hätte es erst bei »vier minus vier ist null« aufhören dürfen.

Zum Erforschen:
Das Einmaleins zum Anfassen

Bei diesem Forschungsauftrag geht es darum, Zahlen als Rechtecke aus Papier nachzubauen, ähnlich wie bei der Schokoladentafelmethode. Die Kinder erlangen durch diese Übung unglaublich viel Wissen über das Einmaleins und das Multiplizieren. Sie können selbst erkunden, aus welchen Malaufgaben eine bestimmte Zahl gebildet werden kann. Und sie lernen erstmals Primzahlen kennen – Zahlen, die nur durch eins und sich selbst ohne Rest teilbar sind. Für die Aufgaben sollte Ihr Kind bereits mit der Schokoladentafelmethode vertraut sein.

Sie brauchen dafür eine große Zahl an kleinen Quadraten. Diese können Sie am einfachsten herstellen, wenn Sie ein kariertes Papier viele Male falten und dann durch die zahlreichen übereinanderliegenden Lagen Quadrate ausschneiden. Natürlich können Sie auch Legosteine verwenden.

Gehen Sie mit Ihrem Kind zusammen die Zahlenreihe bei eins beginnend durch. Nehmen Sie bei jeder Zahl eine entsprechende Zahl an Quadraten und versuchen Sie, daraus so viele unterschiedliche Rechtecke wie möglich zu legen.

Das hier ist erlaubt:

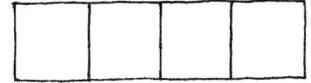

Das auch: Ein Quadrat

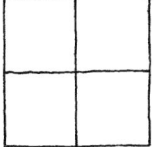

Das hier nicht:

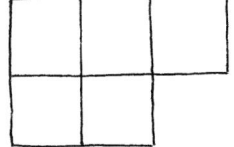

Manchmal werden Sie Rechtecke schaffen, die auf den ersten Blick unterschiedlich aussehen. Wenn Sie sie drehen, werden Sie allerdings feststellen, dass sie die gleiche Größe und Form haben.

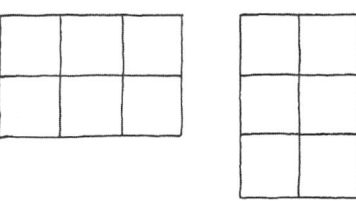

Schreiben Sie dann in einer Tabelle die Seitenlängen der geschaffenen Rechtecke als Malaufgabe auf. Identische Rechtecke werden nur einmal aufgeschrieben. Statt 2 x 3 und 3 x 2 notieren wir also nur 2 x 3.

Bei den Zahlen bis zehn tut sich noch nicht viel. Doch die Zahl zwölf kann bereits aus drei unterschiedlichen Malaufgaben gebildet werden, die 24 sogar aus vier.

Reden Sie mit Ihrem Kind darüber, was es bedeutet, wenn zum Beispiel die Zahl Sechs als 2 x 3-Rechteck gelegt werden kann. Sechs ist das Ergebnis von 2 x 3. Im Umkehrschluss heißt dies, dass sechs durch zwei und drei ohne Rest geteilt werden kann: zwei und drei sind *Faktoren* von sechs. Wenn wir dagegen versuchen, die Zahl Sieben als Rechteck mit drei Quadraten Seitenlänge zu bilden, bleibt ein Rechteck übrig – sieben kann also nicht durch drei ohne Rest geteilt werden.

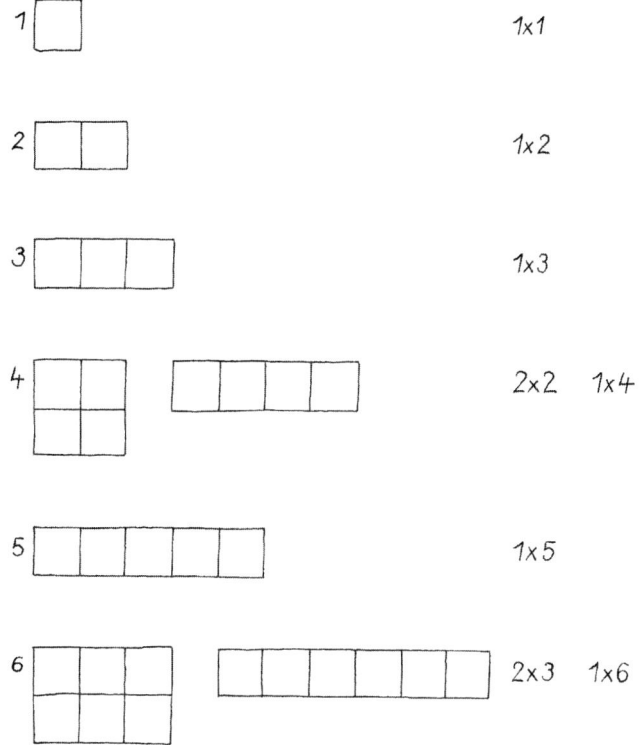

Sie werden feststellen, dass manche Zahlen nur als eine einzelne Reihe aus Quadraten gelegt werden können. Zum Beispiel zwei, drei, fünf, sieben und elf. Die einzige Malaufgabe, die diese Zahlen als Ergebnis hat, ist einmal die Zahl selbst (1 x 2 = 2 oder 1 x 11 = 11). Diese Zahlen nennt man Primzahlen. Sie können nur durch eins und sich selbst ohne Rest geteilt werden. Ist Ihnen aufgefallen, dass die Primzahlen immer ungerade sind – mit Ausnahme der Zwei? Sie ist die einzige gerade Primzahl. Die Eins wird übrigens nicht als Primzahl betrachtet – obwohl streng genommen auch sie »durch eins und sich selbst« teilbar ist.

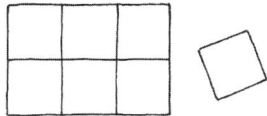

Manche Zahlen können als Quadrate gelegt werden. Zum Beispiel vier (2 x 2), neun (3 x 3) oder 16 (4 x 4). Daher nennt man sie auch Quadratzahlen.

Je größer die Zahlen werden, desto mehr Malaufgaben, die sie zum Ergebnis haben, können gebildet werden. Die Zwölf und alle Zahlen, die durch zwölf teilbar sind (zum Beispiel 36) haben besonders viele Malaufgaben.

7. KAPITEL

GRUNDRECHENARTEN:
DIE DRITTE KLASSE

*1 2 **3** 4*

Zahlen bis 1000 – wie viele Kerne hat ein Granatapfel?

In der dritten Klasse lernen die Kinder das Rechnen mit Zahlen bis tausend. Dies ist eine Menge, die sich nicht mehr ohne Probleme mit Gegenständen wie Legosteinen nachbilden lässt. Die Mathematik wird zunehmend abstrakt, und die Anforderungen an das Vorstellungsvermögen der Kinder steigen. Wie kann man ihnen einen Eindruck davon geben, wie viel tausend ist?

Zählen Sie etwas mit Ihrem Kind. Die Körner an einem Maiskolben vielleicht. Oder die in einer Sonnenblume. Am besten geeignet sind allerdings Granatäpfel. Ihre Kerne lassen sich nicht nur problemlos herauslösen und zählen – darüber hinaus sind sie auch lecker!

Sie und Ihr Kind werden schnell feststellen, dass Sie bei solchen Mengen systematisch vorgehen müssen. Zeichnen Sie ein quadratisches Gitter auf Papier, das zehn Kästchen hoch ist und zehn Kästchen weit. Jedes einzelne sollte groß genug sein, um zehn Kerne fassen zu können. Jetzt können Sie die Körner in Bündel von jeweils zehn gruppieren – so fällt das Zählen erheblich leichter.

Ein Granatapfel hat leider nicht 1000 Kerne: Es sind etwa 700. Bisher haben wir bedauerlicherweise keine Frucht gefunden, die genau diese Menge Kerne enthält – doch wir haben die Suche noch nicht aufgegeben! Das Gitter zeigt Kindern allerdings, wie viele Kerne bis zur Tausend noch fehlen, und gibt ihnen so einen Eindruck von dieser Anzahl. Hier noch ein paar andere Möglichkeiten, eine Vorstellung von der Tausend zu vermitteln:

- Wenn Sie ein Blatt kariertes Papier nehmen und ein Rechteck mit 25 Kästchen Höhe und 40 Kästchen Länge zeichnen, enthält dieses 1000 Karos.
- Ein Maiskolben hat 400 bis 500 Kerne. Zwei haben also zusammen etwa 1000 Körner.

- Wissen Sie die Zahl der Schüler an der Schule Ihres Kindes? An einer Grundschule werden in der Regel ein paar hundert Kinder unterrichtet. Zwei bis drei Schulen haben zusammen etwa tausend Kinder.

Interessiert sich Ihr Kind für Sport? Dann können Sie dies ausnutzen, um ihm eine Vorstellung von der Tausend zu vermitteln:

- Ein Schwimmbecken in einem Schulbad ist in der Regel 25 Meter lang. 40 Bahnen in dem Becken entsprechen also 1000 Metern.
- Ein Fußballfeld ist nach Fifa-Norm mindestens 90 Meter und höchstens 120 Meter lang. Zehn aneinandergereihte Fußballfelder sind also etwa 1000 Meter.
- Eine Stadionrunde sind 400 Meter. Zweieinhalb Runden sind demnach tausend Meter.

In der dritten Klasse muss das Stellenwertsystem vertieft und wiederholt werden. Nach Zehnern, Einern und Hundertern kommen nun Tausender als Stellen hinzu – vielen Kindern wird erst dadurch der Aufbau unseres Zahlensystems deutlich. Ein tiefes Verständnis dieses Systems wird nun immer wichtiger: Nachdem die Schüler in der zweiten Klasse Kopfrechenverfahren zum Plus- und Minusrechnen kennengelernt haben, lernen sie nun erstmals schriftliche Methoden zum Addieren und Subtrahieren kennen. Bei all diesen Verfahren ist es notwendig, dass Zahlen korrekt ihren Stellen entsprechend untereinandergeschrieben werden. Diese gehobene Bedeutung des Stellenwertsystems führt in der dritten Klasse dazu, dass die Null, der ewige Störenfried unter den Zahlen, zunehmend zum Problem wird. Das Rechnen mit Zahlen, die Nullen enthalten, muss geübt werden.

Viel Zeit verbringen Kinder auch mit dem Vertiefen ihres Wissens über das Einmaleins. Sie lernen die sogenannten »Lernaufgaben«, also jene Aufgaben der Dreier-, Vierer-, Sechser-, Siebener-, Achter- und Neuner-Reihen, die in der zweiten Klasse noch nicht behandelt wurden. Wir möchten hier noch mal darauf hinweisen, dass wir das gesamte Einmaleins nur aus Gründen der Übersichtlichkeit in der zweiten Klasse abgehandelt haben. In der Schule erarbeiten es die Kinder verteilt über die zweite und dritte Klasse.

Schriftliche Addition

Schriftliches Addieren: eine kurze Wiederholung für Eltern

Hier noch mal eine kurze Wiederholung, wie das schriftliche Addieren funktioniert:

$$
\begin{array}{r}
2\ 7\ 5 \\
+\ 3_1\ 4_1\ 7 \\
\hline
6\ 2\ 2
\end{array}
$$

Man schreibt die Stellen der zu addierenden Zahlen, also Einer, Zehner und Hunderter, untereinander. Dann addiert man von rechts beginnend die jeweils übereinanderliegenden Paare und notiert das Ergebnis in der darunterliegenden Zeile. Wenn ein Übertrag, also eine Summe größer als zehn, entsteht, schreibt man die zweite Ziffer in die Ergebniszeile und die erste klein neben die untere Ziffer der links stehenden Teilrechnung. Dann bewegt man sich nach links zum nächsten Ziffernpaar.

In der Grundschule schaute uns bei dieser Rechnung vielleicht ein Lehrer über die Schulter und erklärte uns das Ganze so: »Sieben und fünf ist zwölf – zwei hin, eins im Sinn. Sieben und vier und eins ist zwölf, zwei hin und eins im Sinn«, und so weiter. Wir dürfen beim schriftlichen Rechnen allerdings nicht vergessen, dass wir zwar von Ziffern sprechen, tatsächlich aber Stellen miteinander addieren! Bei diesem Beispiel sagen wir zwar beim Rechnen in der zweiten Spalte »Sieben und vier und eins« – tatsächlich aber addieren wir 70 und 40 und zehn!

Vom halbschriftlichen zum schriftlichen Plusrechnen

In der zweiten Klasse haben Kinder das stellenweise Addieren als Verfahren zum Kopfrechnen und zum halbschriftlichen Rechnen kennengelernt, das auch »gestütztes Kopfrechnen« genannt wird. Dabei addiert man zwei Zahlen, indem man sie in ihre Stellen auftrennt, diese zuerst einzeln addiert und die erhaltenen Zwischenergebnisse zusammenfügt. Auch wenn alle Rechenschritte zu Papier gebracht werden, nennt man dieses Verfahren »halbschriftlich«, da die gleichen Methoden wie beim Kopfrechnen angewandt werden. Bei größeren Zahlen kann man das stellenweise Addieren als halbschriftliches Verfahren verwenden, indem man die Teilrechnungen und Zwischenergebnisse addiert. Nehmen wir die Aufgabe 275 + 323 als Beispiel:

$$
\begin{array}{rrrr}
\underline{2\ 7\ 5} & +\ \underline{3\ 2\ 3} & & \\
2\ 0\ 0 & +\ 3\ 0\ 0 & =\ & 5\ 0\ 0 \\
7\ 0 & +\ 2\ 0 & =\ & 9\ 0 \\
5 & +\ 3 & =\ & 8 \\
5\ 0\ 0 & +\ 9\ 0\ +\ 8 & =\ & 5\ 9\ 8
\end{array}
$$

Bei dieser halbschriftlichen Rechnung wurden die Stellen in horizontaler Richtung miteinander addiert. Wir können nun die halbschriftliche Methode in eine ganzschriftliche umwandeln, indem wir die miteinander zu verrechnenden Stellen untereinander in eine Stellentafel schreiben. Wenn wir sie mit allen Nullen ausschreiben, sieht dies so aus:

$$
\begin{array}{rrr}
2\ 0\ 0 & 7\ 0 & 5 \\
3\ 0\ 0 & 2\ 0 & 3 \\
\hline
5\ 0\ 0\ + & 9\ 0\ + & 8\ =\ 5\ 9\ 8
\end{array}
$$

Schreiben wir die Stellen in eine Stellenwerttafel und notieren nur ihre erste Ziffer, sparen wir uns den letzten Rechnungsschritt, das Zusammenfügen der Teilergebnisse.

```
    H   Z   E
    2   7   5
+   3   2   3
  ─────────────
    5   9   8
```

Kinder werden die Vorteile dieses Verfahrens gegenüber dem halbschriftlichen Rechnen sofort verstehen: Man muss nur Ziffern miteinander addieren und spart eine Zwischenrechnung. Das Ergebnis können wir sofort in der letzten Zeile ablesen.

Was passiert allerdings, wenn Überträge entstehen? Lassen Sie uns die Aufgabe so abwandeln: 275 + 348. Beim halbschriftlichen Rechnen machen diese Überträge noch keine Probleme:

```
2 7 5  +  3 4 8
2 0 0  +  3 0 0  =  5 0 0
  7 0  +    4 0  =  1 1 0
   5   +     8   =    1 3
5 0 0 + 1 1 0 + 1 3  =  6 2 3
```

Wenn wir die Stellen untereinanderschreiben, sieht es so aus:

```
    2 0 0   7 0   5
+   3 0 0   4 0   8
  ───────────────────
    5 0 0 + 1 1 0 + 1 3  =  6 2 3
```

Lassen Sie uns jetzt diese Rechnung von einer halbschriftlichen in eine schriftliche verwandeln, indem wir sie in eine Stellenwerttafel mit der Beschriftung Einer (E), Zehner (Z) und Hunderter (H) verwandeln (siehe unten). Jetzt können wir das Ergebnis nicht mehr aus der letzten Zeile ablesen: In der Zehnerspalte stehen elf Zehner – also ein Hunderter und ein Zehner, und in der Einer-Spalte stehen 13 Einer – also ein Zehner und drei Einer. Wie Ihr Kind in der zweiten Klasse gelernt hat, sollte es aber in einer Stellenwerttafel keine zweistelligen Zahlen geben! Es ist wichtig, dass Kinder dieses Problem verstehen, indem man sie bereits auf das bekannte Ergebnis der halbschriftlichen Rechnung hinweist: Man darf die Überträge nicht weglassen oder sie mit allen Stellen im Ergebnis notieren – sonst erhält man als falsche Ergebnisse 513 oder 51 113!

$$
\begin{array}{rrr}
H & Z & E \\
2 & 7 & 5 \\
+\ 3 & 4 & 8 \\
\hline
5 & 11 & 13
\end{array}
$$

Wir müssen das Ergebnis daher etwas umstellen. Zuerst nehmen wir bei den Einern zehn weg und fügen diese bei den Zehnern hinzu. Als Ergebnisse erhalten wir nun bei den Einern drei und bei den Zehnern 120.

$$
\begin{array}{rrr}
200 & 70 & 5 \\
+\ 300 & 40+10 & 8\ = \\
\hline
500 & 120 & \cancel{13}
\end{array}
$$

Dann nehmen wir bei den Zehnern 100 weg und fügen diese der Hunderter-Spalte links davon zu.

$$
\begin{array}{rrr}
200 & 70 & 5 \\
+\ 300+100 & 40+10 & 8\ = \\
\hline
600 & \cancel{120} & \cancel{13}
\end{array}
$$

Jetzt lässt sich die Rechnung wieder in die Stellenwerttafel schreiben und das Ergebnis aus der letzten Zeile ablesen.

$$
\begin{array}{rrr}
H & Z & E \\
2 & 7 & 5 \\
+\ 3+1 & 4+1 & 8\ = \\
\hline
6 & 2 & 3
\end{array}
$$

Man beginnt rechts bei den Einern und rechnet nach links, hin zu den größeren Stellen. Überträge werden in der untersten Zeile rechts von der Ziffer, zu der sie addiert werden sollen, als kleine Zahlen notiert. Als Sprechweise während der Rechnung hat sich diese Form bewährt:

»Fünf Einer plus acht Einer sind 13 Einer, 13 Einer sind ein Zehner und drei Einer. Schreibe drei, übertrage eins.«
»Sieben Zehner plus vier Zehner plus ein Zehner sind zwölf Zehner. Das sind ein Hunderter und zwei Zehner. Schreibe zwei, übertrage eins.«
»Zwei Hunderter plus drei Hunderter plus ein Hunderter sind sechs Hunderter.«

Bei Summanden mit unterschiedlicher Anzahl von Stellen notiert man den mit mehr Stellen oben, den mit weniger unten – so kann man eventuelle Überträge besser notieren. Wenn also die Aufgabe 27 + 155 zu lösen ist, notiert man so:

	H	Z	E
	1	5	5
+		2	7

Schwierige Fälle beim schriftlichen Plusrechnen

Es gibt einige Sonderfälle beim schriftlichen Addieren, die Kinder in die Irre leiten können. Daher ist es empfehlenswert, gleich beim Erlernen des geschriebenen Verfahrens diese Fälle mit den Kindern zu besprechen.

Erster schwieriger Fall:
unterschiedliche Anzahlen von Stellen

Kinder werden durch diese Situation leicht verwirrt. Sie lassen den letzten Übertrag in der Hunderter-Spalte weg, weil sie denken: »Wo nichts ist, darf nichts hinkommen.«

$$
\begin{array}{r}
2\ 3\ 5 \\
+\quad 7_{,}\ 8 \\
\hline
2\ 1\ 3
\end{array}
$$

Es hilft ihnen, wenn man sie darauf hinweist, dass die freie Stelle nichts anderes bedeutet, als dass der untere Summand null Hunderter enthält. Man hätte diese Aufgabe daher so schreiben können:

$$
\begin{array}{r}
2\ 3\ 5 \\
+\ 0_{,}\ 7_{,}\ 8 \\
\hline
3\ 1\ 3
\end{array}
$$

Zweiter schwieriger Fall:
Die Summanden enthalten Nullen

Wenn eine Null in einem der Summanden, einer der zusammenzuzählenden Zahlen also, auftaucht, führt dies bei Kindern oft zu Unsicherheit. So wie in diesem Beispiel:

$$
\begin{array}{r}
1\ 2\ 6 \\
+\ 2\ 0\ 5 \\
\hline
3\ 2\ 1
\end{array}
$$

Hier entsteht bei den Einern durch die Zwischensumme elf ein Übertrag, der bei den Zehnerstellen in der unteren Zahl notiert werden müsste – doch da steht eine Null. Manchmal lassen Kinder in dieser Situation den Übertrag fallen. Man kann ihnen helfen, indem man sie daran erinnert, dass die Null für »null Zehner« steht: Zwei Zehner plus null Zehner plus ein Zehner sind – drei Zehner.

Dritter schwieriger Fall:
Das Ergebnis enthält eine Null

Hier erhielt ein Kind in der Zehner-Spalte eine Zehn als Zwischenergebnis. Das verunsicherte es: Soll es die Ziffer Eins der Zehn notieren und keinen Übertrag, oder sollen es die Null notieren und die Ziffer Eins als Übertrag in die nächste Spalte schreiben?

$$
\begin{array}{r}
1\ 5\ 3 \\
+\ 2\ 5\ 6 \\
\hline
3\ 1\ 9
\end{array}
$$

Es entschied sich für die Eins. Es kann Kindern helfen, wenn man ihnen klarmacht, dass die Zehn für einen Zehner und null Einer steht. Die Ziffer Null wird in der Ergebnisspalte notiert, die Ziffer Eins als Übertrag in der Hunderter-Spalte.

Stolpersteine

Abzählfehler Auch in der dritten Klasse sind Fehler durch falsches Zählen noch sehr häufig. Sie zeigen sich meistens durch ein Teilergebnis, das sich um eins vom richtigen Ergebnis unterscheidet.

Übertrag Die kleine Eins, die Kinder zur nächsthöheren Stelle hinzufügen müssen, verwirrt sie oft. Manche lassen den Übertrag grundsätzlich weg. Andere lassen ihn nur in bestimmten Situationen unter den Tisch fallen, zum Beispiel, wenn null, neun oder eine leere Stelle auftreten, zu denen man den Übertrag hinzufügen müsste.

Zum Spielen: Nice or Nasty

Dies ist ein Spiel für zwei, welches das Stellenwertsystem wiederholt. Sie brauchen dafür Stift, Papier und einen Würfel. Ideal ist einer mit zehn Seiten, aber ein normaler mit sechs tut es auch – dann können Sie allerdings nur mit Zahlen im Raum von 1111 bis 6666 spielen.

Die feine Variante Man malt eine Tabelle mit vier Spalten auf ein Papier. Jede Spalte der Tabelle steht für Tausender, Hunderter, Zehner beziehungsweise Einer. Würfeln Sie nun abwechselnd und entscheiden Sie sich, in welche der vier Spalten Sie die gewürfelte Zahl eintragen. Dabei ist es natürlich sinnvoll, eine hohe Zahl eher bei den Tausendern einzutragen, während man eine niedrige Zahl eher zu den Einern schreibt. Die Runde gewonnen hat, wer die höhere Zahl erreicht.

Sie können sich selbst unzählige Varianten des Spiels ausdenken: derjenige mit der niedrigeren Zahl gewinnt. Oder man würfelt vor dem Spiel eine (vierstellige) Zahl und legt fest, dass derjenige, der am nächsten an diese Zahl kommt, der Gewinner ist.

Sie können ein eigenes System entwickeln, um den Gewinner festzustellen: zum Beispiel, indem man fünf Runden spielt, und denjenigen zum Gewinner erklärt, der die meisten für sich entschieden hat. Oder indem man nach jeder Runde die Differenz zwischen der Gewinner-Zahl und der Verlierer-Zahl ausrechnet und diese dem Gewinner gutschreibt – der erste Spieler, der schließlich 10 000 erreicht, gewinnt.

Alternativ können Sie das Spiel mit einem Kartenspiel spielen, wenn Sie Buben, Damen, Könige, Joker und die Zehner entfernen. Dabei müssen Sie Assen den Wert eins geben. Auf diese Weise können Sie Zahlen im Raum von 1111 bis 9999 schaffen.

Die gemeine Variante Sie spielen das Spiel wie oben beschrieben. Nun darf aber jeder Spieler nach dem Würfeln entscheiden, ob er seine Zahl bei sich oder beim Gegner einträgt. Gibt er sie dem anderen Spieler, muss er noch einmal würfeln. Das resultierende Ergebnis muss er dann allerdings nehmen. Sind Sie und Ihr Kind gute Verlierer?

Die ganz gemeine Variante Spielen Sie das Spiel mit einem Kartenspiel und fügen Sie die Joker wieder ein. Wenn ein Spieler einen Joker zieht, darf er entweder bei sich oder beim Gegner zwei Zahlen vertauschen und danach eine neue Karte ziehen – voll fies!

Zum Spielen: Zahlen-Rommé

Ein Spiel für zwei bis vier Personen, welches die Kenntnis des Stellenwertsystems übt. Man entfernt Buben, Damen, Könige, Joker und Zehner aus dem Kartenspiel (zweimal 55 Blatt), Asse erhalten den Wert eins. Es werden zehn Karten an jeden Spieler ausgegeben, welche diese verdeckt auf der Hand halten. Der Rest wird verdeckt auf einen Stapel gelegt.

Ziel des Spiels ist es, aus den Karten jeweils einer Farbe möglichst große Zahlen zusammenzusetzen, indem man sie in der Reihenfolge wie Tausender, Hunderter, Zehner, Einer sortiert. Da jeder Spieler zehn Karten auf der Hand hat, ist es somit möglich, Zahlen mit bis zu zehn Stellen zu schaffen. Wenn ein Spieler sechs Karten der Farbe Herz, zwei der Farbe Kreuz und eine der Farbe Karo auf der Hand hat, kann er somit eine sechsstellige, eine zweistellige und eine einstellige Zahl schaffen.

Der erste Spieler nimmt eine Karte vom Stapel und entscheidet, ob er eine Karte auf seiner Hand gegen sie austauschen will. Wenn er eine Karte zurückgibt, legt er sie aufgedeckt neben den Stapel. Der nächste Spieler kann entscheiden, ob er diese Karte oder eine unbekannte vom Stapel nehmen will.

Es ist entscheidend, möglichst viele Karten einer einzigen Farbe zu haben: Wenn man schon drei Karten der Farbe Herz hat, aber nur zwei der Farbe Kreuz, ist ein Herz-Ass mit dem Wert eins besser als eine Kreuz-Neun, obwohl die Neun den höheren Wert besitzt.

Wenn ein Spieler der Ansicht ist, dass er wahrscheinlich ein besseres Blatt hat als sein Gegner, legt er seine Karten offen auf den Tisch. Nun addiert jeder Spieler seine Zahlen zusammen. Der mit der höchsten Summe gewinnt.

Da die Regeln des Spiels etwas komplex sind, empfiehlt es sich, zunächst ein bis zwei Durchgänge des Spiels mit aufgedeckten Karten zu spielen.

Zum Spielen: Würfelsummen

Dies ist ein Spiel zum Vertiefen des schriftlichen Addierens und des Wissens über das Stellenwertsystem. Sie brauchen dafür einen Würfel – am besten geeignet ist einer mit neun Seiten, aber ein herkömmlicher mit sechs tut es auch. Als Alternative zu einem Würfel können Sie ein Kartenspiel verwenden, bei dem Buben, Damen, Könige und Joker entfernt wurden. Jedes Ass bekommt den Wert eins.

Zeichnen Sie auf Papier für jeden Spieler eine rechteckige Tabelle, die aus drei Zeilen mit jeweils drei Spalten besteht. Schreiben Sie »Hunderter«, »Zehner« und »Einer« über jede Spalte. Ziehen Sie einen Strich unter die zweite Zeile von oben. Diese blinde Stellenwerttabelle dient als Vorlage für eine schriftliche Addition.

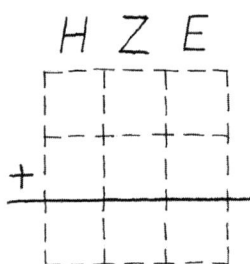

Jeder Spieler würfelt einmal und schreibt den Wert in ein Feld in einer der beiden oberen Spalten seiner Tabellen – wobei er sein Wissen über das Stellenwertsystem ausnutzen sollte, um eine möglichst große Zahl zu schaffen. Die hohen Zahlen sollte man demnach bei den Hundertern eintragen, die niedrigen eher bei den Einern.

Wenn alle Felder gefüllt sind, addieren beide Spieler ihre Zahlen und schreiben das Ergebnis in die dritte Zeile. Wessen Summe näher bei 1000 liegt, der gewinnt.

Sie können das Spiel auch mit einer »gemeinen« Variante spielen: Nach dem Würfeln darf jeder Spieler entscheiden, ob er die Zahl in seine eigene Tabelle oder in die seines Gegners schreibt und danach noch einmal würfeln. Schreibt er sie in die Tabelle des Gegners, muss er noch einmal würfeln und das Ergebnis in seiner Tabelle verwenden.

Zum Erforschen: Palindrom-Zahlen

Fällt Ihnen am Wort »Reliefpfeiler« eine Besonderheit auf? Oder vielleicht an diesem Satz: »O Genie, der Herr ehre Dein Ego«? Es sind beides Palindrome. So bezeichnet man Wörter oder Texte, die sowohl vorwärts als auch rückwärts gelesen werden können. Das gibt es nicht nur bei Wörtern und Sätzen, sondern auch bei Zahlen: 121 zum Beispiel. Oder 64546. Palindrom-Zahlen entstehen, wenn man eine Zahl einmal oder wiederholt mit ihrem Kehrwert addiert. So wie hier:

$$
\begin{array}{r}
1\ 2\ 6 \\
+\ 6\ 2\ 1 \\
\hline
7\ 4\ 7
\end{array}
$$

Nicht immer kommt schon bei der ersten Addition eine Palindrom-Zahl heraus. Oft muss man das Ergebnis wieder mit sei-

$$
\begin{array}{r}
4\ 5\ 6 \\
+\ 6\ 5\ 4 \\
\hline
1\ 1\ 1\ 0
\end{array}
$$

$$
\begin{array}{r}
1\ 1\ 1\ 0 \\
+\ 0\ 1\ 1\ 1 \\
\hline
1\ 2\ 2\ 1
\end{array}
$$

nem eigenen Kehrwert addieren und diesen Prozess mehrmals wiederholen. Ein perfekter Anlass, das schriftliche Addieren zu üben. Probieren Sie es mit Ihrem Kind aus!

Manche Zahlen widersetzen sich allerdings hartnäckig ihrer Palindrom-Werdung. Die kleinste dieser Zahlen ist 196. Verschiedene Mathefans haben mit Hilfe von Computern versucht zu berechnen, ob 196 irgendwann zu einem Palindrom wird. Sie haben ihre Rechner so viele Additionen durchführen lassen, bis eine Zahl mit 413 Millionen Stellen herauskam. Stellen Sie sich vor, dieses Buch wäre nicht mit Buchstaben, sondern mit Ziffern vollgedruckt – dann brauchte man etwa 1000 dieser Bücher, um eine derart lange Zahl darzustellen.

Zum Erforschen: Muster auf der Hunderter-Tafel, Teil 1

Wenn Sie einen Mathematiker fragen, was er in seinem Beruf eigentlich so treibt, dann wird er vielleicht sagen: »Muster finden!« Zahlen stehen in vielfältigen Verbindungen zueinander, die Strukturen bilden. Wir meinen das nicht im übertragenen Sinne – wenn wir sie in eine Tabelle schreiben, bilden sie tatsächlich geometrische Muster wie die auf einem Bettlaken oder einer Tapete! Kennt Ihr Kind diese, kann es sie ausnutzen.

Die Hunderter-Tafel ist eine solche Tabelle mit zehn mal zehn Feldern, welche die Zahlen von eins bis hundert in ihrer Reihenfolgen enthalten. Wenn Sie »hundertertafel pdf« in eine Suchmaschine eingeben, finden Sie viele Vorlagen zum Herunterladen und Ausdrucken.

Lassen Sie Ihr Kind die Hunderter-Tafel erst etwas erkunden, um ihr System zu verstehen. Zwischen zwei übereinanderstehenden Feldern liegen immer zehn. Zwischen zwei nebeneinanderliegenden eins. In der Spalte rechts finden sich die Vielfachen von zehn. Geben Sie Ihrem Kind einen Buntstift und lassen Sie es alle Zahlen markieren, welche die Ziffer Vier als Einer oder Zehner enthalten. Geben Sie ihm dann eine andere Farbe und lassen Sie es alle Zahlen markieren, welche eine Sechs enthalten. Die angestrichenen Felder bilden Kreuze, in deren Schnittpunkt sich eine Schnapszahl befindet – also eine Zahl wie 44, welche die gleiche Ziffer als Einer und Zehner hat.

1	2	3	4	5	6	7	8	9	10
11	12	13	14	15	16	17	18	19	20
21	22	23	24	25	26	27	28	29	30
31	32	33	34	35	36	37	38	39	40
41	42	43	44	45	46	47	48	49	50
51	52	53	54	55	56	57	58	59	60
61	62	63	64	65	66	67	68	69	70
71	72	73	74	75	76	77	78	79	80
81	82	83	84	85	86	87	88	89	90
91	92	93	94	95	96	97	98	99	100

Bitten Sie Ihr Kind dann, alle Schnapszahlen zu markieren. Es wird zuerst alle Felder einzeln durchgehen, um sie zu finden. Nachdem es aber zwei bis drei aufgestöbert hat, wird es ein Muster erkennen: Alle Schnapszahlen liegen auf einer Diagonalen. Es muss nur diese Linie verlängern, um die nächste zu finden – es hat gelernt, Regelmäßigkeiten zu finden und auszunutzen. Hier noch ein paar Ideen:

Markieren Sie alle Zahlen, deren Quersumme zehn ergibt – also die Summe aus der ersten Ziffer und der zweiten. Zum Beispiel

28 (2 + 8 = 10). Dann alle Zahlen, deren Quersumme neun oder sieben bildet.

Wählen Sie ein beliebiges Quadrat aus 2x2-Feldern. Zum Beispiel dieses:

4	5
14	15

Addieren Sie die Zahlen diagonal. Im Beispiel also 4 und 15 und 5 und 14. Was fällt Ihrem Kind auf? Gilt diese Regelmäßigkeit für alle 2x2-Quadrate auf der Tafel?

Wählen Sie dann ein 3x3-Quadrat wie dieses:

6	7	8
16	17	18
26	27	28

Addieren Sie mit Ihrem Kind zusammen jeweils drei nebeneinanderstehende Zahlen – horizontal, vertikal und diagonal – und teilen sie diese Summe wieder durch drei, die Anzahl der addierten Felder. Sie erhalten so den Durchschnitt. Was fällt Ihnen auf? Probieren Sie es mit einem anderen 3x3-Quadrat, dann mit einem 5x5-Quadrat oder einem 7x7-Quadrat. Die Seitenlänge der gewählten Quadrate muss hierbei ungerade sein. Theoretisch klappt es auch mit Quadraten mit geraden Seitenlängen – allerdings erhält man dann Durchschnitte mit Zahlen hinter dem Komma.

Lassen Sie Ihr Kind hierbei einen Taschenrechner benutzen – es geht um das Erforschen von Regelmäßigkeiten und nicht um reines Ausrechnen. Finden Sie und Ihr Kind noch weitere Muster?

Schriftliche Subtraktion

Viele Eltern sind irritiert, wenn sie in die Mathematikhefte ihrer Kinder blicken: Die bekommen ein scheinbar neues Verfahren zum schriftlichen Subtrahieren beigebracht, das für die ältere Generation unverständlich ist. »Was lernt mein Kind da?«, fragen sich viele Väter und Mütter und werden vom Gefühl beschlichen, dass ihre Kinder für ein didaktisches Experiment missbraucht und ihnen ein unerprobtes neumodisches Verfahren aufgedrängt würde. Vor allem in Bayern kam es zu Protesten.

Was ist geschehen? Die Kultusministerkonferenz hat 2004 beschlossen, keine Vorgaben mehr zu machen, welches Subtraktionsverfahren in den Lehrplänen der Bundesländer verwendet werden soll. Das führt dazu, dass an deutschen Schulen heute zwei unterschiedliche Verfahren gelehrt werden: Das Ergänzungsverfahren, mit dem die Eltern vertraut sind, und das scheinbar neue Abziehverfahren. Je nach Bundesland lernt Ihr Kind entweder das eine oder das andere – oder beide.

Das Abziehverfahren ist aber keineswegs ein für Deutschland neues Verfahren. Die Situation, dass diese beiden Methoden nebeneinander gelehrt wurden, gab es in der ersten Hälfte des letzten Jahrhunderts schon einmal. Damals galt das Ergänzungsverfahren als das »österreichische« oder »süddeutsche« Verfahren, während das Abziehverfahren als »norddeutsches« bekannt war. Erst 1958 beschloss die Kultusministerkonferenz, einheitlich das Ergänzungsverfahren vorzuschreiben. Das Abziehverfahren wird Kindern in vielen anderen Ländern als Standardverfahren beigebracht, unter anderem in den USA, in Kanada, Großbritannien, Finnland und Schweden. Es ist also keineswegs experimentell oder unerprobt.

Im dritten Kapitel haben wir eine Übersicht zusammengestellt, die zeigt, in welchen Bundesländern welches Verfahren gelernt wird. Da es möglich ist, dass Ihr Kind nach einem Umzug oder nach dem Wechsel auf eine höhere Schule das Subtraktionsverfahren wechseln muss, sollten Ihre Kinder mit beiden Rechenwegen vertraut sein. Man kann diese Situation beklagen. Doch keines der

Verfahren ist besser oder schlechter als das andere. Untersuchungen haben gezeigt, dass es bei der Zahl der Fehler, die Kinder mit dem einen oder anderen Verfahren machen, keine Unterschiede gibt. Trotzdem scheint sich das Abziehverfahren durchzusetzen, da es Kindern einfacher zu erklären ist.

Ergänzungsverfahren: eine Wiederholung für Eltern

Lassen Sie uns rekapitulieren, wie man nach den Ergänzungsverfahren subtrahiert – vorerst ohne zu erklären, warum man es auf diese Art macht.

$$
\begin{array}{r}
7\ 5\ 2 \\
-\ 3_{,}\ 8_{,}\ 7 \\
\hline
3\ 6\ 5
\end{array}
$$

Man beginnt auf der rechten Seite und rechnet von unten nach oben. Dabei überlegt man sich, wie viel man zur unteren Ziffer ergänzen muss, um die obere zu erhalten – daher der Name. Die Differenz wird in der Zeile unter dem Strich notiert. Wenn die obere Ziffer kleiner ist als die untere, schreibt man vor sie in Gedanken eine Eins und macht sie somit zu einer zweistelligen Zahl, dann ergänzt man zu dieser. Danach bewegt man sich eine Spalte weiter nach links. Hier muss man den Übertrag zur unteren Ziffer hinzufügen.

Unser Lehrer hatte uns das Verfahren so erklärt: »Zwei minus sieben geht nicht, also leihen wir uns eine Eins und machen die Zwei zur Zwölf. Von sieben bis zwölf sind es fünf.« Jetzt bewegt sich der Finger des Lehrers auf dem Papier eine Spalte nach links: »Jetzt müssen wir die geliehene Eins zurückgeben und tun sie zur Acht dazu, also neun. Weiter. Fünf minus neun geht nicht ...« Und so weiter.

Einen Moment – man hat sich keine Eins geliehen, sondern eine Zehn! Und wer sagt, dass fünf minus neun nicht geht? Natürlich geht es! Dem, der behauptet, man könne größere nicht von kleineren Zahlen abziehen, zeige ich gerne einen meiner Kontoauszüge! Und ganz nebenbei: Von wem hat man sich die Eins (beziehungsweise die Zehn) geliehen? Von Oma? Oder der Sparkasse? Das Ergänzungsverfahren macht ziemlich undurchsichtig, was bei dieser Rechnung vor sich geht.

Abziehverfahren: eine Wiederholung für Eltern

Hier zum Vergleich die gleiche Rechnung wie oben, diesmal nach dem Abziehverfahren. Ein großer Vorteil dieser Methode besteht darin, dass man hier mit Stellen rechnen kann.

$$
\begin{array}{r}
7 \quad 5 \quad 2 \\
- \ 3 \quad 8 \quad 7 \\
\end{array}
$$

Auch beim Abziehverfahren beginnt man rechts und bewegt sich nach links. Dabei rechnet man allerdings von oben nach unten, indem man von der oberen die untere Ziffer abzieht.
Zwei minus sieben geht nicht, daher addiert man zehn zur Zwei, indem man eine kleine Eins vor sie schreibt und sie zur Zwölf macht. Dann zieht man sieben von der Zwölf ab und erhält als Teilergebnis fünf. Statt den Übertrag, die Zehn, zur unteren Ziffer der folgenden Spalte zu addieren, zieht man sie von der oberen Ziffer der folgenden Spalte ab. Aus der Fünfzig in der zweiten Spalte werden somit 40. Wir schreiben also eine kleine Vier über die Fünf.

$$
\begin{array}{r}
7 \ \overset{4}{\cancel{5}} \ \overset{12}{\cancel{2}} \\
- \ 3 \ 8 \ 7 \\
\hline
6 \ 5 \\
\end{array}
$$

Jetzt bewegen wir uns zur mittleren Zehner-Spalte. 40 minus 80 geht nicht. Also Addieren wir 100 zur 40, indem wir eine Eins vor die dort nun stehende Vier schreiben und sie zur 140 machen. 140 minus 80 ergibt 60.

Jetzt gehen wir zur Hunderter-Spalte links außen. Die 100, die wir zur 40 in der zweiten Spalte addiert hatten, müssen wir nun wieder von den 700 in der ersten Spalte abziehen und erhalten so 600. Dann ergänzen wir von 300 zur 600 und bekommen 300 als Ergebnis. Das Endresultat lautet 365.

$$
\begin{array}{r}
\overset{6}{\cancel{7}}\,\overset{14}{\cancel{5}}\,\overset{12}{\cancel{2}} \\
-\ 3\ 8\ 7 \\
\hline
3\ 6\ 5
\end{array}
$$

Kindern das schriftliche Minusrechnen erklären

Wie bei allen schriftlichen Rechenmethoden sind die Überträge der Knackpunkt beim schriftlichen Subtrahieren. Während sie beim Plusrechnen nur zur nächstgrößeren Stelle hinzugefügt werden mussten, machen sie beim schriftlichen Subtrahieren mehr Arbeit: Hier müssen sie zu einer Stelle hinzugefügt und gleichzeitig von der nächsthöheren abgezogen werden. Am besten lässt sich dies mit Hilfe von Geld veranschaulichen.

Wir haben 423 Euro in vier Hundert-Euro-Scheinen, zwei Zehnern und drei Ein-Euro-Münzen. Nun müssen wir 212 Euro herausgeben. Das ist problemlos möglich – uns bleiben 211 Euro.

Doch wie sieht es mit folgender Rechnung aus? Wir haben wieder 423 Euro in vier Hundert-Euro-Scheinen, zwei Zehnern und drei Ein-Euro-Münzen. Doch diesmal müssen wir 234 Euro herausgeben. Offensichtlich geht das nicht, da wir nur drei Ein-Euro-Münzen und zwei Zehn-Euro-Scheine haben. Was nun? Wir müssen Geld umtauschen.

Dabei müssen wir bei den Einern beginnend von rechts nach links vorgehen. Zuerst tauschen wir einen Zehner in zehn Einer um

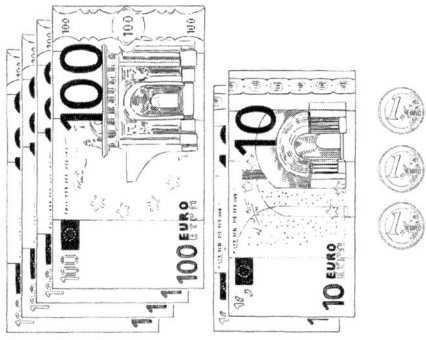

und fügen diese unserem Münzen-Stapel hinzu. Unser Stapel mit Zehn-Euro-Scheinen wird kleiner und unser Haufen mit Ein-Euro-Münzen wird größer. Danach wechseln wir einen Hunderter in zehn Zehner und fügen diesen zum verbliebenen Zehn-Euro-Schein hinzu.

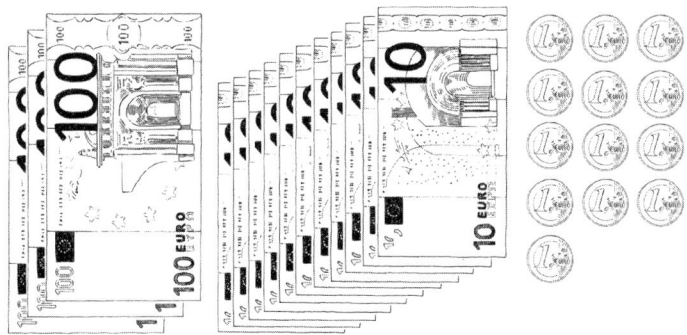

Jetzt ist es problemlos möglich, 234 Euro als zwei Hundert-Euro-Scheine, drei Zehn-Euro-Scheine und vier Ein-Euro-Münzen wegzugeben. Übrig bleiben ein Hundert-Euro-Schein, acht Zehn-Euro-Scheine und neun Ein-Euro-Münzen. Wichtig ist, dass Kinder hier verstehen, dass sich die Geldmenge die ganze Zeit nicht verändert hat: Die ganze Zeit über hatten wir 423 Euro vorliegen. Doch was passiert, wenn in der Euro-Summe, von der abgezogen werden soll, eine Null auftaucht? Zum Beispiel, wenn wir 502 Euro haben, und von diesen 236 weggeben müssen?

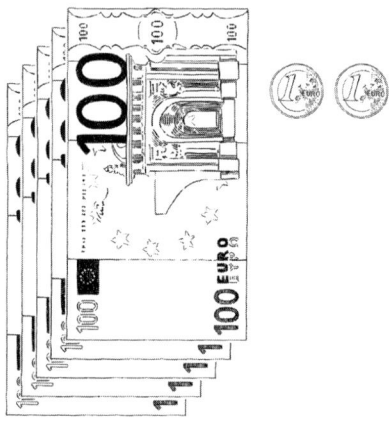

Nun, in diesem Fall müssten wir einen Hunderter nehmen, ihn in zehn Zehner umtauschen und dann wiederum einen dieser Zehner in zehn Einer wechseln.

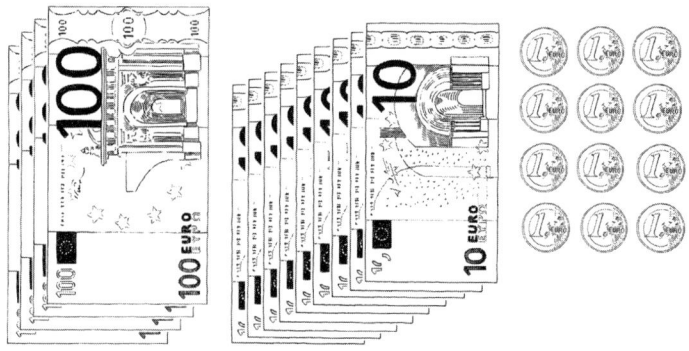

Jetzt ist es wieder möglich, den Betrag problemlos abzuziehen.

Das Abziehverfahren erklären

Beim Rechnen mit Geld haben wir 234 Euro von 423 Euro abgezogen, die in vier Hundertern, zwei Zehnern und drei Einern vorlagen. Lassen Sie uns diese Mengen als Zahlen aufschreiben. So kommen wir zu folgender Rechnung:

```
    400   20   3
  - 200   30   4
  ─────────────────
```

Beim Rechnen mit Geld mussten wir feststellen, dass wir nicht
vier Euro herausgeben konnten, da wir nur drei Ein-Euro-Münzen hatten. Das geht auch hier nicht. Man kann vier nicht von drei
abziehen. Wir müssen also umtauschen. Wir ziehen zuerst zehn
von den 20 in der Zehner-Spalte ab und tauschen sie in zehn Einer
um, die wir der Einer-Spalte hinzufügen. Wir können jetzt vier
von 13 abziehen und erhalten neun als Ergebnis.

```
              10   13
    400       2̶0̶    3̶
  - 200       30    4
  ──────────────────────
                     9
```

Jetzt gehen wir nach links zur Zehner-Spalte. 30 lassen sich nicht
von 10 abziehen. Wir müssen also wieder umtauschen, ziehen 100
von der Hunderter-Spalte ab und fügen sie als zehn Zehner der
Zehner-Spalte hinzu. Nun lässt sich die Rechnung wieder ausführen. Wir erhalten 80 als Ergebnis.

```
    300      110    13
    4̶0̶0̶       2̶0̶     3̶
  - 200       30     4
  ──────────────────────
    100       80     9
```

Jetzt kann die Subtraktion sehr einfach ausgeführt werden. In der
Hunderter-Spalte ist kein Umtauschen notwendig. Als Zwischenergebnisse erhalten wir 100, 80 und 9, die sich schnell zu 189 addieren lassen. Diesen Vorgang des Umtauschens nennt man »entbündeln« – Zahlen werden geöffnet und ein Teil entnommen, wie
man ein Bündel Karotten öffnet, um eine zu entnehmen.
Wenn wir diese Rechnung in eine Stellenwerttafel schreiben, erhalten wir schließlich das Abziehverfahren mit Entbündelung.

```
      3    11   13
      4    2    3
  -   2    3    4
  ─────────────────
      1    8    9
```

Als Sprechweise während der Rechnung hat sich diese bewährt:

»Von drei Einern kann ich nicht vier Einer abziehen, also entbündele ich den Zehner und erhalte so einen Zehner und 13 Einer. 13 minus vier ist neun.

Von einem Zehner kann ich nicht drei Zehner abziehen, also entbündele ich den Hunderter und erhalte so drei Hunderter und elf Zehner. Elf Zehner minus drei Zehner ergeben acht Zehner.

Von drei Hundertern kann ich zwei Hunderter abziehen und erhalte einen Hunderter.«

Glossar: Minuend, Subtrahend und Differenz

Bei einer Minusrechnung bezeichnet man die Zahl, von der abgezogen wird, als Minuend, und die Zahl, die abgezogen wird, als Subtrahend. Das Ergebnis ist die Differenz: Minuend – Subtrahend = Differenz.

Doch was ist, wenn eine Null im Minuenden, der Zahl, von der abgezogen werden soll, auftaucht? In diesem Fall müsste man zweimal umtauschen: Zuerst einen Hunderter in zehn Zehner

```
      H    Z    E
                9
      4    10   12
      5    0    2
  -   2    4    6
  ─────────────────
      2    5    6
```

188

umtauschen und dann einen der zehn Zehner in zehn Einer. Es müsste also zweimal entbündelt werden.

Der Strom der Gedanken eines Kindes während der Rechnung würde sich so anhören: »Von zwei Einern kann ich nicht sechs Einer abziehen. Null Zehner kann ich nicht entbündeln, also entbündele ich den Hunderter und erhalte vier Hunderter und zehn Zehner. Dann entbündele ich einen Zehner und erhalte vier Hunderter, neun Zehner und zwölf Einer.«

»Eines gemerkt« – vom Abziehverfahren zum Ergänzungsverfahren

Wenn man Kindern eine neue Rechenmethode beibringt, empfiehlt es sich, diese mit Material zum Anfassen – zum Beispiel Geld oder Legosteinen – zu veranschaulichen. Beim Ergänzungsverfahren mit Erweitern ist dies leider schwierig. Es ist Kindern am einfachsten zu vermitteln, wenn man es als eine weiterentwickelte Form des Abziehverfahrens betrachtet, die komprimiert wurde, um Schreibarbeit zu sparen. Daher ist es am leichtesten zu verstehen, wenn die Kinder schon das Abziehverfahren beherrschen.

Ein Problem beim schriftlichen Minusrechnen sind Überträge: Regelmäßig kommen wir in die Situation, dass wir eine größere Ziffer von einer kleineren abziehen müssen. Beide Verfahren lösen dieses Problem, indem sie einen Betrag von der nächstgrößeren Stelle wegnehmen und zu der hinzufügen, an der wir gerade rechnen.

Beim Abziehverfahren mit Entbündeln zieht man den Betrag von der jeweils links stehenden Stelle des Minuenden (der Zahl, von der abgezogen wird) ab und addiert ihn in der gleichen Zeile zu jener, an der man sich bei der Rechnung gerade befindet.

$$\begin{array}{cc} 3 & 15 \\ \cancel{4} & \cancel{5} \\ -\ 3 & 6 \\ \hline & 9 \end{array}$$

Hier wurde die Zehner-Stelle (40) des Minuenden in der oberen Zeile entbündelt, ein Zehner entnommen und als zehn Einer zu der Einer-Stelle (fünf) des Minuenden hinzugefügt.

Auch beim Ergänzungsverfahren mit Erweitern werden zehn Einer zu der Einer-Stelle (fünf) des Minuenden hinzugefügt – um dies auszugleichen, zieht man allerdings nicht vom Minuenden ab, sondern addiert stattdessen zum Subtrahenden in der unteren Zeile. Das Verfahren nutzt dabei die Tatsache aus, dass sich das Ergebnis einer Minusaufgabe nicht verändert, wenn man Minuend und Subtrahend in der gleichen Weise verändert. Nehmen wir zum Beispiel die Aufgabe 3 - 2 = 1. Addiert man zu Minuend (3) und Subtrahend (2) jeweils einen Einer, erhält man 4 - 3. Das Ergebnis bleibt gleich: eins.

Betrachten wir uns die gleiche Aufgabe wie oben, diesmal nach dem Ergänzungsverfahren mit Erweitern gerechnet.

$$
\begin{array}{r}
\text{Z} \quad \text{E} \\
{}^{15} \\
4 \quad \not{5} \\
-\,3_{\text{\tiny 1}}\; 6 \\
\hline
9
\end{array}
$$

Hier wurden nicht zehn von der Zehner-Stelle des Minuenden abgezogen, sondern stattdessen zehn zur Zehner-Stelle des Subtrahenden hinzugefügt. Der dabei erfolgende Gedankengang würde sich so anhören: »Fünf minus sechs geht nicht, also erweitere ich die fünf Einer oben um zehn Einer und erhalte 15. 15 weniger sechs ist neun. Um auszugleichen, erweitere ich den Zehner unten um einen Zehner. Vier weniger vier ist null.«

Wir haben in diesem Beispiel die Stelle des Minuenden, zu der addiert wurde, durchgestrichen, um die Gemeinsamkeiten mit dem Abziehverfahren zu verdeutlichen. Es hat sich aber eingebürgert, dass man im Alltag den Minuenden beim Ergänzungsverfahren unverändert lässt, und nur eine kleine Zahl an den Subtrahenden schreibt.

In der Grundschule bekommen Kinder oft beigebracht, dass sie eine kleine Zehn neben die erweiterte Stelle im Minuenden und eine kleine Eins neben die erweiterte Stelle im Subtrahenden schreiben sollten, um sich daran zu erinnern, dass beide Zahlen um zehn erweitert wurden. Es hat sich gezeigt, dass diese Praxis Kindern hilft, Fehler zu vermeiden.

Testen und Runden

»So, fertig, nächste Aufgabe!« Beim Rechnen wollen Kinder so schnell wie möglich von einer zur nächsten Aufgabe eilen. Es liegt ihnen nicht, einen Moment innezuhalten und kurz darüber nachzudenken, ob das errechnete Ergebnis Sinn ergibt. Sie müssen es allerdings lernen – je mehr einzelne Rechnungen die Aufgaben enthalten, mit denen man sie konfrontiert, desto wichtiger wird es, auf potenzielle Fehler zu achten.

Oft kontrollieren Kinder Ergebnisse, indem sie die Aufgabe noch einmal rechnen. Das bringt aber zwei Probleme mit sich: Zum einen neigen Menschen dazu, Fehler zu wiederholen. Zum anderen kostet es Zeit. Gerade bei Klassenarbeiten, wenn es auf Zeit ankommt, ist es wichtig, dass Kinder Ergebnisse kontrollieren können, ohne die Aufgabe zu wiederholen.

In den Schulen wird Kindern oft beigebracht, ein Ergebnis durch Runden auf seine Richtigkeit zu überprüfen. Die Idee dahinter: Man schafft durch Runden eine Aufgabe, welche der zu kontrollierenden ähnlich ist, und guckt, ob die beiden Ergebnisse ebenfalls ähnlich sind. Das ist grundsätzlich richtig. Das Problem liegt aber im Detail.

Durch Runden können Zahlen größer oder kleiner werden: Man entscheidet, auf welche Stelle einer Zahl gerundet werden soll. Wenn die Stelle, die unmittelbar dahinterliegt, im Raum von null bis vier ist, wird abgerundet; wenn sie im Raum von fünf bis neun liegt, wird aufgerundet. Aus 1044 auf die Zehner-Stelle gerundet wird als 1040, aus 3896 auf die Hunderter-Stelle gerundet wird 3900.

Das Problem für Kinder ist dabei, dass sie nach dem Runden zwei unterschiedliche Werte vorliegen haben: das zu kontrollierende Ergebnis und das gerundete Ergebnis. Sie können aber nicht beurteilen, wie die Abweichung zwischen den beiden zustande kommt. Nehmen wir die Aufgabe 4321 + 5987 = 10 308 als Beispiel. Ein Kind könnte diese auf volle Tausender runden, um das Ergebnis zu kontrollieren: 4000 + 6000 = 10 000. Es hat nun zwei Werte vorliegen, die voneinander abweichen. Doch welchen Schluss soll es daraus ziehen? Es gibt kein eindeutiges Signal, das dem Kind mitteilt, ob das Ergebnis richtig oder falsch ist. Die Abweichung kann entweder ganz einfach durch das Runden entstanden sein – oder weil einer der beiden Werte falsch ist. Da sich das Kind nicht sicher sein kann, wird es die Aufgabe also noch einmal rechnen – und dadurch Zeit verlieren.

Die Lösung ist, durch Schätzen die Aufgaben so abzuwandeln, dass zwei Werte entstehen: einer, der auf jeden Fall *über* dem richtigen Ergebnis liegen muss, und einer, der *unter* ihm liegen muss. Beim Beispiel oben könnte ein Kind etwa beide Summanden vergrößern und die Aufgabe so in 4400 + 6000 = 10 400 umwandeln. Da es beide Summanden vergrößert hat, muss das Ergebnis der ursprünglichen Rechenaufgabe unter 10 400 liegen. Das Kind könnte weiterhin beide Summanden verkleinern und die Aufgabe in 4000 + 5900 = 9900 umwandeln. Da das ausgerechnete Ergebnis (4321 + 5987 = 10 308) zwischen diesen Werten liegt, ist die Wahrscheinlichkeit groß, dass es richtig ist.

Zu bemerken ist, dass wir hier *nicht gerundet* haben. Obwohl 5987 näher bei der 6000 liegt als bei der 5900, haben wir uns für letzteren Wert entschieden – weil wir eine Zahl haben wollten, die auf jeden Fall zu einem kleineren Ergebnis führt.

Bei Minusaufgaben ist zu beachten, dass man hier *gleichzeitig* vergrößern als auch verkleinern muss. Nehmen wir die Aufgabe 3456 - 2399 = 1057 als Beispiel. Eine Zahl, die größer als das Ergebnis ist, entsteht hier nur, wenn man die Zahl vor dem Minuszeichen vergrößert und die Zahl nach dem Minuszeichen verkleinert. Zum Beispiel so:

3500 - 2000 = 1500

Umgekehrt entsteht eine kleinere Zahl nur, wenn man die Zahl vor dem Minuszeichen verkleinert und die Zahl danach vergrößert.

3400 - 2400 = 1000

Da unser Ergebnis 1057 zwischen 1000 und 1500 liegt, ist dies ein guter Indikator dafür, dass es richtig ist.

Stolpersteine

Immer die kleinere von der größeren Zahl abziehen Das ist *der* klassische Fehler bei der schriftlichen Subtraktion, der sowohl beim Abziehverfahren als auch beim Ergänzungsverfahren auftritt. Am meisten Probleme haben Kinder beim Minusrechnen mit den Überträgen. Oft versuchen sie, diese zu vermeiden, indem sie die Rechenrichtung so verändern, dass keine Überträge entstehen. Wie in diesem Beispiel:

$$
\begin{array}{r}
2\ \ 5\ \ 3 \\
-\ 1\ \ 7\ \ 5 \\
\hline
1\ \ 2\ \ 2
\end{array}
$$

Während der Rechnung stellte das Kind fest, dass 3 - 5 »nicht geht«, und nahm diese Worte etwas zu wörtlich. Stattdessen zog es drei von fünf ab. Ebenso verfuhr es bei den Zehnern: Es zog die Fünf von der Sieben ab.

Übertrag ignorieren Ein weiterer häufiger Fehler bei beiden Verfahren ist das Ignorieren von Überträgen. Das Subtrahieren wird korrekt ausgeführt, der Übertrag aber nicht aufgeschrieben oder sogar komplett ignoriert. Dann kommt so ein Ergebnis zustande:

$$
\begin{array}{r}
5\ \ 4\ \ 3 \\
-\ 2\ \ 5\ \ 4 \\
\hline
3\ \ 9\ \ 9
\end{array}
$$

Typische Fehler beim Abziehverfahren Wenn eine Null im Minuenden auftaucht, kann dies Kinder verwirren. So wie hier:

$$
\begin{array}{rrr}
1 & 10 & 13 \\
\cancel{2} & \cancel{0} & \cancel{3} \\
-\,1 & 5 & \cancel{7} \\
\hline
& 5 & 6
\end{array}
$$

Hier hat ein Kind korrekt zehn Einer zu der Einerstelle addiert und so 13 erhalten. Jetzt hätte es allerdings wieder einen Zehner von der nächsten größeren Stelle abziehen müssen – doch da stand eine Null. Das Kind dachte sich: »Null kann man nicht entbündeln« und ließ den Übertrag unter den Tisch fallen.

Typische Fehler beim Ergänzungsverfahren
1. Verwirrung bei einer Null im Subtrahenden Auch beim Ergänzungsverfahren können Nuller zu Verwirrung führen. Wenn in der abzuziehenden Zahl eine Null auftaucht, verwirrt dies Kinder hin und wieder, weil sie sich nicht sicher sind, ob sie den Übertrag zu »nichts« hinzuaddieren dürfen. Oft fügen sie ihn der oberen Zahl, dem Minuenden, bei. So wie hier:

$$
\begin{array}{rrr}
5 & 4 & 3 \\
-\,4 & 0_{\,1} & 5 \\
\hline
1 & 5 & 8
\end{array}
$$

Bei den Zehnern entstand ein Übertrag von einem Zehner, den man zur Null im Subtrahenden hätte addieren müssen. Das Kind war sich nicht sicher, wie man zu einer Null addiert, und fügte den Übertrag stattdessen der Zehner-Stelle im Minuenden hinzu.

2. Verwirrung bei leeren Stellen im Subtrahenden Wenn Kinder Zahlen voneinander abziehen, die unterschiedliche Anzahlen von Stellen haben, führt dies oft zu Fehlern.

$$
\begin{array}{r}
3\ 4\ 5 \\
-\ _1 6\,_1 6 \\
\hline
4\ 7\ 9
\end{array}
$$

Hier hätte man den Übertrag zu der leeren Stelle addieren müssen. Stattdessen fügte das Kind ihn den Hundertern im Minuenden bei.

Zum Spielen: Rate meine Zahl

Bei diesem Spiel geht es darum, dass der eine Spieler eine Zahl raten muss, die der andere sich ausgedacht hat. Ihr Kind trainiert dabei das Arbeiten mit dem Stellenwertsystem und eine weitere wichtige Fähigkeit: das Eliminieren von Informationen. Kinder neigen oft zu der Ansicht, dass das Wissen, dass eine Information falsch ist, nutzlos sei. Sie glauben zum Beispiel, dass sie keinen Fortschritt gemacht haben, wenn sie erfahren, dass die gesuchte Zahl nicht die Ziffer Vier enthält. Tatsächlich ist dies aber sehr wertvolles Wissen.

So geht das Spiel: Ein Spieler denkt sich eine dreistellige Zahl aus. Alle Stellen in dieser Zahl müssen unterschiedlich sein: 372 ist also erlaubt, 111 und 337 nicht. Der andere Spieler fängt jetzt an, dreistellige Zahlen zu raten.

Der erste Spieler gibt ihm Rückmeldung:

- »Buuh!« sagen – keine Ziffer ist richtig!
- Einmal in die Hände klatschen – eine Ziffer ist richtig und an der richtigen Stelle
- Einmal auf den Tisch klopfen – eine Ziffer ist richtig, aber an der falschen Stelle

Sie können sich ihr eigenes, möglichst albernes Rückmeldungssystem schaffen. Allerdings fordert das Spiel wirklich die volle Konzentration der Kinder. Vielleicht sind sie am Anfang überfordert, wenn sie zusätzlich die Rückmeldung übersetzen müssen. Sie können auch einfach sagen: »Zwei Ziffern hast du richtig geraten, sie sind aber an der falschen Stelle.« Ihr Kind sollte sich unbedingt den Verlauf des Spiels auf Papier notieren.

Lassen Sie uns einen Durchgang simulieren. Die geheime Zahl ist 372.

»548.«

»Buuh!«: Der ratende Spieler weiß: Die Ziffern 4, 5, und 8 tauchen in der Zahl nicht auf.

»123.«

»Klopf, Klopf!« Der Spieler weiß: Zwei Ziffern sind richtig, aber an der falschen Stelle. Er probiert jetzt eine andere Reihenfolge.

»312.«

»Klatsch, Klatsch«: Zwei Ziffern sind an der richtigen Stelle. Der Spieler weiß aber noch nicht, welche es sind. Er testet daher, ob die erste Ziffer drei ist und wählt mit Absicht zwei Ziffern, von denen er weiß, dass sie *nicht* auftauchen.

»348.«

»Klatsch«: Der Spieler weiß, dass die erste Ziffer drei ist. Jetzt macht er einen neuen Test.

»418.«

»Buuh!«: Die mittlere Ziffer ist nicht eins. Der Spieler weiß jetzt, dass die erste und die letzte Ziffer drei und zwei sind und dass die mittlere Ziffer nicht eins, zwei, drei, vier, fünf und acht ist.

»362.«

»Klatsch, Klatsch!«: Die mittlere Ziffer ist nicht sechs. Noch ein Versuch.

»372.«

»Klatsch, Klatsch, Klatsch!«: Gewonnen!

Wie Sie sehen, war das Wissen, dass die Zahlen Vier, Fünf und Acht *nicht* vorkommen, sehr, sehr nützlich für den ratenden Spieler.

Zum Erforschen: Schwarze Löcher

Vielleicht hat Ihr Kind schon einmal von Schwarzen Löchern im All gehört: Sie saugen alles an; nichts kann ihrer Anziehungskraft entkommen – noch nicht einmal das Licht. Auch unter den Zahlen gibt es so etwas: Wenn wir mit einer frei wählbaren Zahl bestimmte Rechnungen durchführen und diese immer wiederholen, enden sie oft bei einer Zahl, von der wir nicht mehr wegkommen können. Es ist, als hätte diese eine unüberwindbare Anziehungskraft, wie ein Schwarzes Loch. Der indische Mathematiker D. R. Kaprekar fand 1949 so eine Zahl. Beim Erforschen seiner heute Kaprekar-Konstante genannten Entdeckung lässt sich prima das schriftliche Subtrahieren üben.

Nehmen Sie eine vierstellige Zahl, bei der sich alle vier Ziffern voneinander unterscheiden. Bilden Sie aus diesen Ziffern die größtmögliche und die kleinstmögliche Zahl. Ziehen Sie danach die kleinere von der größeren ab. Unter Umständen ist das Ergebnis 6174. Wenn nicht, bilden Sie wieder aus den Ziffern des Ergebnisses eine größtmögliche und eine kleinstmögliche Zahl und wiederholen Sie den Prozess. Spätestens nach sieben Schritten taucht die Zahl 6174 auf. Wenn Sie danach die Rechnung wiederholen, kommt als Ergebnis immer wieder 6174 – wir kommen nicht mehr raus aus dem Loch.

Bei einer solchen wundersamen Zahl landen Sie auch, wenn Sie das gleiche Experiment mit einer dreistelligen Zahl durchführen. Machen Sie es mit Ihrem Kind zusammen, ohne die Auflösung gelesen zu haben! Es ist für Ihr Kind ein schöneres Erlebnis, wenn es eine Überraschung für Sie beide ist. Hier haben wir als Beispiel die Zahl 642 gewählt und die ersten beiden Berechnungen durchgeführt. Fällt Ihnen eine Regelmäßigkeit auf, wenn Sie die beiden Ergebnisse vergleichen?

```
    6  4  2          9  6  3
  - 2  4  6        - 3  6  9
  ──────────       ──────────
    3  9  6          5  9  4
```

Auch hier gilt: Egal, welche Ausgangszahl Sie wählen: Spätestens nach sieben Subtraktionen sitzen Sie im Schwarzen Loch. Wie lautet diese Zahl? (Die Auflösung finden Sie auf S. 332.)

Zum Knobeln: Die ewige Fünf

Verkünden Sie Ihrem Kind, dass Sie seine Gedanken lesen werden. Bitten Sie es, sich eine einstellige Zahl auszudenken.

- Sagen Sie ihm, es solle diese Zahl verdoppeln.
- Dann soll es zehn hinzufügen.
- Nun soll es die Zahl halbieren.
- Jetzt soll es die gedachte Zahl abziehen.

Ziehen Sie jetzt die Augenbrauen zusammen, werfen Sie einen tiefen Blick durch die Schädelecke Ihres Kindes und verkünden Sie selbstsicher: »Das Ergebnis ist fünf!« Egal, welche Zahl es sich ausdenkt – das Ergebnis ist immer fünf! (Solange wir von positiven Zahlen sprechen.) Warum? Können Sie und Ihr Kind sich ein ähnliches Rätsel für die Zahl sieben ausdenken? (Die Auflösung finden Sie auf S. 332.)

Halbschriftliches
Multiplizieren und Dividieren

Wenn Kinder beginnen, mit Zahlen größer als zehn zu multiplizieren, stoßen sie an die Grenzen des kleinen Einmaleins. Dann wird es Zeit, die schriftlichen Methoden zu lernen. Sie arbeiten mit diesen in der Regel in der zweiten Hälfte der dritten Klasse. Eine Voraussetzung ist, dass sie das Einmaleins flüssig beherrschen. Dabei müssen sie es *vollständig* kennen – das heißt, sie sollten die Ergebnisse von allen Aufgaben innerhalb weniger Sekunden nennen können, ohne auf Abzählen oder das Aufsagen der Reihen zurückgreifen zu müssen. Es wird schwierig für sie werden, wenn sie auch nur einen kleinen Teil des Einmaleins nicht beherrschen. Multiplizieren sie zwei dreistellige Zahlen miteinander, müssen sie insgesamt neun Teilrechnungen im Kopf oder auf Papier ausführen. Sollte ihnen im Schnitt nur bei einer von zehn Aufgaben des Einmaleins ein Fehler unterlaufen, wird die Wahrscheinlichkeit, dass sie eine solche Multiplikation richtig lösen können, sehr gering.

Die Schokoladentafelmethode:
Auseinanderbrechen

Erinnern Sie sich, wie wir die Schokoladentafelmethode benutzt haben, um Kindern das Malnehmen zu erklären? Sie lässt sich auch verwenden, um einem Kind das schriftliche Verfahren nahezubringen. Wir werden jetzt allerdings mit viel größeren Zahlen als beim Einmaleins arbeiten – zu groß, um sie mit Muggelsteinen, Legosteinen oder Smarties zu legen. Daher müssen Kinder lernen, die Schokoladentafelmethode mit dem Stift als Kästchen auf Papier zu zeichnen.

Beim kleinen Einmaleins multiplizierten wir Zahlen miteinander, die kleiner als zehn waren. Doch was ist, wenn einer der beiden Faktoren größer als zehn ist? Dann hilft dem Kind das kleine Einmaleins alleine nicht mehr weiter. Nehmen wie die Aufgabe 3 x 14 als Beispiel. So würde die passende Schokoladentafel mit 14 Reihen und drei Spalten aussehen:

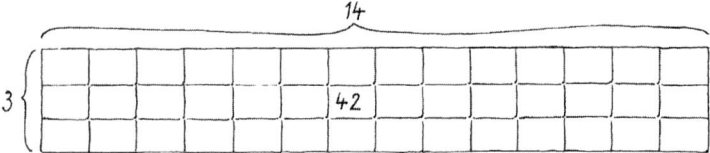

Da die Zahl der Spalten größer als zehn ist, wird Ihr Kind nicht in der Lage sein, durch Malnehmen der Reihen und Spalten die Zahl der Blöcke zu ermitteln.

Was aber wäre, wenn man die Schokoladentafel zerbricht? Wir könnten sie in zwei Teile brechen: einen mit 3 x 10 Stücken und einen mit 3 x 4 Stücken.

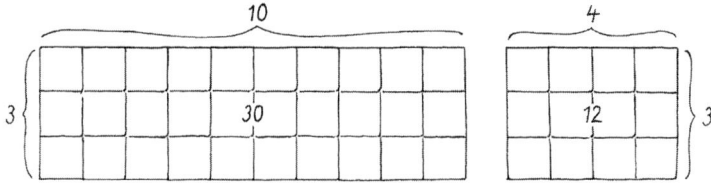

Jetzt ist die Rechnung wieder möglich. Der große Block hat 3 x 10, also 30 Stücke. Der kleine 3 x 4, also zwölf. Zusammen ergibt das 42. So würde die Rechnung auf Papier aussehen:

$$3 \times 10 = 30$$
$$3 \times 4 = 12$$
$$30 + 12 = 42$$

Doch was ist, wenn wir es mit einer Malaufgabe zu tun bekommen, bei der beide Zahlen größer als zehn sind? Nehmen wir die Aufgabe 14 x 12 als Beispiel. Als Schokolade dargestellt ergäbe sie eine Tafel, die zwölf Spalten und 14 Reihen hat.

In diesem Fall müssten wir sie in vier Blöcke zerbrechen. Einen Block mit zehn Zeilen und zehn Spalten (10 x 10, also 100 Stü-

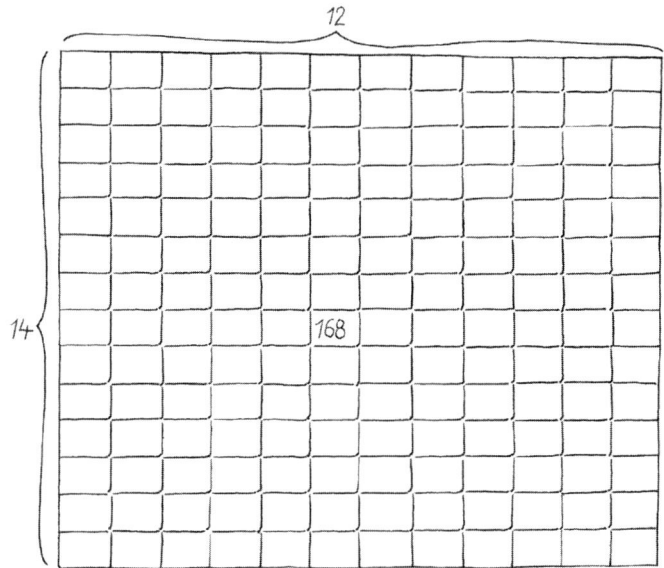

cke), einen Block mit vier Reihen und zehn Spalten (also 40 Stücke), einen mit zwei Spalten und zehn Reihen (20 Stücke) und einen mit zwei Spalten und vier Reihen (acht Stücke).

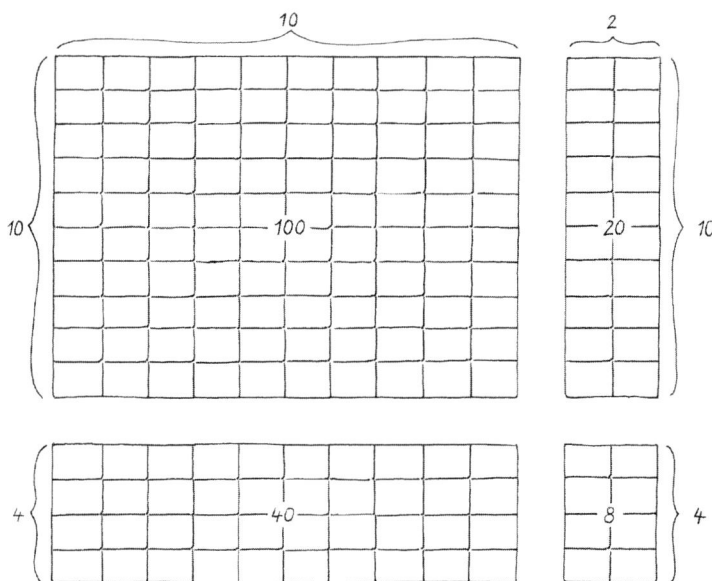

Jetzt können wir sehr einfach durch das kleine Einmaleins und Addieren der Zwischenergebnisse die Gesamtzahl der Blöcke ermitteln.

$$10 \times 10 = 100$$
$$4 \times 10 = 40$$
$$2 \times 10 = 20$$
$$2 \times 4 = 8$$
$$100 + 40 + 20 + 8 = 168$$

Das Malkreuz

Natürlich können wir nicht jedes Mal, wenn wir eine Multiplikation durchzuführen haben, eine Schokoladentafel zeichnen. Lassen Sie uns das Ganze daher etwas abstrakter und effektiver machen. Statt jedes Schokoladenstück einzeln zu zeichnen, rechnen wir nur noch im Kopf die Anzahl der Stücke aus und schreiben sie als Zahl auf. Die einzelnen Blöcke der Schokoladentafel ersetzen wir durch ein Kästchen mit einer Zahl. Dabei müssen wir keine Rücksicht auf Größenverhältnisse mehr nehmen. Reihen und Spalten werden nicht mehr gezeichnet, sondern nur noch als Zahlen über und links neben die jeweiligen Kästchen gezeichnet. Unsere 3x14-Schokoladentafel von den vorhergehenden Seiten, die wir in zwei Teile zerbrochen hatten, sähe dann so aus:

	10	4
3	30	12

Die 12x14-Schokoladentafel, die in vier Teile gebrochen wurde, sähe so aus:

	10	4
10	100	40
2	20	8

Wir müssen jetzt nur noch die Zwischenergebnisse addieren. Das lässt sich durch eine schriftliche Addition machen.

	10	4
10	100	40
2	20	8

120 + 48 = 168

Dies funktioniert auch bei größeren Rechnungen. Nehmen wir die Aufgabe 24 x 36 als Beispiel.

	30	6
20	600	120
4	120	24

720 + 144 = 864

Dieses Verfahren nennt man stellenweises Multiplizieren oder das »Malkreuz«. In angloamerikanischen Ländern ist es als »grid method« bekannt und dort das Standardverfahren zum Multiplizieren, das Kinder in der Grundschule lernen.

Damit haben sie bereits ein sehr anschauliches und alltagstaugliches Verfahren für die schriftliche Multiplikation gelernt. Ein Nachteil des Verfahrens ist, dass bei sehr großen Zahlen sehr viele Zwischenergebnisse zu notieren sind.

Schrittweises Malnehmen

Als wir mit dem Malkreuz rechneten, haben wir die zu multiplizierenden Zahlen in ihre Stellen zerlegt, vier Teilprodukte berechnet und diese in ein Netz gezeichnet. Wir werden jetzt einen weiteren Schritt in Richtung des klassischen Multiplikationsverfahrens gehen, indem wir das Netz weglassen und die vier Teilprodukte untereinander addieren. Dieses Verfahren nennt sich schrittweises Malnehmen.

Wir bleiben bei der Aufgabe 36 x 24. Beim Rechnen fangen wir mit dem Zehner der rechten Zahl an und multiplizieren ihn zuerst mit dem Einer, dann mit dem Zehner der linken Zahl. Dann machen wir auf die gleiche Weise mit dem Einer der rechten Zahl weiter. Anstatt ein Netz zu zeichnen, müssen wir nur noch die vier Zwischenergebnisse untereinanderschreiben, um sie schließlich in einer schriftlichen Addition zusammenzufügen.

$$
\begin{aligned}
36 &\times 24 \\
\hline
6 &\times 20 = 120 \\
30 &\times 20 = 600 \\
6 &\times 4 = 24 \\
30 &\times 4 = 120 \\
\hline
&\qquad\quad\ 864
\end{aligned}
$$

Entscheidend ist, dass die Kinder verstehen, dass bei der Multiplikation jede Stelle einer Zahl mit jeder Stelle der anderen Zahl multipliziert werden muss. Wir erhalten daher immer eine Anzahl an Zwischenergebnissen, die dem Produkt der Anzahl der Stellen der Faktoren entspricht. Wenn zwei zweistellige Zahlen miteinander multipliziert werden, entstehen also vier Zwischenergebnisse (siehe oben). Wenn eine zweistellige und eine dreistellige Zahl multipliziert werden, entstehen sechs Zwischenergebnisse. Eine einstellige Zahl mal eine vierstellige produziert vier – und so weiter. Wenn man Kinder auf diese kleine Regelmäßigkeit hinweist, hilft ihnen das zu überprüfen, ob das, was sie tun, Sinn ergibt.

Halbschriftliches Dividieren

Beim halbschriftlichen Teilen nutzen wir die Tatsache aus, dass Dividieren als wiederholtes Subtrahieren betrachtet werden kann. Nehmen wir die Aufgabe 39 : 3 als Beispiel. Hier würden wir uns fragen: Wie oft kann ich die Drei (den Divisor) von der 39 (dem Dividenden) abziehen? Wir könnten jetzt anfangen zu rechnen und immer wieder drei abziehen und uns dabei merken, wie oft wir dies getan haben:

Glossar: Dividend, Divisor und Quotient

Bei einer Teilungsaufgabe bezeichnet man die Zahl, die geteilt wird, als Dividend. Die Zahl, durch die geteilt wird, ist der Divisor. Das Ergebnis heißt Quotient.

Dividend : Divisor = Quotient.

$$39 - 3 = 36 \quad \textit{(ein Mal)}$$
$$36 - 3 = 33 \quad \textit{(zwei Mal)}$$
$$33 - 3 = 30 \quad \textit{(drei Mal)}$$
$$\cdots$$

… und so weiter, bis wir bei 3 - 3 = 0 angekommen sind. Offensichtlich ist dieses Verfahren etwas umständlich. Doch wir können es beschleunigen, indem wir nicht immer wieder drei abziehen, sondern ganze Bündel von Dreiern. Dabei müssen wir uns merken, wie oft die Drei in diesem Bündel enthalten war:

$$39 - 30 = 9 \quad \textit{(30 sind zehn Dreier gebündelt, daher: zehn Mal)}$$

$$9 - 9 = 0 \quad \textit{(9 sind drei Dreier gebündelt, daher: drei Mal)}$$

Wir müssen nur noch zehn und drei zusammenzählen und wissen, dass 39 : 3 = 13 ergibt. Bemerken Sie dabei, dass es völlig egal ist, wie wir die Dreier bündeln? Folgende Rechnung hätte genauso funktioniert:

$$39 - 33 = 6 \quad \textit{(33 sind elf Dreier gebündelt, daher: elf Mal)}$$
$$6 - 3 = 3 \quad \textit{(ein Dreier, daher ein Mal)}$$
$$3 - 3 = 0 \quad \textit{(ein Dreier, daher ein Mal)}$$
$$11 + 1 + 1 = 13$$

In der Schule wird man Ihrem Kind wahrscheinlich beibringen, dieses Verfahren so aufzuschreiben:

```
39 : 3 = 13
30 : 3 = 10
 9 : 3 =  3
```

Bei komplexeren Rechnungen kann man nun schriftliches Subtrahieren als Zwischenschritt einführen. Nehmen wir die Rechnung
771 : 3 als Beispiel. Ein Kind könnte sich entscheiden, als ersten
Teilschritt erst einmal auszurechnen, wie oft die Drei in die 600
passt. Es wählt diese Zahl, da sie offensichtlich durch drei teilbar
ist – schließlich ist 600 das Doppelte von 300 – und weil sie nahe
bei der 700 liegt. Beachten Sie, dass es egal ist, welche Zahl das
Kind hier für die Teilrechnung auswählt, solange diese durch drei
teilbar ist. Es hätte genauso gut 300 wählen können.

```
771 : 3 =
600 : 3 = 200
```

Dann rechnet das Kind aus, wie viel vom ursprünglichen Dividenden noch übrig ist. In diesem Falle also 771 - 600. Das Ergebnis
hier ist 171.

```
771 : 3 =
600 : 3 = 200
171
```

Nun wählt das Kind wieder eine offensichtlich durch drei teilbare
Zahl für den Teilschritt aus. Hier bietet sich 150 an. Bleiben 21
übrig.

```
771 : 3 =
600 : 3 = 200
171
150 : 3 =  50
 21
```

21 geteilt durch drei ergibt sieben. Das Kind muss jetzt nur noch die drei Teilergebnisse addieren und erhält als endgültiges Ergebnis 257.

$$
\begin{array}{rcll}
771 : 3 &=& 257 \\
\underline{600 : 3} &=& 200 \\
171 \\
\underline{150 : 3} &=& 50 \\
21 : 3 &=& 7
\end{array}
$$

Wenn nach einem Teilschritt ein Rest übrig bleibt, der kleiner ist als der Divisor, ist der Dividend nicht ohne Rest teilbar, wie in diesem Beispiel.

$$
\begin{array}{rcll}
773 : 3 &=& 257 & \text{Rest } 2 \\
\underline{600 : 3} &=& 200 \\
173 \\
\underline{150 : 3} &=& 50 \\
23 : 3 &=& 7 & \text{Rest } 2 \\
\underline{21} \\
2
\end{array}
$$

Das schrittweise Rechnen kann auch zum Teilen mit zweistelligem Divisor genutzt werden. Dieses fällt Kindern wie Erwachsenen besonders schwer, da man dabei die Grenzen des vertrauten Einmaleins hinter sich lässt. In diesem Beispiel konnte ein Kind die

$$
\begin{array}{rcll}
741 : 13 &=& 57 \\
\underline{260 : 13} &=& 20 \\
481 \\
\underline{260 : 13} &=& 20 \\
221 \\
\underline{130 : 13} &=& 10 \\
91 \\
\underline{26 : 13} &=& 2 \\
65 \\
26 : 13 &=& 2 \\
39 : 13 &=& 3
\end{array}
$$

schwierige Aufgabe 741 : 13 lösen, indem es Zahlen vom Dividenden abzog, die als Vielfache von 13 leicht zu erkennen waren: erst 260, dann 130, dann 26.

Dieses Verfahren wird an Schulen in den USA, Großbritannien und Australien »chunking« genannt und als Übergangsverfahren zum Standardalgorithmus gelehrt. Sie sehen, dass der Übergang zum klassischen schriftlichen Dividieren nur noch ein Schritt ist. Dieser ist aber nicht einfach – mehr dazu im Kapitel über die vierte Klasse.

Dividieren mit einer Hilfsaufgabe

Erinnern Sie sich an das Verfahren zum Vereinfachen von Aufgaben beim Addieren und Subtrahieren? (Vgl. S. 108) Das nun folgende Verfahren zum Dividieren ist ähnlich: Man löst eine Aufgabe, indem man zuerst eine Hilfsaufgabe ausrechnet, die der ursprünglichen ähnlich ist, und dann den Unterschied zwischen den Ergebnissen der beiden durch Addition oder Subtraktion ausgleicht. Hier ein Beispiel.

$$57 : 3 =$$

Die Zahl 60 ist sehr einfach durch drei zu teilen und liegt in der Nähe der 57. 60 geteilt durch drei ist 20.

$$57 : 3 =$$
$$60 : 3 = 20$$

Das war nicht schwer – doch der schwierige Teil kommt jetzt: Da 60 größer als 57 ist, muss das richtige Ergebnis *kleiner* als 20 sein. Es gilt jetzt herauszufinden, welche Zahl von 20 abgezogen werden muss, um zum richtigen Resultat zu gelangen. Diese bestimmen wir, indem wir die Differenz zwischen 57 und 60 feststellen und durch drei teilen.

$$57 : 3 = 19$$
$$60 : 3 = 20$$
$$3 : 3 = 1$$
$$20 - 1 = 19$$

Wenn der Dividend der Hilfsaufgabe kleiner als jener der ursprünglichen Aufgabe ist, muss man am Schluss zum Ergebnis der Hilfsaufgabe hinzuaddieren:

$$63 : 3 = 20 + 1 = 21$$
$$60 : 3 = 20$$
$$3 : 3 = 1$$

Das ist der Punkt, an dem Kindern die meisten Fehler unterlaufen. Es fällt ihnen oft schwer zu beurteilen, ob man vom Resultat der Hilfsaufgabe abziehen oder zu ihr etwas hinzutun muss. Ist die zu teilende Zahl der Hilfsaufgabe kleiner als die der ursprünglichen, muss addiert werden – ist sie größer, muss abgezogen werden.

Gleichsinniges Verändern

Das Verfahren, das wir Ihnen nun vorstellen wollen, nutzt die Tatsache aus, dass sich das Ergebnis einer Divisionsaufgabe nicht verändert, wenn man sowohl Dividend als auch Divisor durch die gleiche Zahl teilt oder sie mit der gleichen Zahl multipliziert.
Ein Beispiel: Stellen Sie sich vor, Sie haben zwölf Äpfel, die wir an vier Personen verteilen – wie viele Äpfel erhält jeder? Richtig: drei. Doch was passiert, wenn wir sowohl Dividend als Divisor mal zehn nehmen? Dann haben wir 120 Äpfel, die wir an 40 Personen verteilen. Die Menge der Äpfel und Personen hat sich verändert – aber das Verhältnis nicht. Wie viel bekommt jeder? Immer noch drei.
Wenn wir die Menge Äpfel und die der Personen halbieren, haben wir sechs Äpfel, die an zwei Personen verteilt werden – jeder kriegt wieder drei.

Die Tatsache, dass sich das Ergebnis einer Divisionsaufgabe nicht verändert, wenn sowohl Dividend als auch Divisor gleichsinnig verändert werden, können wir uns zunutze machen. Allerdings ist eine Umwandlung der Ausgangsrechnung nur sinnvoll, wenn sich die neue Rechnung erheblich einfacher rechnen lässt.

Nehmen wir folgende Aufgabe:

$$225 : 25 = 450 : 50 = 9$$

225 durch 25 zu teilen ist nicht einfach. Wenn wir aber Dividend wie Divisor einfach mit zwei multiplizieren, erhalten wir die Aufgabe 450 : 50 – die wesentlich leichter zu lösen ist.

Stolpersteine

Oft verwechseln Kinder das schrittweise Dividieren mit dem schrittweisen Multiplizieren. Das führt dazu, dass sie den Dividenden so zerlegen, wie sie es von der halbschriftlichen Multiplikation gewohnt sind: in einzelne Stellen, also Einer, Zehner und Hunderter, die sie einzeln teilen. Hier ist ein Beispiel für einen solchen Fehler – wobei das Kind die krummen Ergebnisse der Hilfsaufgaben kurzerhand gerundet hat

$$57 : 3 = 18$$
$$50 : 3 = 16$$
$$7 : 3 = 2$$

Tatsächlich muss aber nicht in Stellen aufgetrennt werden, sondern ein Vielfaches des Divisors abgezogen werden. So wäre es richtig gewesen:

$$57 : 3 = 19$$
$$30 : 3 = 10$$
$$27 : 3 = 9$$

Oft möchten Erwachsene Kindern den Einstieg in das schrittweise Teilen erleichtern, indem sie ihnen Aufgaben geben, die
Dividenden enthalten, die ein Zehnfaches des Divisors beinhalten. Dies kann aber Kinder in der falschen Ansicht bestärken,
dass man nach Stellen zerlegen muss, wie in diesem Beispiel.

$$
\begin{array}{rcl}
525 : 5 &=& 141 \\
\hline
500 : 5 &=& 100 \\
20 : 5 &=& 4 \\
5 : 5 &=& 1
\end{array}
$$

Dieses Kind hat den Dividenden korrekt zerlegt, aber nur, weil
jede Stelle durch fünf teilbar war. Man könnte meinen, dass der
Denkfehler des Kindes erst beim Addieren der Zwischenergebnisse aufgetreten und wahrscheinlich durch schlampige Schrift
verursacht sei. Das Kind scheint aber das Verfahren mit einer
schriftlichen Multiplikation verwechselt zu haben, bei die Teilergebnisse versetzt aufgeschrieben müssen – daher addierte es
seine Zwischenergebnisse ebenfalls »versetzt«. Dieses Kind
müsste man darauf hinweisen, dass es nur Zufall war, dass sich
der Dividend in seine Stellen zerlegen ließ.

Zum Erforschen:
Muster auf der Hunderter-Tafel, Teil 2

In einem vorausgehenden Forschungsauftrag haben wir die
Hunderter-Tafel verwendet, um Regelmäßigkeiten in der Zahlenreihe zu entdecken. Sie lässt sich auch vortrefflich nutzen,
um durch Muster tiefere Einblicke in das Dividieren und Multiplizieren zu gewinnen.
So geht es: Markieren Sie mit Ihrem Kind zusammen alle Zahlen der Zweier-Reihe gelb. Es wird schnell feststellen, dass es
eine Regelmäßigkeit ausnutzen kann: Es muss nicht jede einzelne Zahl suchen, sondern kann einfach ganze Säulen anmalen.

Markieren Sie nun alle Zahlen der Vierer-Reihe rot – auch hier wird Ihr Kind schnell ein Muster entdecken. Überstreichen Sie danach alle Zahlen der Achter-Reihe. Wenn Sie nun die Tafel betrachten, werden Sie feststellen, dass alle Zahlen der Achter-reihe mit einem rot-blau-gelbem Gemisch bemalt sind, während die der Vierer-Reihe orange sind. Was bedeutet dies?

1	2	3	4	5	6	7	8	9	10
11	12	13	14	15	16	17	18	19	20
21	22	23	24	25	26	27	28	29	30
31	32	33	34	35	36	37	38	39	40
41	42	43	44	45	46	47	48	49	50
51	52	53	54	55	56	57	58	59	60
61	62	63	64	65	66	67	68	69	70
71	72	73	74	75	76	77	78	79	80
81	82	83	84	85	86	87	88	89	90
91	92	93	94	95	96	97	98	99	100

Die Tafel zeigt uns, dass alle Zahlen, die durch acht teilbar sind, auch durch vier und zwei dividierbar sind. Und umgekehrt können alle Zahlen, die sowohl durch zwei als auch durch vier teilbar sind, immer auch durch acht geteilt werden. Wenn wir wissen, dass eine Zahl durch zwei geteilt werden kann, dann lohnt es sich zu prüfen, ob sie auch durch vier dividiert werden kann. Ist beides der Fall, wissen wir, dass sie auch durch acht teilbar ist. Diese Erkenntnisse helfen Kindern ungemein, wenn sie die schriftliche Division und später, auf dem Gymnasium, die Bruchrechnung lernen!

Hier weitere Forschungsaufträge:

- Markieren Sie alle Zahlen der Zweier-Reiher, der Dreier-Reihe und der Sechser-Reihe.
- Markieren Sie alle Zahlen der Dreier-Reihe und der Neuner-Reihe.
- Alle Zahlen der Zweier-Reihe, der Fünfer-Reihe und der Zehner-Reihe.
- Alle Zahlen der Dreier-Reihe, der Vierer-Reihe und der Zwölfer-Reihe.
- Alle Zahlen der Zweier-Reihe, der Siebener-Reihe und der Vierzehner-Reihe.
- Für Fortgeschrittene: Markieren Sie alle Zahlen, deren Quersumme (also die Summer ihrer Ziffern) durch drei teilbar sind. Die Quersumme von 63 zum Beispiel ist neun (6 + 3). Markieren Sie danach alle Zahlen, deren Quersumme durch neun teilbar ist. Was fällt Ihrem Kind auf?

8. KAPITEL

GRUNDRECHENARTEN: DIE VIERTE KLASSE

1 2 3 **4**

Zahlen bis eine Million in den Griff bekommen

In der vierten Klasse arbeiten die Kinder nun mit Zahlen bis 1 000 000. Das Schuljahr steht ganz im Zeichen der schriftlichen und halbschriftlichen Rechenverfahren. Addieren und Subtrahieren mit Stift und Papier und das Einmaleins werden wiederholt. Zudem lernen die Kinder das schriftliche Malnehmen und Teilen kennen.

Ein großer Teil dieses Kapitels beschäftigt sich mit dem »Treppchenverfahren« zum schriftlichen Dividieren. Der Grund, weshalb wir ihm so viele Zeilen widmen, ist allerdings *nicht* seine Bedeutung im Unterricht – die Lehrpläne verlangen meist nur ein Verständnis, keine sichere Ausführung. Und das auch nur mit einstelligem oder einfachem zweistelligen (zum Beispiel 10 oder 20) Divisor. Wir befassen uns deshalb so ausführlich mit dem Thema, weil es vielen Eltern weiterhin wichtig ist. Und weil es Kindern so viele Probleme bereitet.

Wenn Kinder in die vierte Klasse kommen, steigt die Größe der Zahlen, mit denen sie arbeiten, sprunghaft auf eine Million. Dies ist das Produkt von tausend mal tausend und gleichzeitig etwa die Zahl der Einwohner Kölns, der viertgrößten Stadt Deutschlands – eine Summe, unter der sich auch Erwachsene kaum noch etwas vorstellen können. Folgende Veranschaulichungen helfen Ihrem Kind, einen Eindruck davon zu bekommen, was eine Eins mit sechs Nullen bedeutet:

Zum Beispiel: Wenn ein Erwachsener in gemütlichem Tempo 1 000 000 Schritte läuft, kommt er 630 Kilometer weit, falls man eine durchschnittliche Schrittlänge von 63 Zentimetern voraussetzt. Das ist etwas mehr als die Entfernung zwischen Hamburg und München. Lassen Sie Ihr Kind mit dem Taschenrechner ausrechnen, wie weit es selbst mit einer Million Schritte kommen würde. Dazu müssen Sie zuerst seine Schrittweite ausmessen. Am besten geht dies, wenn es fünf Schritte läuft und Sie zusammen abmessen, wie weit es gegangen ist und das Ergebnis durch fünf teilen. Jetzt können Sie mit dem Taschenrechner bestimmen, welche Strecke Ihr Kind zurücklegen würde. Vergleichen Sie diese Länge mit einer, die es kennt – zum Beispiel dem Schulweg. Wie oft passt der in die erreichte Distanz?

Hier noch eine weitere Veranschaulichung: Lassen Sie Ihr Kind zählen, wie oft sein Herz in einer Minute schlägt. Am einfachsten fällt ihm dies, wenn es mit einer Uhr mit Sekundenzeiger in der Hand die Schläge kontrolliert, die sein Herz in 15 Sekunden macht, und diese Zahl mal vier nimmt. Wie lange dauert eine Million Schläge? Da ein Kinderherz zwischen 80 und 100 Mal pro Minute klopft, werden Sie auf eine Zeitspanne von etwa einer Woche kommen.

Das Lesen und Schreiben derart großer Zahlen muss geübt werden. Wir fassen beim Sprechen immer drei Stellen von rechts aus zählend zu einer Gruppe zusammen. 564 343 wird daher als »fünfhundertvierundsechzigtausenddreihundertdreiundvierzig« ausgesprochen. Diese Regelmäßigkeit der Aussprache großer Zahlen müssen Kinder anhand der Stellenwerttafel lernen.

HT	ZT	T	H	Z	E
5	6	4	3	4	3

Ein Tipp: Bringen Sie Ihrem Kind bei, beim Schreiben zwischen diesen Dreiergruppen immer einen Abstand oder einen Punkt zu lassen.

Die schriftliche Multiplikation

In der dritten Klasse haben die Kinder Methoden zum Malnehmen im Kopf mit Stift und Papier als Gedankenstütze gelernt. Ein Nachteil dieser Verfahren ist, dass die Schüler dabei jede Stelle der beiden zu verrechnenden Zahlen miteinander in einer Teilrechnung multiplizieren müssen – daher entsteht eine große Anzahl von Zwischenergebnissen. Jetzt, wo sie bis zur Million vorstoßen, werden die halbschriftlichen Rechenwege unpraktisch: Wenn die Kinder zwei dreistellige Zahlen malnehmen, müssen sie beim gestützten Kopfrechnen neun Teilprodukte notieren. Nun wird es Zeit, das schriftliche Malnehmen zu lernen.

Lassen Sie uns die schriftliche Multiplikation noch einmal kurz wiederholen. Nehmen wir die Aufgabe 36 x 42 als Beispiel. So haben Sie das Malnehmen auf Papier wahrscheinlich in der Schule gelernt:

$$
\begin{array}{r}
36 \times 42 \\
\hline
144 \\
72 \\
\hline
1512 \\
\end{array}
$$

Man beginnt, indem man die Zehner der rechten Zahl mit der linken Zahl multipliziert. Dabei rechnet man sich von rechts nach links »durch« die Zahl, hier die 36, bei den Einern beginnend. Wenn Überträge entstehen, müssen diese zu der folgenden Stelle hinzuaddiert werden. Viele Menschen werden dabei im Geiste etwas wie dies zu sich selbst sprechen:
»Vier mal sechs ist 24, vier hin, zwei im Sinn. Vier mal drei ist zwölf, mit der Zwei im Sinn verrechnen macht 14.« Man schreibt also 144 in die erste Zeile. Dann multipliziert man die Einer der rechten Zahl mit der linken Zahl und schreibt das Ergebnis in die Zeile darunter, wobei man die Zahl um eine Stelle nach rechts verschiebt. Schließlich addiert man die beiden Zwischenergebnisse in einer schriftlichen Addition. Dies ist ein sehr schnelles,

effektives und komprimiertes Verfahren. Für Kinder, die gerade erst die Multiplikation kennengelernt haben, ist es allerdings *zu* komprimiert.

Auch viele Erwachsene nutzen dieses Verfahren, ohne sich wirklich im Klaren darüber zu sein, wie es funktioniert. Haben Sie bemerkt, dass wir hier vier Berechnungen durchgeführt haben (4 x 6, 4 x 3, 2 x 6 und 2 x 3), aber nur zwei Zwischenergebnisse aufgeschrieben haben? Und dass wir bei der Berechnung nur mit Ziffern, also einstelligen Zahlen, gearbeitet haben, obwohl wir in Wirklichkeit auch mit Zehnern multipliziert haben (nämlich 40 x 30 und 2 x 30)? Wir werden daher erst einige halbschriftliche Methoden nutzen, um Kinder auf die schriftliche Multiplikation vorzubereiten.

Vom stellenweisen zum schriftlichen Malnehmen

In der dritten Klasse nutzen die Kinder das schrittweise und das stellenweise Malnehmen (Malkreuz). Wenn sie diese Methoden beherrschen, ist es für sie nur ein Schritt bis zum endgültigen Verfahren des schriftlichen Multiplizierens. Dieser ist allerdings nicht einfach.

Bei den Verfahren Malkreuz und schrittweises Malnehmen haben wir Multiplikand und Multiplikator in ihre Stellen – Einer und Zehner – zerlegt und miteinander multipliziert. Die Kinder haben also immer mit »ganzen« Zahlen gearbeitet, nicht nur mit Ziffern. Daher sind diese Verfahren für sie leicht nachzuvollziehen. Der Nachteil ist, dass die halbschriftlichen Wege viel Schreibarbeit machen, besonders wenn man Zahlen mit vielen Stellen malnimmt.

Bei der schriftlichen Multiplikation löst man die Zahlen nicht in ihre Stellen, sondern in ihre Ziffern auf. Man multipliziert also nicht mehr Einer, Zehner und Hunderter miteinander, sondern nur Ziffern wie zwei, fünf oder sieben, die aus ihrem Kontext gelöst wurden. Dadurch lässt sich die Rechnung sehr verdichtet aufschreiben. Leider geht dem Verfahren damit jede Anschaulichkeit verloren – es wird zu einer Black Box, in die Kinder Zahlen eingeben und anschließend Ergebnisse erhalten, ohne wirklich zu verstehen, was im Inneren passiert. Gleichzeitig entstehen Überträge, die man »im Sinn« behalten muss.

Die Überträge sind der Punkt, an dem Kinder die meisten Fehler machen – insbesondere, wenn sie in Verbindung mit der Zahl Null auftauchen.

Überträge – wohin mit den kleinen Zahlen?

Das schriftliche Malnehmen unterscheidet sich von dem halbschriftlichen durch das ziffernweise Rechnen: Beim halbschriftlichen Multiplizieren nehmen wir alle Stellen der beiden Zahlen miteinander mal und schreiben die Teilergebnisse samt ihren vielen Nullen auf. Nun, beim schriftlichen Verfahren, zerlegen wir die Zahlen der Rechnung in die Ziffern von null bis neun und multiplizieren diese von rechts nach links gehend. Wenn wir dabei ein Zwischenergebnis größer als neun erhalten, bekommen wir einen Übertrag, den wir mit dem folgenden Teilprodukt verrechnen müssen.

Dieser Punkt, das Rechnen mit Überträgen, ist für Kinder das große Problem und die Hauptquelle für Fehler. Üben Sie mit Ihrem Kind daher das Arbeiten mit Überträgen zuerst an Aufgaben, bei denen ein mehrstelliger Multiplikand mit einem einstelligen Multiplikator malgenommen wird, so dass nur *ein* Zwischenergebnis entsteht. So wie in diesem Beispiel:

$$354 \times 4$$

Lassen Sie uns wiederholen, wie wir diese Rechnung mit halbschriftlichen Methoden lösen können. Mit dem Malkreuz führt man folgende drei Teilrechnungen aus:

$$
\begin{array}{c|c|c|c}
 & 300 & 50 & 4 \\
\hline
4 & 1200 & 200 & 16 \\
\end{array}
$$

$$1200 + 200 + 16 = 1416$$

Als Rechnung durch schrittweises Malnehmen sieht das Ganze so aus:

$$
\begin{array}{rcl}
354 \times 4 & & \\
\hline
300 \times 4 & = & 1200 \\
50 \times 4 & = & 200 \\
4 \times 4 & = & 16 \\
\hline
& & 1416
\end{array}
$$

Um schriftlich zu multiplizieren, müssen wir diese drei Teil-rechnungen zu einer einzigen zusammenfügen. Dazu zerlegen wir die 354 in ihre drei Ziffern und nehmen diese mit der Vier mal, wobei wir rechts beginnen. Als erstes Teilprodukt erhalten wir 16. Dabei können wir vielleicht Folgendes zu uns selbst sprechen:

»Vier mal vier ist 16, sechs hin, eins im Sinn.«

$$
\begin{array}{l}
354 \times 4 \\
\hline
6 \quad \textit{Übertrag im Sinn: 1}
\end{array}
$$

»Fünf mal vier ist 20, zur Null die Eins im Sinn addieren, eins hin, zwei im Sinn.«

$$
\begin{array}{l}
354 \times 4 \\
\hline
16 \quad \textit{Übertrag im Sinn: 2}
\end{array}
$$

»Drei mal vier ist zwölf, zur Zwei den Übertrag zwei dazu, also vier hin. Nun folgt keine weitere Rechnung mehr, also schreibe ich auch die Eins auf.«

$$
\begin{array}{l}
354 \times 4 \\
\hline
1416 \quad \textit{Übertrag im Sinn: nichts}
\end{array}
$$

Die Herausforderung für Kinder ist, sich eine Zahl zu merken und gleichzeitig eine Rechnung auszuführen. Doch ein Fingertrick kann dabei helfen.

Die Finger als Gedankenstütze

Es fällt Kindern schwer, sich beim schriftlichen Malnehmen die Überträge zu merken. Wenn sie in der dritten Klasse addierten und subtrahierten, schrieben sie sich diese als kleine Zahlen unter die Rechnung. Doch beim Malnehmen sollten sie dies besser nicht tun: Es entstehen zu viele Überträge, und es besteht die Gefahr, dass sie die der Teilprodukte mit jenen der schriftlichen Addition verwechseln, die sie am Schluss ausführen müssen.

Was tun? Die Kinder können die Überträge mit der linken Hand protokollieren, während sie mit der rechten schreiben. Das stellt sie vor keine Probleme, wenn die Überträge kleiner als fünf sind. Bei größeren hilft die »Kraft der Fünf«: Zahlen bis fünf zeigen sie wie gewohnt mit der linken Hand. Auch höhere Zahlen zeigen sie mit nur dieser Hand. Dabei halten Sie die Finger nicht mehr hoch, sondern legen sie auf die Tischkante. Hingelegt werden aber nur jene, welche an der zweiten Hand die Teilsummen nach der Fünf anzeigen würden. Ein Daumen auf der Tischkante zeigt somit eine Sechs, Daumen und Zeigefinger eine Sieben – und so weiter. Mit der rechten Hand können sie weiter schreiben.

Endnullen und die verschobene Schreibweise

Beim schriftlichen Malnehmen kämpfen Kinder oft mit der Art, wie sie Teilergebnisse versetzt aufschreiben müssen, um sie am Schluss korrekt miteinander addieren zu können. Bringen Sie Ihrem Kind daher am Anfang bei, die leeren Stellen, welche durch die verschobene Schreibweise entstehen, mit Nullen aufzufüllen. Natürlich muss es verstehen, wo diese herkommen. Nimmt man eine Zahl mal zehn, wird aus jedem Einer ein Zehner, aus Zehnern Hunderter und aus Hundertern Tausender. Dies können Kinder nachvollziehen, wenn sie eine Zahl mit zehn durch das schrittweise Rechnen multiplizieren.

$$354 \times 10$$

4 0	*Aus dem Einer wird ein Zehner …*
5 0 0	*Aus dem Zehner wird ein Hunderter …*
3 0 0 0	*Aus dem Hunderter wird ein Tausender.*
3 5 4 0	

Diese halbschriftliche Rechnung lässt sich zu dieser schriftlichen verkürzen:

$$354 \times 10$$
$$\overline{3540}$$

Erwachsene sagen Kindern oft, dass man »eine Null anhängt«, wenn man eine Zahl mal zehn nimmt. Sie sollten mit dieser Formulierung aber vorsichtig sein: Sie weckt die Vorstellung, dass Zahlen durch Malnehmen mit der Zehn »nach rechts wachsen«. Dies kann zu Problemen führen, wenn die Kinder später mit Dezimalbrüchen arbeiten. Multipliziert man eine Zahl mit zehn, rutschen ihre Stellen nach links – die Einer zu den Zehnern, die zu den Hundertern und so weiter. Die Einerstelle wird frei und mit einer Null gefüllt – die Zahl wächst also nach links, nicht nach rechts!

Endnullen sollen immer mit aufgeschrieben werden – auch wenn ein ganzes Teilergebnis nur aus Nullen besteht wie hier:

$$345 \times 102$$

3 4 5 0 0	
0 0 0 0	
6 9 0	
3 5 1 9 0	

Stolpersteine

Falsche Nutzung der Stellen Das schriftliche Multiplizieren ist ein komplexes Verfahren und bietet Kindern daher viele Möglichkeiten, um Fehler zu machen. Die Schreibweise, die dem schriftlichen Addieren ähnelt, kann dazu führen, dass Kinder die beiden Verfahren verwechseln, wie in diesem Fall:

$$
\begin{array}{r}
36 \times 24 \\
\hline
600 \\
24 \\
\hline
624
\end{array}
$$

Hier multiplizierte ein Kind Einer mit Einern und Zehner mit Zehnern, wie es dies von der schriftlichen Addition gewohnt war. Im Prinzip hat es nichts falsch gemacht – doch zwei Zwischenrechnungen vergessen: Es hätte auch die Einer mit den Zehnern und andersrum multiplizieren müssen. So wäre die Rechnung richtig gewesen:

$$
\begin{array}{r}
36 \times 24 \\
\hline
72 \\
144 \\
\hline
864
\end{array}
$$

Fehler mit der Null Auch in der vierten Klasse ist die Null für Kinder noch ein ständiger Störenfried. Immer noch treten beim Malnehmen Fehler wie 0 x 5 = 5 auf. Besonders in Verbindung mit Überträgen kann sie Kinder verwirren. Wenn als Teilergebnis ein Vielfaches von zehn wie 20 entsteht, kann es sein, dass Kinder die Ziffer des Zehners, nicht die des Einers – die Null – notieren.

Überträge Der häufigste Fehler bei Überträgen ist, sie schlicht zu vergessen. Der zweithäufigste Fehler ist falsches Aufschreiben: Bei diesem Beispiel wusste ein Kind nicht, wo es die Überträge hinschreiben sollte – es fügte sie als zusätzliche Ziffern in die Teilergebnisse ein. Beachten Sie die Eins in der oberen Teilergebnis-Zeile und die überzählige Zwei in der unteren Zeile:

$$
\begin{array}{r}
36 \times 24 \\
\hline
612 \\
1224 \\
\hline
7344
\end{array}
$$

Falsche Anordnung der Teilergebnisse Die versetzte Darstellung von Teilprodukten führt häufig zu Fehlern. Bei diesem Beispiel notierte ein Kind die Zwischenergebnisse nicht verschoben, sondern am rechten Rand ausgerichtet. Das führte dann beim Addieren zu einer falschen Summe. Die 72 hätte eigentlich eine Stelle nach links eingerückt werden müssen.

$$
\begin{array}{r}
36 \times 24 \\
\hline
72 \\
144 \\
\hline
216
\end{array}
$$

Zum Erforschen: Andere Multiplikationsverfahren

Wenn Ihr Kind sicher schriftlich multiplizieren kann, macht es ihm vielleicht Spaß kennenzulernen, wie Kinder in anderen Ländern mit Stift und Papier multiplizieren. Auch wenn diese Verfahren sich auf den ersten Blick sehr von unserem unterscheiden, so werden sie schnell feststellen, dass sie nach den gleichen Prinzipien funktionieren.

Napiersche Streifen Diese Methode ist nach dem schottischen Mathematiker John Napier benannt, der im 16. Jahrhundert lebte. Doch er war nicht derjenige, der sie entdeckte. Zum ersten Mal wurde sie im Indien des 10. Jahrhunderts dokumentiert. In Europa wurde sie im 14. Jahrhundert vom italienischen Mathematiker Fibonacci beschrieben. Kinder mögen dieses Verfahren sehr, weil es das Rechnen mit Übertragen sehr einfach macht.

Zeichnen Sie zuerst eine Tabelle, die so viele Spalten hat wie der Multiplikand Stellen und so viele Zeilen, wie der Multiplikator Stellen. Wenn wir also eine dreistellige Zahl mit einer zweistelligen malnehmen, müssen wir eine Tabelle mit drei Spalten und zwei Zeilen zeichnen. Schreiben Sie die zu multiplizierenden Zahlen oberhalb und rechts der Tabelle. Ziehen Sie durch jedes entstandene Kästchen eine Diagonale von links unten nach rechts oben. Wenn wir zum Beispiel 453 mit 24 malnehmen, müsste das Ganze so aussehen:

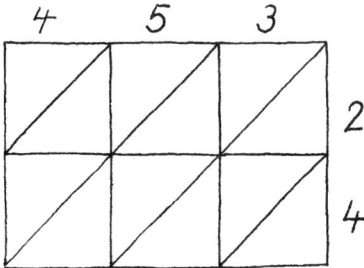

Sie können jetzt anfangen, jede Stelle des Multiplikanden mit jeder des Multiplikators zu multiplizieren. Die Reihenfolge, in der Sie vorgehen, ist dabei egal. Schreiben Sie nach jeder Berechnung das Ergebnis in die rechte/untere Hälfte des Kästchens. Wenn ein Übertrag entsteht – das Ergebnis also größer als neun ist –, schreiben Sie diesen in die linke/obere Hälfte. Nehmen wir also drei mit zwei mal, dann schreiben wir sechs in die rechte/untere Hälfte und 0 in die linke/obere. Wenn wir vier mit vier malnehmen, schreiben wir sechs in die rechte/untere und eins in die linke/obere.

Nun müssen wir die Zwischenergebnisse addieren. Jetzt kommt der Clou: Wir addieren nicht die Zahlen, die untereinander in den Spalten der Tabelle stehen, miteinander, sondern jene, die sich zusammen in einem der diagonal verlaufenden Balken befinden. In der Darstellung unten haben wir einige diese Balken grau abgesetzt, um die einzelnen hervorzuheben.

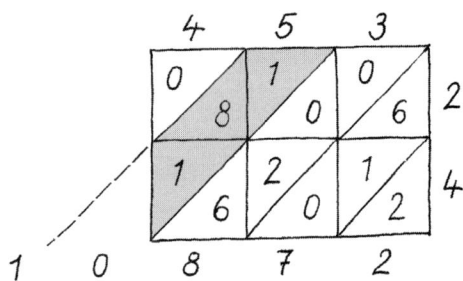

Die Ergebnisse schreiben wir an den Fuß der jeweiligen diagonalen Balken. Wenn beim Addieren der Zwischenergebnisse zweistellige Zahlen entstanden sind, müssen wir diese Überträge verrechnen – im Beispiel oben entsteht in der linken äußeren Spalte (1 + 8 + 1) der Übertrag eins, der in die weiter links liegende Spalte geschrieben wird. Das Ergebnis ist also 10 872. Sehen Sie, wie diese Methode elegant das ewige Problem mit den Überträgen löst?

Das japanische Verfahren Greifen Sie zu den Buntstiften – jetzt kommt das japanische Verfahren! Es ist besonders verblüffend, da hier mehr gezeichnet als gerechnet wird. Wir nehmen die Aufgabe 24 x 13 als Beispiel. Schreiben Sie die erste Zahl auf ein Stück Papier und lassen Sie dabei großzügig Abstand zwischen den beiden Stellen. Wir stellen nun die Zehner und Einer als lange Striche dar, die wir von oben nach unten verlaufend unter die Zahlen schreiben. Wenn Sie Buntstifte haben, nutzen Sie unterschiedliche Farben.

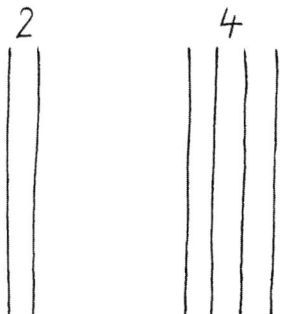

Schreiben Sie die Ziffern des Multiplikators untereinander rechts neben diese Darstellung. Zehner und Einer stellen wir diesmal als horizontal verlaufende Linien dar, welche die vertikal verlaufenden kreuzen.

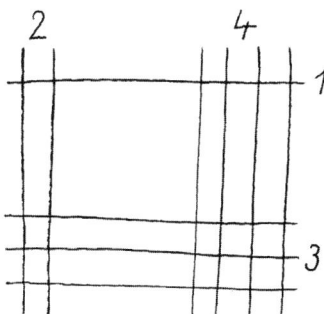

Wie Sie sehen, entstehen vier Zonen, in denen sich die Linien kreuzen. Zum Ergebnis gelangen wir, indem wir diese Kreuzungspunkte zählen. Dann fügen wir – ganz wie bei den Napierschen Streifen – diagonale Linien zwischen den Zonen ein und addieren die Summen aus den Kreuzungspunkten in diagonaler Richtung.

Zwei Hunderter, sechs und vier Zehner und zwölf Einer: Diese

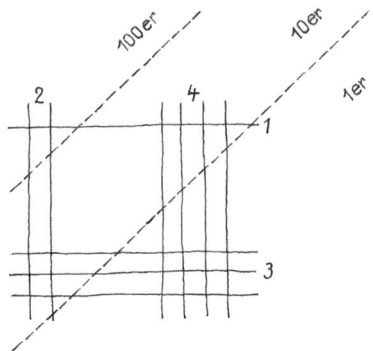

Teilergebnisse kann man nun in einer separaten schriftlichen Addition zusammenfassen. Ergebnis: 312.

Verwirrt? Wenn wir in die vier Kreuzungs-Zonen hineinschreiben, welche Mengen durch die Punkte dargestellt werden, wird klar, dass wir es hier mit nichts anderem zu tun haben als unserer die Malkreuz-Methode der schriftlichen Multiplikation – nur eben in einem asiatischen Gewand.

Zum Erforschen:
Primzahlen-Jagd auf der Hunderter-Tafel

In der dritten Klasse haben wir bei einem Forschungsauftrag Zahlen auf der Hunderter-Tafel farbig markiert, die durch bestimmte andere Zahlen geteilt werden konnten. Manche wurden dabei nie angestrichen. Elf zum Beispiel. Oder 29. Diese Zahlen sind Primzahlen – Zahlen, die nur durch eins oder sich selbst geteilt werden können.

Wie könnte man alle Primzahlen auf der Hunderter-Tafel finden? Der offensichtliche Weg wäre, bei jeder einzelnen Zahl auszuprobieren, ob sie durch andere geteilt werden kann. Auch mit einem Taschenrechner würde dies einen ganzen Tag dauern. Doch es gibt ein Verfahren, mit dem es in ein paar Minuten gemacht ist. Dieses nennt sich das »Sieb des Eratosthenes« und ist nach einem griechischen Mathematiker benannt. Es ist, als würde man alle Zahlen wie Spaghetti in ein Sieb werfen – die teilbaren Zahlen bleiben drin, die Primzahlen fallen durch. Hier eine Hunderter-Tafel, damit Sie und Ihr Kind der Beschreibung leichter folgen können:

1	2	3	4	5	6	7	8	9	10
11	12	13	14	15	16	17	18	19	20
21	22	23	24	25	26	27	28	29	30
31	32	33	34	35	36	37	38	39	40
41	42	43	44	45	46	47	48	49	50
51	52	53	54	55	56	57	58	59	60
61	62	63	64	65	66	67	68	69	70
71	72	73	74	75	76	77	78	79	80
81	82	83	84	85	86	87	88	89	90
91	92	93	94	95	96	97	98	99	100

- Es geht los! Die Eins ist nach Definition keine Primzahl, daher streichen wir sie durch.
- Wir wissen, dass die Zwei nur durch eins und sich selbst geteilt werden kann. Sie ist also eine Primzahl. Daher markieren wir sie nicht – aber alle Zahlen, die durch zwei geteilt werden können. Fast die Hälfte der Zahlen ist somit schon gelöscht.
- Nun rücken wir ein Feld weiter, zur Drei. Die Drei kann nicht durch zwei geteilt werden, sondern nur durch eins und sich selbst. Wir lassen sie frei und streichen alle Zahlen, die durch drei teilbar sind.

- Die vier ist bereits durchgestrichen, weil sie durch zwei teilbar ist. Weiter zur Fünf.
- Fünf kann nicht durch zwei, drei oder vier geteilt werden – sie ist eine Primzahl. Wir lassen sie frei und streichen alle Zahlen der Fünfer-Reihe.
- Die Sechs ist durchgestrichen.
- Die Sieben ist die nächste nicht durchgestrichene Zahl. Wir wissen daher, dass sie eine Primzahl ist. Alle Zahlen der Siebener-Reihe, die noch unmarkiert sind, werden nun gestrichen.
- Acht, neun und zehn sind durchgestrichen … und wir sind fertig! Alle Zahlen, die jetzt noch nicht gestrichen wurden, müssen Primzahlen sein.

1	2	3	4	5	6	7	8	9	10
11	12	13	14	15	16	17	18	19	20
21	22	23	24	25	26	27	28	29	30
31	32	33	34	35	36	37	38	39	40
41	42	43	44	45	46	47	48	49	50
51	52	53	54	55	56	57	58	59	60
61	62	63	64	65	66	67	68	69	70
71	72	73	74	75	76	77	78	79	80
81	82	83	84	85	86	87	88	89	90
91	92	93	94	95	96	97	98	99	100

Hier ist der Grund, warum wir bereits bei der Zahl Zehn aufhören können: Die nächste teilbare Zahl müsste das Produkt einer Malaufgabe sein, die aus zwei Zahlen besteht, die beide größer als Zehn sind. Da 10 x 10 Hundert ergibt, wissen wir, dass es auf unserer Tafel keine weiteren teilbaren Zahlen mehr geben kann. Haben wir bisher mit der Hunderter-Tafel gearbeitet, ergaben sich immer Muster. Doch wenn Sie und Ihr Kind die Verteilung der Primzahlen betrachten, werden Sie feststellen, dass sie keines ergeben – nicht immer ist in der Mathematik alles regelmäßig!

Zum Knobeln: Die geniale Entdeckung des kleinen Gauß

Die wohl bekannteste Anekdote der Mathematik handelt von der Jugend von Carl Friedrich Gauß – jenem deutschen Mathematiker, der einst auf dem Zehnmarkschein abgebildet war und der in Daniel Kehlmanns Buch *Die Vermessung der Welt* porträtiert wurde. Der Geschichte nach hatte Gauß als Kind in Braunschweig einen Lehrer namens Büttner, dessen Methoden selbst für die Verhältnisse des achtzehnten Jahrhunderts als mittelalterlich galten: Er pflegte mit einer kurzen Lederpeitsche, der »Karwatsche«, in den Händen zwischen den Bänken auf und ab zu laufen, während die Schüler über Matheaufgaben schwitzten. An diesem Tag hatte er sich eine besonders grausame ausgedacht: Sie sollten alle Zahlen von eins bis hundert in einer großen Addition zusammenfügen: 1 + 2 + 3 + 4 + … und so weiter. Der Lehrer ging wohl davon aus, dass seine Schüler für den Tag beschäftigt wären und er seine Ruhe hätte. Doch kaum hatte er die Aufgabe ausgesprochen, stand ein unscheinbarer Junge auf, legte seine Tafel mit der Lösung auf das Pult und sagte im Braunschweiger Dialekt: »Ligget se!« Da liegt sie! Der Junge war Gauß. Diese Geschichte ist unter Mathematikern deshalb so beliebt, weil sie zeigt, worum es in der Mathematik geht – das Entdecken von Regelmäßigkeiten. Manchmal steht man vor scheinbar langwierigen, komplizierten und hirnerweichenden Aufgaben. Doch wenn man sich etwas mit ihnen beschäftigt, entdeckt man ein Muster, das die Lösung ganz einfach werden lässt.

Was war die Regelmäßigkeit, die Gauß entdeckt hatte?

Ein Hinweis: Schreiben Sie die Addition einmal von den kleineren zu den größeren Zahlen hin auf (1 + 2 + 3 ...) und dann genau darunter noch einmal in umgekehrter Richtung (100 + 99 + 98 + ...) Sie müssen dabei nicht alle Zahlen aufschreiben – die ersten drei bis vier reichen, um eine Regelmäßigkeit zu entdecken. Wichtig ist allerdings, dass sie genau untereinander geschrieben sind.

$$100 + 99 + 98 + 97 + \ldots$$
$$1 + 2 + 3 + 4 + \ldots$$

Betrachten Sie die übereinanderstehenden Zahlen. Was fällt Ihnen auf? Wie könnte man diese Aufgabe in Sekunden lösen? (Die Auflösung finden Sie auf S. 333.)

Nur scheinbar ungefährlich: Rechnen mit Nullen

Beim schriftlichen Multiplizieren stoßen Kinder ständig auf Zahlen, die auf Nullen enden, und müssen diese miteinander malnehmen. Das Rechnen mit ihnen ist an sich nicht schwer. Aber diese Einfachheit kann zum Problem werden. Weil es so leicht ist, weckt es ein falsches Gefühl der Sicherheit. Kinder können daher Probleme beim Kalkulieren mit Nullen bekommen, wenn sie »Nullen an- und abhängen« als unverstandenes Rezept lernen.

Die Formulierung des »Abhängens« von Nullen beim Teilen weckt bei Kindern die Vorstellung, dass dabei alle Ziffern an ihren Stellen bleiben, während am rechten Ende der Zahl die Null weggestrichen wird. Tatsächlich aber haben wir die Zahl durch zehn geteilt, wodurch die Ziffern um eine Stelle nach rechts rutschten. Was vorher die Zehner waren, sind jetzt die Einer. Die Endnull verschwindet. Umgekehrt rutschen die Ziffern eine Position nach links, wenn wir die Zahl mal zehn nehmen – und eine Null erscheint an der freien Einer-Stelle. Reden Sie mit Ihrem Kind darüber, wie Ziffern in ihren Stellen hin- und herwandern, wenn man

Zahlen mit zehn oder Potenzen von zehn wie hundert oder tausend multipliziert oder durch sie dividiert. Zeigen Sie ihm diese Vorgänge auf der Stellenwerttafel.

Sprechen Sie mit ihm auch darüber, dass es Nullen unterschiedlich behandeln muss, wenn es verschiedene Grundrechenarten nutzt. Beim Addieren oder Subtrahieren zum Beispiel kann man Aufgaben vereinfachen, indem man beide Summanden – wenn es eine Addition ist – durch zehn teilt und die Nullen am Ende so verschwinden lässt. 160 + 140 lässt sich einfacher rechnen, wenn man es in 16 + 14 = 30 umwandelt. Dann muss Ihr Kind das Ergebnis allerdings wieder mal zehn nehmen: 300. Entscheidend ist, dass beim Addieren und Subtrahieren beide Zahlen der Rechnung durch die gleiche Potenz von zehn geteilt werden müssen, und dass das Ergebnis wieder mit dieser Potenz malgenommen werden muss. Beim Multiplizieren ist dies anders: Hier darf man die beiden Teile der Rechnung durch unterschiedliche Potenzen von zehn teilen. Die Aufgabe 30 x 200 kann man also durch 30 : 10 und 200 : 100 in 3 x 2 = 6 umwandeln. Danach muss das Ergebnis mit dem Produkt der zuvor »weggekürzten« Potenzen malgenommen werden: 6 x 10 x 100 = 6000. Daher: 30 x 200 = 6000. Es hilft Kindern, die Gesetzmäßigkeiten dahinter zu verstehen, wenn sie sich klarmachen, dass 30 x 200 das Gleiche ergibt wie 3 x 2000 oder 300 x 20 oder 3000 x 2.

Die schriftliche Division

Müssen Kinder noch schriftliches Dividieren lernen?

Dies ist eine Frage, über die Pädagogen, Eltern und Lehrer hitzig diskutieren. Wenn Sie mich als Schüler in den achtziger Jahren gefragt hätten, wäre ich um eine Antwort nicht verlegen gewesen. Bekam ich ein Matheheft voller Divisions-Zahlentreppchen zurück, die mit roten Anmerkungen dekoriert waren, maulte ich: »Warum müssen wir das lernen, wenn es doch Taschenrechner gibt?« Die Lehrer entgegneten: »Und was machst du, wenn die Batterien alle sind?« Diskussion beendet.

Heute kann sich kein Lehrer mehr dieser Debatte entziehen. Bis in die neunziger Jahre hinein galt die schriftliche Division als Höhepunkt und Endziel des Mathematikunterrichts an Grundschulen. Doch diese Situation hat sich verändert: Unsere Kinder wachsen umgeben von digitalen Rechenhilfen auf und werden in ihrem Leben kaum in die Situation kommen, einmal eine komplexe Division auf Papier ausführen zu müssen.

Zwar steht die schriftliche Division auf den Lehrplänen aller Bundesländer, meist vorgesehen für die zweite Hälfte der vierten Klasse. Doch hinter den Kulissen führen Bildungsexperten eine hitzige Debatte um ihre Berechtigung. Ihre Gegner sind der Ansicht, dass man die Unterrichtszeit, die auf sie verwendet wird, besser für Verfahren aufwenden solle, die mehr praktischen Nutzen bieten. Die Befürworter denken, dass sie zur Allgemeinbildung gehöre und wichtiges Hintergrundwissen vermittle. Einig sind sich beide Parteien jedoch in einem Punkt: Nützlich für den Alltag ist sie nicht.

Man muss sagen, die Zukunft sieht nicht gut aus für das Treppchenverfahren. In den 2004 von der Kultusministerkonferenz beschlossenen Bildungsstandards für die Grundschule wird es mit keinem Wort erwähnt. Auch in den Lehrplänen der Bundesländer wird meist nur ein »Verständnis« verlangt, aber keineswegs »sichere Ausführung«. Kinder lernen in der Grundschule meist nur noch das schriftliche Dividieren mit einem einstelligen Divisor und das Teilen mit einem Vielfachen von zehn als einzigem zweistelligen Divisor. Für solche einfachen Operationen bietet das komplexe Treppchenverfahren allerdings keine Vorteile mehr. Es gibt halbschriftliche Verfahren, die weniger Fehler produzieren.

Dies gibt einen weltweiten Trend wieder: In allen westlichen Ländern wurde die Bedeutung der schriftlichen Division nach dem Treppchenverfahren stark herabgestuft. Als eines der ersten Länder hat Australien die »long division« von den Lehrplänen gestrichen. Übrigens ein Land, das bei den Pisa-Tests sehr gut abgeschnitten hat.

Wenn Sie in das Matheheft Ihres Kindes blicken, werden Sie feststellen, dass stattdessen heute mehr Wert auf halbschriftliche Verfahren gelegt wird. Diese halbschriftlichen Methoden sollen eine Grundlage für das schriftliche Dividieren bilden.

Dividieren mit dem Treppchenverfahren – wie ging das noch mal?

Für den Fall, dass Sie (wie ich) seit dem Ende Ihrer Schulzeit keine schriftliche Division durchgeführt haben – hier eine Wiederholung. Nehmen wir diese Aufgabe als Beispiel:

$$753 : 3 =$$

Wir beginnen mit dem Rechnen bei der ersten Ziffer des Dividenden, also der Zahl, die geteilt wird. Zuerst überlegen wir uns, wie oft der Divisor, die teilende Zahl, in diese Ziffer hineinpassen wird, und notieren dieses Ergebnis (hier 2) hinter dem Gleichheitszeichen. Dann bestimmen wir den Rest, indem wir das Teilergebnis (2) mit dem Divisor malnehmen (hier also 2 x 3), dieses Produkt (hier 6) unter der ersten Ziffer des Dividenden notieren und durch eine schriftliche Subtraktion abziehen (hier also 7 - 6). Der Rest ist hier eins.

$$753 : 3 = 2$$
$$\underline{6}$$
$$1$$

Nun holen wir die zweite Ziffer des Dividenden herunter und fügen sie an den Rest der ersten Teilrechnung an. So erhalten wir 15. Wir überlegen uns, wie oft die Drei in die 15 hineinpasst – fünfmal. Die Fünf schreiben wir hinter die Zwei auf der Ergebnisseite. Der Rest ist null – das notieren wir unten in dem Treppchen.

```
7 5 3 : 3 = 2 5 1
6
―――
1 5
1 5
―――
0 0 3
      3
    ―――
      0
```

Wir holen jetzt die letzte Ziffer des Dividenden (3) herunter und fügen sie an unseren Rest, die Null, an. So erhalten wir wieder drei. Die Drei ist offensichtlich einmal in drei enthalten. Daher notieren wir eine Eins als letzte Ziffer des Ergebnisses. Die Rechnung ist beendet, wenn die letzte Ziffer des Dividenden heruntergeholt wurde.

Der Gedankenstrom hört sich dabei etwa so an: »Die Drei ist in der Sieben zweimal enthalten.« Dann schreibt man zwei hinter das Gleichheitszeichen und berechnet den Rest. »Sieben minus sechs ist eins, fünf runterholen macht 15. Die Drei ist in 15 fünfmal enthalten.« Man schreibt fünf hinter das Gleichheitszeichen. »Drei mal fünf ist 15, 15 minus 15 ist null; drei runterholen macht drei, und drei durch drei ist eins.«

Wenn wir null als letzten »Rest« erhalten, ist der Dividend durch den Divisor teilbar. Ist dies nicht der Fall, ist der Rest der letzten Teilrechnung gleichzeitig der Rest der gesamten Division – wie in der folgenden Rechnung:

```
7 5 5 : 3 = 2 5 1   Rest 2
6
―――
1 5
1 5
―――
  0 5
  0 3
  ―――
    2
```

Kindern das Treppchenverfahren erklären

Das schriftliche Dividieren nach der gestaffelten Schreibweise ist ein komplexes und recht abstraktes Verfahren und daher Kindern schwer zu erklären. Erinnern Sie sich daran, wie wir im Kapitel zur dritten Klasse das Subtrahieren mit dem Abziehverfahren durch Endbündeln mit Geld veranschaulicht haben? Da auch beim schriftlichen Dividieren Endbündeln genutzt wird – wenn auch auf eine andere Art –, sind Münzen und Scheine der beste Weg, um die Methode zu verdeutlichen.

Hier eine Beispielaufgabe: Drei Geschwister haben bei einem Straßenfest Waffeln und Kaffee verkauft und dabei 771 Euro eingenommen. Wie viel Geld bekommt jeder von ihnen, wenn sie es gerecht durch drei teilen? Hier sind ihre Einnahmen:

- Sieben Hundert-Euro-Scheine
- Sieben Zehn-Euro-Scheine
- Eine Ein-Euro-Münze.

Ihr Kind wird vielleicht anmerken, dass diese Aufteilung völlig unrealistisch ist. Nach einem Straßenfest haben Kinder wahrscheinlich ein Glas gefüllt mit verschiedenen Münzen und 5-, 10-, 20-Euro Scheinen auf ihrem Tisch stehen. Aber wir müssen uns an die Vorgaben unseres dezimalen Zahlensystems halten. Wir schreiben dies jetzt in einer Stellenwerttafel auf Karopapier auf. H steht für »Hundert-Euro-Scheine«, Z für »Zehn-Euro-Scheine« und E für »Ein-Euro-Münzen«.

$$
\begin{array}{ccc}
H & Z & E \\
7 & 7 & 1 : 3 =
\end{array}
$$

Zuerst würden die drei Geschwister die Hundert-Euro-Scheine unter sich aufteilen. Jeder bekäme zwei Scheine. Das sind sechs Hundert-Euro-Scheine, also zusammen 600 Euro, die nun unter den Brüdern und Schwestern zu vergeben wären. Diese werden als sechs in der Hunderter-Spalte unter der ersten Stelle des Dividenden dargestellt. Wir ziehen die sechs Hunderter von den sieben Hundertern ab – übrig bleibt ein Hundert-Euro-Schein, den wir als eins in der Hunderter-Spalte notieren.

H Z E
7 7 1 : 3 = 2   *Jedes Kind hat zwei Hunderter.*
6
—
1   *Ein 100-Euro-Schein ist übrig.*

Bleiben ein Hundert-Euro-Schein, sieben Zehn-Euro-Scheine und die Münze. Was macht man mit dem Hunderter? Die Geschwister tauschen ihn bei den Eltern in zehn Zehn-Euro-Scheine um. Wir haben somit übrig:

- 17 Zehn-Euro-Scheine
- Eine Ein-Euro-Münze

H Z E
7 7 1 : 3 = 2   *Jedes Kind hat zwei Hunderter.*
6
—
1 7   *Der Hunderter wurde umgetauscht. Wir holen die sieben Zehner von oben herunter und haben jetzt 17 Zehner zu verteilen.*

Nun würden die Geschwister die 17 Zehn-Euro-Scheine aufteilen. Jeder bekäme fünf. Somit wären nun weitere 150 Euro verteilt. Übrig bleiben.

- Zwei Zehn-Euro-Scheine
- Eine Ein-Euro-Münze

Was machen die Kinder mit den zwei Scheinen? Sie tauschen sie wieder um, diesmal in zwanzig Ein-Euro-Münzen. Somit haben wir nun 21 Ein-Euro-Münzen, und die lassen sich unter drei aufteilen.

```
  H Z E          H Z E
  7 7 1 : 3  =  2 5 7   Jedes Kind hat zwei Hunderter, fünf
  6                     Zehner und sieben Ein-Euro-Münzen.
 ———
  1 7
  1 5
 ———
    2 1
    2 1
   ———
    0 0
```

Jedes Kind hat also erhalten:

- Zwei Hundert-Euro-Scheine
- Fünf Zehn-Euro-Scheine
- Sieben Ein-Euro-Münzen

Das Ergebnis von 771 : 3 ist also 257. Am anschaulichsten wird es für Ihr Kind, wenn Sie tatsächlich kleine Geldscheine aus Papier schneiden und mit diesen die schriftliche Rechnung begleiten.

Fehltritte früh erkennen

Beim schriftlichen Dividieren müssen Kinder an mehreren Punkten überschlagen. Auch wenn sie das Verfahren verstanden haben, kann es daher passieren, dass sie sich verschätzen. Es ist daher wichtig, dass sie in der Lage sind, Anzeichen für eine fehlerhafte Rechnung sofort zu erkennen. Daher sollten Sie die Vorgänge mit Ihrem Kind durchgehen und auf Anzeichen hinweisen, die zeigen, dass sie sich verschätzt haben. Es ist ein Zeichen für die Komplexität dieser Methode, dass wir um einige mathematische Fachausdrücke nicht herumkommen. In Unterhaltungen mit Ihrem Kind sollten Sie diese vermeiden und stattdessen Beispiele und Skizzen verwenden.

- Dividend: die Zahl, die geteilt wird.
- Divisor: die Zahl, die teilt. Sie wird umgangssprachlich Teiler genannt, obwohl das nicht korrekt ist. Ein Teiler dividiert eine Zahl

ohne Rest. Ein Divisor dividiert eine Zahl manchmal auch mit Rest. Jeder Teiler ist ein Divisor, aber nicht jeder Divisor ein Teiler.

- Quotient: das Ergebnis.
- Teildividend: ein Stück der zu teilenden Zahl, das für einen Teilschritt des Dividierens ausgewählt wurde.
- Teilquotient: die Ziffer, die wir als Quotient eines Teildividenden erhalten.
- Teilprodukt: Wenn wir einen Teilquotienten bestimmt haben, multiplizieren wir diesen mit dem Divisor. Dieses Teilprodukt ziehen wir von dem Teildividenden ab, um den Übertrag festzustellen.

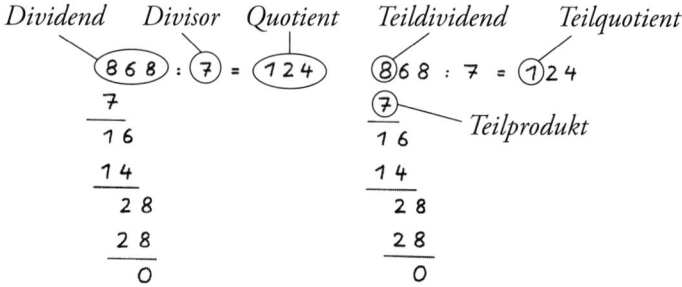

Erster Schritt: Teildividenden bestimmen

Als Erstes müssen Kinder einen Teildividenden wählen – sollen sie die erste Ziffer teilen oder die ersten beiden? Ist der Divisor kleiner als die erste Ziffer, reicht es, diese auszuwählen. Ist er allerdings größer, müssen sie die zweite dazuholen. Im Beispiel unten ist die erste Ziffer (1) als Teildividend zu klein – daher muss die zweite (5) hinzugeholt werden.

$$\textit{Teildividend} \quad\quad \overbrace{(1\ 5)}5\ 4\ :\ 7\ =\ 2\ 2\ 2$$
$$\underline{1\ 4}$$
$$1\ 5$$
$$\underline{1\ 4}$$
$$1\ 4$$
$$\underline{1\ 4}$$
$$0$$

Möglicher Fehler Sie erkennen nicht, dass der Divisor in die erste Ziffer des Dividenden passt, und nehmen die zweite Ziffer hinzu.
Anzeichen Als Teilquotienten erhalten sie eine zweistellige Zahl – das sollte nie vorkommen! Das falsche Ergebnis besitzt daher unter Umständen mehr Stellen als der Dividend.

Zweiter Schritt: Teilquotienten schätzen

Nachdem sie einen Teildividenden ausgewählt haben, müssen sie schätzen, wie oft der Divisor in diesen Teil passt. Diesen Teilquotienten schreiben sie als erste Ziffer des Ergebnisses hinter das

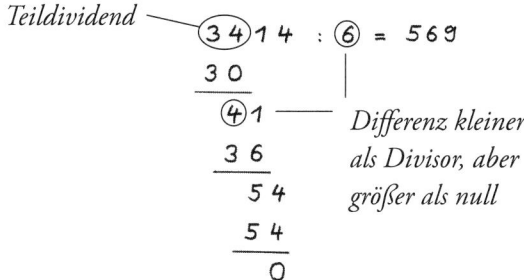

Gleichheitszeichen. Dabei kommt es vor, dass dieser zu hoch oder zu niedrig ausfällt. Ob sie den Teilquotienten falsch bestimmt haben, können sie erst erkennen, wenn sie ihn mit dem Divisor malnehmen, dieses Ergebnis unter den Teilquotienten schreiben und die Differenz bestimmen.

Erster möglicher Fehler Die Kinder haben den Teilquotienten zu niedrig ausgewählt.
Anzeichen Beim Abziehen des Teilprodukts bleibt eine Differenz, die größer ist als der Divisor – immer ein Zeichen für einen fehlerhaften Zwischenschritt!

$$3\ 4\ 1\ 4 : ⑥ = 4\,...$$
$$\underline{2\ 4}$$
$$⟨1\ 0⟩ ———— \textit{Differenz von 34 und 24 (10)}$$
$$\textit{größer als der Divisor (6)}$$

Zweiter möglicher Fehler Das Kind hat den Teilquotienten zu hoch ausgewählt.

Anzeichen Das Teilprodukt ist größer als der Teildividend. Beim Abziehen des Teilprodukts von Teildividenden müsste so eine negative Zahl entstehen. Oft erkennen Kinder diesen Fehler aber nicht. Stattdessen biegen sie die Minusaufgabe so zurecht, dass sie ein positives Ergebnis als Differenz erhalten.

$$3\ 4\ 1\ 4\ :\ 6\ =\ 6$$
$$\underline{3\ 6}$$
$$②\ —\ \textit{Hier müsste eigentlich}$$
$$…\qquad \textit{-2 stehen.}$$

Dritter Schritt: Die nächste Ziffer herunterholen und wiederholen

Die Kinder müssen dann die nächste Ziffer des Dividenden runterholen, einen neuen Teilquotienten bilden, durch den Divisor teilen und diesen Prozess wiederholen. Die Division ist beendet, wenn sie die letzte Ziffer des Dividenden heruntergeholt und ein Teilprodukt und eine Differenz bestimmt haben. Es gibt zwei mögliche Ausgänge: Als Übertrag des letzten Teilschritts erhalten sie null – die Rechnung geht auf. Oder sie erhalten einen Rest.

Ihr Kind sollte wissen, dass folgende Zeichen einen Fehler signalisieren.

• Das Ergebnis ist größer oder hat mehr Stellen als der Dividend.

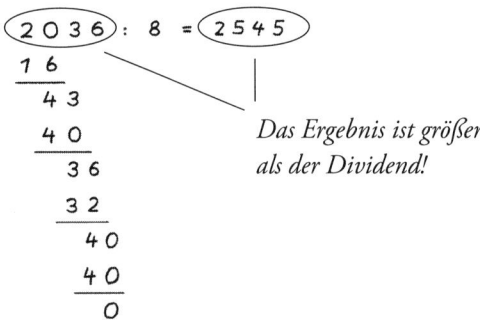

Das Ergebnis ist größer als der Dividend!

- Die Differenz eines Teilschritts ist größer als der Divisor – siehe Beispiel oben.
- Beim Teilen mit einstelligem Divisor, wie es in der Grundschule in der Regel gelernt wird, hat das Ergebnis entweder genauso viele Stellen wie der Dividend oder eine Stelle weniger. Hat das Ergebnis mehr als eine weniger als die geteilte Zahl, kann es nicht stimmen!

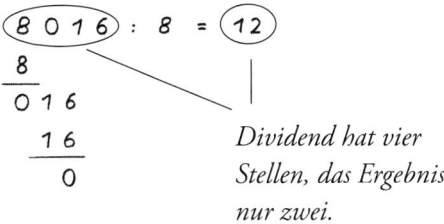

Dividend hat vier Stellen, das Ergebnis nur zwei.

Schwierige Fälle

Beim schriftlichen Dividieren wird Ihr Kind vielleicht auf einige Situationen stoßen, die es verwirren können. Reden Sie mit ihm über diese Sonderfälle und halten Sie einige (Spiel-)Geldscheine bereit, um die Vorgänge zu veranschaulichen.

Erster schwieriger Fall:
Die erste Ziffer kann nicht geteilt werden

Was ist, wenn die erste Ziffer nicht durch den Divisor geteilt werden kann, weil sie zu klein ist, wie in diesem Beispiel?

$$2\ 3\ 1\ :\ 3$$

Was jetzt? Erinnern Sie Ihr Kind an die Geschwister beim Straßenfest. Was würden die machen, wenn sie zwei Hundert-Euro-Scheine zu teilen hätten? Na klar, sie tauschten sie bei ihren Eltern in zwanzig Zehn-Euro-Scheine um. Somit bekäme jedes Kind null Hunderter, sieben Zehner und sieben Einer.

```
H Z E          H Z E
2 3 1 : 3  =  0 7 7
0
___
2 3
2 1
  2 1
  2 1
  ___
    0
```

Hier wurden die zwei Hunderter in 20 Zehner umgetauscht und die drei Zehner von oben dazugeholt. Natürlich kann man das Dividieren der Null auch überspringen und die zweite Ziffer »herunterholen«.

Es hilft Kindern aber am Anfang, Fehler zu vermeiden, wenn sie das Dividieren mit null als Ergebnis ausschreiben.

```
H Z E            Z E
2 3 1 : 3  =    7 7
2 1
___
  2 1
  2 1
  ___
  0 0
```

Zweiter schwieriger Fall: Kein Rest bei einer Teilrechnung

Was passiert aber, wenn bei einer Zwischenrechnung null als Rest herauskommt und auch die von oben heruntergeholte folgende Ziffer zu klein ist, um geteilt zu werden – wie in diesem Beispiel?

```
3 2 7 : 3  =  1
3
___
0
```

Was würden die Kinder beim Straßenfest machen? Sie würden die zwei Zehner in 20 Einer umtauschen und die restlichen sieben Einer dazuholen.

```
H Z E
3 2 7 : 3 = 1 0 9
3
___
0 2
  0
  ___
  2 7
```

Hier wurden zwei Zehner in Einer umgetauscht und sieben Einer von oben dazugeholt. Da wir keinen Zehner geteilt haben, muss als Teilergebnis eine Null notiert werden.

Dritter schwieriger Fall: Null in der zu teilenden Zahl

Es verwirrt Kinder manchmal, wenn der Dividend eine Null enthält. Sollen sie die Null überspringen und die Zwei herunterholen?

```
H Z E        H
7 0 2 : 3 = 2
6
___
1
```

Was würden die Kinder beim Straßenfest tun? Sie würden den übrig gebliebenen Hunderter in zehn Zehner umtauschen, und da es keinen weiteren Zehner gibt, diese unter sich aufteilen.

```
H Z E        H Z E
7 0 2 : 3 = 2 3 4
6
___
1 0
  9
  ___
  1 2
  1 2
  ___
    0
```

Der Hunderter wurde in zehn Zehner umgetauscht, es gab keinen weiteren Zehner zum Dazuholen.

Stolpersteine

Fehler beim Multiplizieren Überraschenderweise machen Kinder die meisten Fehler beim Multiplizieren. Wenn sie einen Teilquotienten bestimmt haben, müssen sie diesen danach mit dem Divisor malnehmen, um ein Teilprodukt zu erhalten.

```
4 0 4 2 : 6 = 6 7 5  Rest 2
3 6
─────
  4 4
  4 1   Hier wurde das Teilprodukt falsch berechnet.
  ───
    3 2
    3 0
    ───
      2
```

Hier berechnet ein Kind das Teilprodukt der zweiten Zwischen-rechnung um eins zu niedrig – wahrscheinlich durch einen Ab-zählfehler.

Teildividenden falsch bestimmen Oft fällt es Kindern schwer, die zu teilende Zahl in die richtigen Teildividenden zu zerlegen. Häufig erkennen sie am Anfang der Rechnung nicht, dass sich die erste Ziffer durch den Divisor teilen lässt. Daher holen sie noch eine zweite herunter und erhalten ein falsches zweistelliges Teilergebnis. Manchmal schreiben sie beim Er-stellen des »Treppchens« Zahlen nicht sauber und stellengerecht und geraten daher beim »Herunterholen« von Ziffern der zu teilenden Zahl durcheinander.

Teilquotient zu groß oder zu klein Der erste Schritt jeder Teilrechnung besteht darin zu überschlagen, wie oft der Divisor in den Teildividenden passt. Natürlich kommt es häufig vor, dass Kinder sich dabei verschätzen. Doch spätestens, wenn sie den Überschlag der Teilrechnung bestimmt haben, sollte ihnen der Fehler auffallen: War ihr Teilquotient zu groß, können sie keinen Übertrag ausrechnen – sie würden eine negative Zahl erhalten. War er zu klein, ist der Übertrag größer als der Divisor.

Fehler mit der Null Auch beim schriftlichen Dividieren ver-wirren Nuller die Kinder oft. Besonders, wenn sie eine Null als Teilergebnis erhalten, weil eine vorhergehende Teildivision auf-gegangen ist. So wie in dem folgenden Beispiel.

```
37121 : 7 = 533
35
 21
 21
  02
   0
   21
   21
    0
```

Hier erkannte das Kind, dass man den Teildividenden zwei nicht durch sieben teilen kann. Es vergaß aber, die Null als Teilquotient zu notieren. Das richtige Ergebnis hätte gelautet: 5303.

Endnull vergessen Häufig führt es zu Problemen, wenn die zu teilende Zahl auf eine Null endet – so wie hier:

```
2640 : 6 = 44
24
 24
 24
  0
```

Bei diesem Beispiel dachte ein Kind, dass es nicht notwendig sei, die Null am Ende des Dividenden herunterzuholen, und beendete die Rechnung zu früh. Das korrekte Ergebnis wäre 440 gewesen.

Null zu viel Hin und wieder schreiben Kinder eine Null zu viel auf. Beispielsweise, wenn die Division mit einem Rest endet. In diesem Fall kann es vorkommen, dass Kinder eine Null herunterholen, wo keine ist, und den so entstandenen Teildividenden teilen. Da der Rest kleiner ist als der Divisor, schreiben sie eine weitere Null als Ergebnis auf.

```
2643 : 6 = 445
24
 24
 24
  030
   30
   00
```

Das richtige Ergebnis wäre 440 Rest 3 gewesen.

Der Taschenrechner

Kaum ein Thema ist unter Lehrern und Eltern so umstritten, wie das Thema Taschenrechner. Die einen befürchten, dass Kinder durch sie das Rechnen verlernen oder – noch schlimmer – erst gar keinen Sinn darin sehen, es zu lernen. Die anderen denken, dass sie Teil der Realität unserer Töchter und Söhne sind und daher nicht ignoriert werden dürfen. Lehrer schrecken vor ihrer Benutzung in der Regel zurück, weil sie fürchten, dass Eltern ihnen unterstellen, den Schülern nicht mehr Rechnen, sondern nur noch »Knöpfchendrücken« beizubringen.

Das führt zu einer paradoxen Situation: Schließlich haben die Kultusminister aufgrund der ständigen Verfügbarkeit von Taschenrechnern und Computern die Bedeutung schriftlicher Verfahren in den Lehrplänen heruntergeschraubt und das Kopfrechnen stärker in den Mittelpunkt gerückt. Doch trotz ihres massiven Einflusses auf den Unterricht tauchen elektronische Rechenhilfen in der Grundschule praktisch nicht auf.

Dies ist schade, denn die Geräte können Zahlen für Kinder zum Leben erwecken und geben Lehrern ganz neue Möglichkeiten zur Vermittlung mathematischen Wissens. Schließlich wird oft »entdeckendes« Lernen gefordert – doch Entdecken heißt nun mal Ausprobieren nach dem Prinzip Versuch und Irrtum. Das ist nur möglich, wenn Kinder viele Berechnungen in kurzer Zeit durchführen können. Die elektronischen Rechenhilfen sind daher immer dann von Vorteil, wenn nicht das Ausrechnen an sich, sondern das Entdecken von Regelmäßigkeiten und das Lösen von Problemen im Mittelpunkt stehen.

Natürlich heißt dies nicht, dass es Kindern erlaubt werden sollte, ihre Hausaufgaben nur noch durch das Drücken von Tasten zu lösen. Es ist wie mit dem Fernsehen oder dem Internet: Eltern sollten die Kontrolle über Taschenrechner haben und sie an ihre Kinder aushändigen, wenn sie oder der Lehrer ihren Einsatz als sinnvoll erachten.

Eine Lernhilfe bei Sachaufgaben

Lassen Sie uns zwei Beispiele für Situationen geben, in denen Taschenrechner den Mathematikunterricht ungemein bereichern können. Viele Kinder – wenn nicht die meisten – haben Probleme mit Sach- und Textaufgaben. Eine Schwierigkeit für Kinder ist oft, dass der Aspekt der Problemlösung hinter dem des sturen Ausrechnens zurücktritt. Ihre Aufmerksamkeit wird so sehr von schriftlichen Berechnungen belegt, dass sie nicht darüber nachdenken, welche Zahlen sie mit welchen Rechenzeichen kombinieren müssen und ob ein bestimmtes Ergebnis eigentlich Sinn ergibt. Manche Kinder pflücken Zahlen aus dem Text, kombinieren sie irgendwie, führen eine aufwendige schriftliche Berechnung durch und hoffen dann erschöpft, dass sie das richtige Rechenzeichen geraten haben.

Mit einem Taschenrechner dagegen wird das Ausrechnen auf einmal zur Nebensache. Mit den Geräten können Kinder eine große Zahl von Berechnungen in kurzer Zeit durchführen und danach ihren Verstand einschalten und überlegen, welches der Ergebnisse das richtige sein muss und warum. So können sie selbst Zusammenhänge entdecken. Natürlich ist das Lösen von Sachaufgaben auch etwas, das geübt werden muss – je mehr Aufgaben Kinder lösen, desto vielseitiger wird ihr Verständnis für Problemlösungsstrategien. Wenn sie Ewigkeiten an jeder schriftlichen Berechnung sitzen, können sie wenige Sachaufgaben lösen – und entsprechend wenige Erfahrungen sammeln.

Erforschen von Regelmäßigkeiten

Eine andere Anwendungsmöglichkeit für Taschenrechner ist das Erforschen von Zahlenfolgen und der Beziehungen von Zahlen zueinander. Die folgenden zwei Aufgaben zum Beispiel wären ohne Taschenrechner im Unterricht nicht durchzuführen:

- Die Zahl 1722 wurde aus zwei Zahlen multipliziert, die in der Zahlenreihe genau nebeneinanderstehen. Welche sind dies? Auch Kinder kommen mit einem Taschenrechner durch einfaches Ausprobieren und Annähern an die Lösung überraschend schnell auf das Ergebnis 41 x 42.
- Multipliziere die Zahlen 34, 45, 63 mit 11. Was fällt dir auf? Kindern fällt schnell auf, dass immer dreistellige Zahlen entstehen, bei denen die Summe der äußeren Ziffern der mittleren Ziffer entspricht.

Taschenrechner richtig bedienen

Ein weiteres Argument für die Auseinandersetzung mit den Rechnern ist, dass ihre Nutzung nicht so einfach ist, wie es meist unterstellt wird. Es stimmt nicht, dass sie so simpel und selbsterklärend sind, dass man gar keine Fehler machen kann. Kennen Sie zum Beispiel die Bedeutung aller Tasten auf Ihrem Rechner?
Kinder müssen erst lernen, dass der Taschenrechner nur dann richtige Ergebnisse ausgibt, wenn er auch mit den richtigen Daten gefüttert wird, und dass sie Zahlen auf ganz bestimmte Art eingeben müssen. Es gibt riesige Unterschiede zwischen Taschenrechnern! Untersuchen Sie daher mit Ihrem Kind zusammen, welche

Funktionen Ihrer bietet. Unterschiede gibt es zum Beispiel bei den Displays: Die Anzeigen der meisten Geräte können acht Stellen anzeigen, bessere Rechner dagegen zwölf.

Reihenfolge der Berechnungen

Wenn Sie einen Taschenrechner in die Finger bekommen, sollten Sie als Erstes ausprobieren, in welcher Abfolge er Berechnungen macht. Billigere Rechner führen sie meist stur in der Reihenfolge durch, in der sie eingegeben wurden. Als Ergebnis der Aufgabe 3 + 4 x 5 geben sie daher 35 aus. Andere Rechner beachten dagegen die algebraische Ordnung. Sie führen daher Punktrechnungen (Malnehmen und Teilen) vor Strichrechnung (Addieren und Subtrahieren) durch. Für diese Geräte ergibt 3 + 4 x 5 somit 23. (4 x 5 = 20, 20 + 3 = 23).

Betrachten Sie dann das Tastenfeld. Die meisten Taschenrechner haben eine ON-Taste, die oft auch zum Löschen von Eingaben dient. Solarrechner haben meist keine OFF-Taste. Ihr Kind wird wahrscheinlich sofort die Bedeutung der Plus- und Minustasten und der Taste mit dem Gleichheitszeichen erkennen. Vielleicht erkennt es aber nicht die Dividieren- und Multiplizieren-Tasten. Auch das Komma für Dezimalbrüche sieht anders aus, als Kinder es gewohnt sind: Auf dem Taschenrechner ist es ein Punkt. Daneben gibt es viele Tasten, deren Bedeutung auch Erwachsene oft nicht kennen.

Der Radiergummi des Taschenrechners: die C-Tasten

Ihr Kind weiß sicherlich, dass mit der **C**-Taste die Anzeige gelöscht wird. Auf vielen Taschenrechnern gibt es neben ihr eine weitere Taste, welche die gleiche Wirkung zu haben scheint – die **AC**-Taste.

C »Clear« – Anzeige löschen.
AC »All Clear« – Alles löschen.

Hier ein Beispiel: Angenommen, Sie möchten »4 + 5« ausrechnen. Allerdings vertippen Sie sich und geben statt der Fünf eine Sechs ein. Durch Drücken von C wird nur die Sechs gelöscht der Aufgabenteil »4 +« bleibt im Speicher. Wenn Sie nun fünf eingeben, erhalten Sie als Ergebnis neun. Durch AC werden die Anzeige und der Speicher gelöscht. Bringen Sie Ihrem Kind bei, nach jeder Rechnung AC zu drücken, um das Gerät zurückzusetzen.

Das Gedächtnis des Rechners: Die M-Tasten

Auf Ihrem Taschenrechner gibt es wahrscheinlich mehrere Tasten, deren Beschriftung mit dem Buchstaben M beginnt. Über diese wird die Memory-Funktion des Taschenrechners gesteuert. Sie erlaubt es, ein Zwischenergebnis im Speicher abzulegen. Die meisten Geräte sind mit diesen drei Tasten ausgestattet:

MR »Memory Recall« – holt die Zahl aus dem Speicher, um sie auf dem Display anzuzeigen.
M+ Addiert die Zahl in der Anzeige zum Speicherinhalt dazu.
M- Zieht die Zahl in der Anzeige vom Speicherinhalt ab.

Auf manchen Geräten gibt es zudem folgende Tasten:
MS »Memory Save« – kopiert die Zahl in der Anzeige in den Speicher.
MC »Memory Clear« – löscht den Speicher.

Die Memory-Funktion kann Ihr Kind nutzen, um Zahlenfolgen zu erforschen. Angenommen, Sie wollen mit Ihrem Kind untersuchen, was passiert, wenn man 37 immer wieder addiert. Sie geben die Zahl ein und drücken **M+.** Die Zahl wird gespeichert. Sie können sie danach mit MR wieder aufrufen und mit der Plus-Taste zur Anzeige auf dem Display addieren. Durch abwechselndes Drücken der beiden Tasten erhalten sie diese Abfolge:

37 – 74 – 111 – 148 – 185 – 222 – 259 – 296 – 333 – …

Fällt Ihnen eine Regelmäßigkeit auf? Natürlich hätte man diese Reihe erzeugen können, indem man immer wieder 37 eingetippt hätte. Auf diese Weise springen Kindern die Muster aber deutlicher ins Auge.

Können sich Taschenrechner wirklich nicht irren?

»Der Taschenrechner verrechnet sich nicht!«, hört man oft. Aber stimmt das tatsächlich immer? Ein gewisses Misstrauen bei der Nutzung der Geräte ist manchmal angebracht.

Ein Beispiel: Teilen Sie eins durch drei. Ihr Rechner wird wahrscheinlich dieses Ergebnis ausgeben:

$$0.3333333$$

Nehmen Sie diese Zahl mal drei. Wir alle wissen, dass ⅓ x 3 offensichtlich eins ergeben muss. Doch Ihr Taschenrechner ist da anderer Meinung. Der Grund ist, dass ⅓ als Dezimalbruch dargestellt eine Zahl mit unendlich vielen Stellen hinter dem Komma ist. Der Taschenrechner kann diese nur darstellen, indem er sie nach der achten Stelle abricht. Noch ein Beispiel gefällig?

Versuchen Sie, Ihren Rechner zu fragen, ob das Produkt von 87 654 321 x 12 345 678 eine gerade Zahl ist. Jeder, der eine schriftliche Rechnung durchführen kann, erkennt, dass die letzte Stelle dieser Zahl eine Acht sein muss und das Produkt somit eine gerade Zahl ist. Der Taschenrechner ist sich aber nicht so sicher: Er kann so viele Stellen nicht darstellen.

Zum Spielen: Taschenrechnerwörter

Manche Zahlen scheinen zu Buchstaben zu werden, wenn man sie in einen Taschenrechner eingibt und diesen auf den Kopf stellt. Die Drei zum Beispiel wird zum E, während die Fünf sich in ein S verwandelt. Ganze Wörter lassen sich so zusammensetzen! Dieses hier zum Beispiel:

7391

Taschenrechnerwörter sind ein prima Weg, um Kinder dazu anzuregen, mit ihrem Rechner zu experimentieren und sie vielleicht zum Lachen zu bringen. Sie dürfen nur aus folgenden Buchstaben bestehen: B, E, G, H, I, L, O, S, Z

Diese Zahl ...	0	1	2	3	4	5	7	8	9
... ergibt auf den Kopf gestellt diesen Buchstaben	O	I	Z	E	H	S	L	B	G

Sie können kleine Aufgaben schaffen, deren Ergebnis auf den Kopf gestellt ein überraschendes Wort ergibt. Hier ein paar Beispiele.

- Das hier vergisst man am besten nicht, wenn man aus dem Haus geht: 219 x 2 x 8
- Dem hier begegnet man am besten nicht, wenn man barfuß unterwegs ist: 211 181 x 7 x 5
- Und dieses schöne Tier findet man oft an Seen: 103 x 59 x 23 x 9 x 3

9. KAPITEL

MAßE UND SACHRECHNEN

Maßeinheiten

Wir Menschen haben die Zahlen erfunden, um unsere Umwelt messbar zu machen. Rechnen und Zahlen werden daher schnell sinnlos, wenn sie nicht mit Maßeinheiten verbunden werden. Dass eine Zahl erst Sinn verliehen bekommt, wenn sie mit einer Einheit verbunden wird, ist etwas, das Kinder lernen müssen. Sie neigen dazu, eine Länge mit dem Lineal zu messen und eine Zahl zu verkünden, ohne eine Maßeinheit anzuhängen. Die Schwierigkeiten, die Maßeinheiten und deren Umrechnung Kindern bereiten, dürfen nicht unterschätzt werden. Wenn Kinder sie nicht beherrschen, können sie die meisten Text- und Sachaufgaben nicht lösen.

Ab wann ist man groß?

Beim Mittagessen verkündet der fünfjährige Lukas, dass er jetzt auch Cola trinken wolle: »Weil ich bin jetzt ja groß!«
»Ach so? Dann sind wir jetzt wohl alle groß?«, frage ich ihn.
Lukas denkt kurz nach. »Du bist groß, Mama ist groß, Rothana ist groß und ich bin groß!«, sagt er. Und fügt dann mit einem Blick auf seinen dreijährigen Bruder, der gerade den Mund voll Reis hat, hinzu. »Nur Maxi nicht – der ist klein!«
»IFF BIN AUCH GROF!«, heult Maxi empört auf.
Wahrscheinlich kennen alle Eltern ähnliche Diskussionen zwischen ihren Kindern. »Ab wann bin ich groß?«, ist eine Frage, die für die Kleinen geradezu metaphysische Bedeutung hat. Kinder in der ersten Klasse denken in absoluten Kategorien: »Groß« und »klein«, »leicht« und »schwer« sind für sie noch Begriffe, die fest mit bestimmten Dingen verbunden sind, so wie diese vielleicht schwarz oder weiß sind. Ein Zentimeter ist »kurz«, ein Meter dagegen »lang«. Ihnen ist noch nicht bewusst, dass es auf die Situation ankommt, ob etwas groß oder klein ist. Man muss Dinge

vergleichen, um festzustellen, welches von beiden größer oder kleiner ist.

Es hilft ihnen, mit ihren Eltern zusammen alle möglichen Dinge und Personen zu vergleichen und zu entscheiden, was kleiner und was größer ist, und diese in Reihen von den kleinsten oder leichtesten hin zu den schwersten zu sortieren. Dann wird schnell klar, dass zwei Dinge irgendwie »groß« sein können – entweder sind sie *gleich groß* oder eines der beiden ist *größer*.

Die Größe von Personen lässt sich vergleichen, indem sie sich mit dem Rücken aneinanderstellen. Wenn nicht offensichtlich ist, wer größer ist, kann man ihnen ein Lineal oder eine Wasserwaage auf die Köpfe legen, um zu sehen, in welche Richtung sie sich neigt. Wenn die Kinder sich dabei vor einen Spiegel stellen, können sie ihre Größen sogar mit eigenen Augen vergleichen.

Vergleichen Kinder das Gewicht von Dingen, lassen sie sich manchmal von visuellen Eindrücken fehlleiten. So ist es möglich, dass sie behaupten, der Fußball sei schwerer als die Bowlingkugel, weil er größer ist.

Mit Händen und Füßen messen

Die Größe von Personen oder die Länge von Spielsachen können Kinder leicht vergleichen. Doch was ist mit Dingen, die sich nicht bewegen lassen? Wie könnte man zum Beispiel herausfinden, ob der Türrahmen höher ist als der Kleiderschrank, der in einem anderen Raum steht – ohne das Möbelstück durch den Raum zu schieben? Oder ob das Auto in das Wohnzimmer passt – ohne es durch die Haustür zu fahren? In diesem Fall brauchen wir etwas, das sich leicht herumtragen lässt, um es als Mittler zwischen den beiden Dingen zu verwenden. Einen Besenstiel vielleicht oder einen Bindfaden.

Vergleichen Sie mit Ihrem Kind zusammen die Höhe oder Länge von Möbeln, indem Sie Fußlängen, Schritte oder Handbreiten verwenden. Ihr Kind bekommt eine wichtige Erkenntnis, wenn es feststellt, dass dabei ein Problem entsteht: Wenn Mama oder Papa die Länge eines Schrankes mit ihren Füßen abschreiten, kommen sie auf ein niedrigeres Ergebnis als ein Kind, das kleinere Füße hat – je kleiner das Maß ist, desto öfter muss man sie anlegen. Zudem sind Füße rund und weich – es ist schwierig, in ihnen eine eindeutige Länge zu erkennen. Es ist also wichtig, dass man als Maß einen Gegenstand wählt, der eine eindeutige und unveränderbare Länge hat. Ihr Kind wird wahrscheinlich von selbst vorschlagen, man solle ein Lineal verwenden. Es weiß natürlich bereits, dass man zum Messen Lineale, Maßbänder und Zollstöcke verwendet – es weiß aber vielleicht nicht sicher, wie man sie anwendet.

Das Legostein-Maßband

Beim Abmessen mit Handbreiten, Fußlängen und Schritten hat Ihr Kind etwas Wichtiges gelernt: Messen bedeutet, dass man einen Gegenstand als Vergleichsmaß auswählt und diesen immer wieder aneinanderreiht. Je kleiner dieses Ding ist, desto öfter muss man es nebeneinanderlegen. Nun fällt das Abmessen mit Füßen und Händen nicht leicht, weil wir nur jeweils zwei davon besitzen. Es ist einfacher, wenn man Dinge auswählt, von denen wir eine große Zahl identischer Kopien besitzen.

Legosteine bieten sich zum Beispiel an. Sie können mit Ihrem Kind zusammen die Länge eines Buches ausmessen, indem Sie eine Reihe dieser Steine aneinanderlegen. Noch einfacher wird das Abmessen, wenn Sie neben eine Reihe Steine einen Streifen Papier legen, darauf Markierungen einzeichnen und somit ein Legostein-Maß entwickeln. Lenken Sie die Aufmerksamkeit Ihres Kindes dabei auf ein wichtiges Detail: Die Zahl auf dem Maßband, welche die Anzahl der Legosteine anzeigt, steht hinter dem jeweiligen Stein – nicht davor. Jedes Lineal muss daher mit null beginnen – nicht mit einer Eins! Wenn Ihr Kind bisher Dinge abgezählt hat, begann es immer bei der Eins mit dem Zählen. Kinder ignorieren deshalb manchmal die Null auf einem Lineal und legen es erst bei der Eins an.

Stolpersteine

Das »tote Stück« nicht beachten Viele Lineale haben an den Enden kurze, unbeschriftete Stücke. Kinder legen oft nicht an den Nullpunkt des Lineals an, sondern an sein physisches Ende. Das »tote« Stück führt dann dazu, dass das Ergebnis ihrer Messungen etwas zu knapp ist.

Bei eins anlegen Wenn wir Dinge abzählen, fangen wir nicht bei null an, sondern bei eins. Daher ist es nicht überraschend, dass Kinder manchmal beim Messen die Null ignorieren – sie legen das Lineal nicht bei null an, sondern bei eins. Ihre Messung ist daher um eins zu hoch.

Maßeinheiten ignorieren Sehr häufig antworten Kinder auf Fragen wie »Wie lang ist das Buch?« mit »zwölf« oder dergleichen, ohne dabei eine Maßeinheit zu nennen. Ihnen ist oft noch nicht klar, dass Zahlen erst dann Sinn ergeben, wenn sie mit Maßeinheiten verbunden werden.

Was beim Messen übrig bleibt

Wenn Kinder Dinge mit dem Lineal abmessen, bleibt meist ein Rest, der kürzer ist als ein Zentimeter. Messen sie zum Beispiel die Länge eines Bleistifts aus, sagen sie vielleicht, der Stift sei »zwölfeinhalb« Zentimeter lang – obwohl sie nicht wissen, ob der Rest wirklich fünf Millimeter lang ist. »Halb« heißt für sie vor allem »kein ganzer Zentimeter«.

Dieser Rest eignet sich hervorragend als Überleitung zur kleineren Maßeinheit, den Millimetern. Auf dem Lineal sind die Millimeter nicht mit Zahlen beschriftet. Kinder müssen daher lernen, die fehlende Beschriftung im Kopf zu ergänzen. Sie sollten zuerst beigebracht bekommen, die Millimeter mit dem Wort »und« an die größere Einheit anzuhängen: »Der Bleistift ist zwölf Zentimeter und vier Millimeter lang.«

Eine Vorstellung von Größen entwickeln

Eine wichtige Fähigkeit beim Abmessen ist, eine passende Maßeinheit zu wählen. Es ergibt keinen Sinn, die Länge des Schulgebäudes in Zentimetern zu messen oder die Breite eines Buches in Metern.

Kinder brauchen daher eine lebhafte Vorstellung von den einzelnen Maßeinheiten. Es ist wichtig, dass sie in ihrem Gedächtnis eine Reihe von Beispielen abgespeichert haben, die sie bei Bedarf aufrufen können. Dieses Wissen muss immer wieder aufgefrischt und vertieft werden. Messen Sie mit Ihrem Kind daher Räume in Ihrer Wohnung aus und sprechen Sie immer wieder über Längen, die Bedeutung für es haben. Wie lang ist das Fußballfeld seines Lieblingsvereins? Das Flugzeug, mit dem Sie in den Urlaub fliegen?

Hier ein paar Beispiele für Längeneinheiten, die in der ersten und zweiten Klasse auftauchen.

Erste und zweite Klasse
- Ein Zentimeter: Breite eines Fingernagels, eines dünnen Buches oder eines Legowürfels mit vier Noppen.
- Ein Meter: ein großer Schritt eines Erwachsenen, die Höhe einer Türklinke, die Strecke vom Fußboden bis zur Brust eines Kindes.
- Zwei Meter: die Länge des Betts.
- Zehn Meter: ein Bus, der Sprungturm im Freibad.
- Hundert Meter: ein Fußballfeld, ein Schiff.

Dritte und vierte Klasse

In der dritten Klasse wird Ihr Kind mit einer ganzen Reihe neuer Maßeinheiten konfrontiert. Hier ein paar Beispiele, die ihm vielleicht helfen, diese mit etwas Leben zu füllen.

- Ein Millimeter: Dicke eines Daumennagels, ein Bleistiftstrich.
- Ein Kilometer: der Schulweg.
- Eine Sekunde: die Zeit, in der man eine zweistellige Zahl sagt wie »21«.
- 100 Gramm: eine Tafel Schokolade.
- Ein Kilogramm: ein Paket Zucker, eine Milchtüte, eine Liter-Flasche Mineralwasser.
- Eine Tonne: ein kleines Auto.

Die Kommaschreibweise

Wenn Kinder zum ersten Mal Maßeinheiten verschiedener Größenordnungen kennenlernen, neigen sie vielleicht zur Vorstellung, dass die kleinere Einheit immer ein Rest ist, der an die größere angehängt wird. Ihnen ist noch nicht klar, dass jeder Zentimeter aus zehn Millimetern besteht und dass man jede Maßeinheit durch die andere ausdrücken kann. Das wird ihnen deutlich, wenn sie das Umrechnen der gemischten Schreibweise mit Zentimetern und Millimetern in die kleinere Einheit lernen. Das Eintragen der Daten in Stellenwerttabellen wie diese hilft ihnen dabei.

m	dm	cm	mm
5	1	2	3
1	0	0	0

Stellenwerttafeln helfen ihnen auch beim Lernen der Kommaschreibweise. Dabei nennt man das Komma hinter der ausgewählten Maßeinheit, die folgenden Stellen werden Ziffer für Ziffer genannt. Aus der Tabelle oben können wir also ablesen, dass 5123 Millimeter »fünf-Komma-eins-zwei-drei Meter« sind. Am Anfang sollte Ihr Kind dabei Nullen hinter dem Komma mitsprechen, bis es das System vollkommen durchschaut hat. Tausend Millimeter sind also »eins-Komma-null-null-null« Meter.

Die Einheit Dezimeter (dm) wird von uns im Alltag kaum benutzt, aber es hilft Kindern, wenn sie diese kennenlernen. Sie vergessen leicht, dass ein Meter nicht zehn Zentimeter, sondern hundert Zentimeter sind. Die Einheit Dezimeter erinnert sie daran, dass zwischen Metern und Zentimetern noch eine Stelle liegt.

Ein großes Problem beim Umrechnen von Maßeinheiten kann für Kinder die Vorstellung werden, dass das Komma zwei Einheiten trennen würde. Bestärkt werden sie in dieser Vorstellung manchmal von wohlmeinenden Erwachsenen, die ihnen sagen, dass links vom Komma die Meter stünden und rechts davon die Zentimeter. Dann rechnen sie beispielsweise 2,5 Meter in zwei Meter und fünf Zentimeter um.

Wie man Längen umrechnet

Das Umrechnen von Maßeinheiten stellt Kinder oft vor besondere Probleme. Es ist für sie ein seltsam abstrakter Vorgang, der schwer vor dem inneren Auge vorzustellen ist. Zudem fällt es ihnen schwer, sich die Verhältnisse zu merken: Ein Meter besteht aus 100 Zentimetern, aber ein Kilometer sind nicht 100 Meter – sondern 1000! Resultat: Es werden zu viel oder zu wenig Nullen angehängt, und Kommastellen werden verschoben. Doch es gibt einen Trick, der ihnen beim Umrechnen helfen kann. Bringen Sie Ihrem Kind bei, die Zahlen in eine Tabelle nach Vorbild der Stellenwerttafel zu schreiben.

Nehmen wir Längen als Beispiel. Von den Millimetern bis zu den Metern gelangt man immer zur nächstgrößeren Einheit, wenn man die kleinere Einheit mal zehn nimmt: Zehn Millimeter sind ein Zentimeter, zehn Zentimeter sind ein Dezimeter, zehn Dezimeter ein Meter. Von den Metern zu den Kilometern gibt es einen Sprung: Tausend Meter sind ein Kilometer. Diese Verhältnisse lassen sich leicht in einer Stellenwerttafel darstellen.

km			m	dm	cm	mm
1	0	0	0	0	0	0

Ihr Kind kann sich die Tabelle immer wieder aufrufen, wenn es folgenden Merksatz verinnerlicht:

```
km - zwei leer - m - dm - cm - mm
```

Wenn Ihr Kind eine Maßangabe von einer größeren in eine kleinere Einheit umrechnen will, schreibt es sie beginnend in der Spalte der größeren Einheit in die Tabelle. Angenommen, wir wollen drei Kilometer in Zentimeter umrechnen. Wir schreiben dazu die Ziffer Drei in die Kilometer-Spalte, und zählen die Spalten bis zur Zentimeter-Spalte. Dies sind fünf. Die fünf Spalten füllen wir mit Nullen auf. Drei Kilometer sind also 300 000 Zentimeter – eine Drei mit fünf Nullen.

Das funktioniert natürlich auch in der anderen Richtung: Möchte Ihr Kind eine kleinere Einheit in eine größere umrechnen, schreibt es den Wert in die Tabelle, indem es in der Spalte der kleineren Einheit beginnt und nach links, in Richtung der größeren Einheiten schreibt. Will es zum Beispiel wissen, wie viel 50 000 Millimeter in Metern sind, schreibt es in der Millimeterspalte beginnend und nach links weisend vier Nullen und eine Fünf. Es muss dann nur in die Meterspalte blicken, um zu wissen, wie viel 50 000 Millimeter in Metern sind: 50 Meter. Allerdings muss es beim Umrechnen in größere Einheiten noch ein Komma hinter die gewünschte Einheit schreiben. Aus dieser Tabelle lässt sich zum Beispiel ablesen, dass 345 Millimeter 0,000345 Kilometer sind.

km			m	dm	cm	mm
0,	0	0	0	3	4	5

Diese Methode lässt sich nicht nur für Längen anwenden. Unten ist eine Tabelle für Geld – der Merksatz lautet hier:

```
Cent, eins leer, Euro
```

Euro		Cent

Und als Nächstes eine Tabelle für Gewicht. Der Merksatz ist hier:

```
t - zwei leer - kg - zwei leer - g - zwei
leer - mg
```

t			kg			g			mg

Da Stunden, Minuten und Sekunden nicht nach dem Dezimalsystem umgerechnet werden, lässt sich diese Methode leider nicht auf die Zeit anwenden.

Uhrzeiten

Die Komplexität der Uhrzeiten wird von Eltern und Lehrern oft unterschätzt. In der didaktischen Literatur schlägt sie sich kaum nieder: Es gibt unzählige Bücher über das Lehren der Grundrechenarten und Geometrie in der Grundschule. Die Uhrzeiten dagegen werden meist auf zwei Seiten abgehandelt. Vielleicht liegt es daran, dass das Lesen der Uhr nicht als Mathematik angesehen wird. Dass es im Matheunterricht eine Nebenrolle spielt, überrascht, wenn man sich vor Augen hält, welche Hürden Kinder nehmen müssen, bis sie es beherrschen:

- Zeit ist etwas, das wir als linear erleben: Ein Ereignis passiert nach dem anderen, aufgereiht wie auf einer Kette. Die Zeit vergeht und kehrt nicht zurück. Die Uhr stellt die Zeit aber – entgegen dem Erleben der Kinder – als Kreislauf dar. Kein Wunder, dass sie sich oft fragen, warum es zwei Stunden nach 23 Uhr nicht 25 Uhr ist.
- Nicht nur das: Die Uhr stellt die Stunden eines Tages als *zwei aufeinanderfolgende Kreisläufe* dar: Ein Tag hat 24 Stunden, obwohl die Uhr nur mit zwölf Zahlen beschriftet ist. Erwachsene sagen manchmal 20 Uhr, manchmal acht Uhr – meinen dabei aber die gleiche Uhrzeit. Kinder müssen lernen, aus dem Kontext heraus zu verstehen, welche gemeint ist.
- Die Uhr zeigt auf einem Zifferblatt sowohl Minuten als auch Stunden an. Die Zahlen zeigen Stunden an, während es in der Regel keine Beschriftung für die Minuten gibt. Kinder müssen also aus dem Gedächtnis heraus wissen, welche Position des langen Zeigers für welche Anzahl von Minuten steht.
- Bei den Uhrzeiten nutzen wir eine Mischung aus einem auf 60 basierenden Zahlensystem und dem Dezimalsystem. Kinder in der ersten Klasse sind gerade dabei, die Natur des Dezimalsystems zu verstehen. Es ist viel von ihnen verlangt, gleich in einem Sechziger-System zu rechnen.
- Brüche spielen eine entscheidende Rolle beim Ablesen der Uhrzeiten: Wir geben Uhrzeiten oft als »halb drei« oder »Viertel vor fünf« an. Erste Bekanntschaft mit Brüchen machen Kinder in der Regel allerdings erst in der dritten Klasse.

Wenn man sich diese Liste betrachtet, wird deutlich, dass Uhrzeiten nichts sind, was Kinder nebenbei an einem Nachmittag lernen. Die Entwicklung eines Gespürs für Zeit, das Lesen der Uhr und von Fahr- und Stundenplänen sowie Kalendern ist etwas, das über Jahre begleitet werden muss. Kinder, die in der dritten Klasse noch nicht sicher die Uhr lesen oder Zeitspannen nicht berechnen können, sind nicht ungewöhnlich.

Zwei Anschaffungen werden Ihrem Kind bei dieser Entwicklung helfen. Eine große Uhr mit Zeigern, die an einem prominenten Platz im Haus aufgehängt wird, zum Beispiel über dem Esstisch. Und eine weitere Uhr mit Digitalanzeige genau daneben. Sie können wichtige Zeiten – zum Beispiel den Beginn der Lieblingsfernsehserie im Fernsehen – als Zeichnungen von Uhren danebenhängen. Kaufen Sie Ihrem Kind zudem eine Armbanduhr – es wird schrecklich stolz darauf sein.

Ein Gefühl für Tagesabläufe entwickeln

Bevor Kinder das Lesen der Uhr lernen, sollten sie zuerst eine Vorstellung davon entwickeln, wie lange eine Stunde und eine Minute sind. Sie brauchen eine Auswahl an Vergleichsgrößen. Es hilft ihnen, wenn man mit ihnen darüber spricht, was man alles in einer Minute oder einer Stunde machen kann. Doch noch mehr lernen sie, wenn man eine Eieruhr auf eine Minute stellt und ausprobiert, was man in dieser Zeit machen kann.

Es hilft ihnen auch, wenn Kinder Zeit selbst mit einer Stoppuhr messen können. Sie lieben es, damit herumzuspielen und kleine Wettbewerbe zu veranstalten. Wer kann länger die Luft anhalten? Wie viele Minuten brauchen wir, um das Zimmer zu saugen? Wie lange brauchen wir für den Schulweg?

Hier ein paar Beispiele für kleine Zeitspannen aus dem Alltag, die Kinder als Vergleichsgrößen nutzen können.

- Zähneputzen dauert drei Minuten – wenn man es richtig macht. Vielleicht wollen Sie Ihrem Kind eine Zahnputz-Sanduhr kaufen?
- Abendbrottisch abräumen: zehn Minuten
- Tagesschau: 15 Minuten

- Ein Film dauert meist eine und eine halbe Stunde.
- Eine Zugfahrt von Hamburg nach Frankfurt mit dem ICE: etwa vier Stunden

Exkurs: Warum eine Stunde 60 Minuten hat

Das Umrechnen von Stunden in Minuten kann schwierig für Kinder werden. Sie haben ja gerade erst das Zählen und Rechnen im Dezimalsystem gelernt – jetzt müssen sie mit einem Sechziger-System klarkommen. Wenn man als Erwachsener erlebt, wie schwierig dies für Kinder sein kann, fragt man sich vielleicht, warum ein Tag ausgerechnet 24 Stunden und eine Stunde 60 Minuten hat.

Die Einteilung einer Stunde in 60 Minuten geht auf eine der ältesten Hochkulturen der Menschheit zurück. Die Babylonier verwendeten eine Zeiteinheit, die sie Danna nannten. Definiert war sie als die Zeit, in der man zu Fuß etwa 10,5 Kilometer zurücklegen konnte. Ein Danna entsprach somit ungefähr zwei modernen Stunden. Ein Tag wiederum teilte sich in zwölf Danna, die wiederum in 60 Danna-Minuten eingeteilt waren.

Nicht nur bei Zeitangaben, auch allgemein nutzten die Babylonier ein Zahlensystem, das auf der Zahl 60 basierte. Uns, die an ein Dezimalsystem nach Vorbild unserer zehn Finger gewöhnt sind, erscheint dies sehr unpraktisch. Doch ein System auf Basis der Sechzig hat gewisse Vorteile. Denn sie ist eine sehr vielseitige Zahl. Sie kann durch zehn ganze Zahlen (2, 3, 4, 5, 6, 10, 12, 15, 20 und 30) sowie eins und sich selbst ohne Rest geteilt werden und ist die kleinste Zahl, die diese Eigenschaft hat. Beim Rechnen in einem Sechziger-System bleibt einem somit ein großer Teil der Bruchrechnung erspart. Zum Vergleich: Die Zehn kann nur durch zwei und fünf sowie eins und sich selbst geteilt werden.

Und so übernahmen alle späteren Hochkulturen im Nahen Osten und Europa von den Babyloniern die Einteilung einer Stunde in 60 Minuten. Die Ägypter und Griechen führten ein System ein, bei dem ein Tag in jeweils zwölf Tagesstunden und zwölf Nachtstunden geteilt war, wobei deren Länge sich je nach Jahreszeit änderte – somit wurde der 24-Stunden-Tag geschaffen. Erst mit dem Aufkommen von mechanischen Uhren wurde ein Tag dann in 24 unveränderbar gleich lange Stunden geteilt.

Tagesabläufe auf dem Zahlenstrahl festhalten

Für Kinder ist der doppelte Kreislauf der Uhr – von null bis zwölf Uhr und von zwölf Uhr bis Mitternacht – schwierig zu verstehen. Warum es zwei Stunden nach drei Uhr fünf Uhr sein muss, ist für sie leicht nachzuvollziehen – doch warum ist es drei Stunden nach 22 Uhr auf einmal ein Uhr?

Wir haben die Erfahrung gemacht, dass es ihnen hilft, wenn sie zuerst lernen, einen ihrer normalen Wochentage mit all seinen Regelmäßigkeiten wie Schlafenszeiten, Schulzeiten, Mahlzeiten oder Fernsehserien auf einem Zeitstrahl aus Papier von null Uhr bis Mitternacht abzubilden. Wenn Ihr Kind eine Vorstellung davon entwickelt hat, welcher Abschnitt des Tages mit welchen Uhrzeiten verbunden ist, kann es mit diesem Wissen bewaffnet darangehen zu untersuchen, wie die Zeit auf der Uhr dargestellt wird.

Nehmen Sie einen DIN-A3-Bogen und falten Sie ihn entlang seiner längeren Seite in vier gleich große Teile. Dann schneiden Sie zwei breite Streifen des Papiers ab. Da ein A3-Papier 42 Zentimeter lang ist, sind diese durch Falzen in vier gleich große Abschnitte eingeteilt, die jeweils 10,5 Zentimeter lang sind. Teilen Sie dann jeden davon mit Markierungen in drei Stücke, die jeweils 3,5 Zentimeter lang sind – der ganze Streifen wurde somit in zwölf gleiche Portionen aufgeteilt, die für jeweils eine Stunde des Tages stehen. Sie müssen die beiden Streifen mit Tesafilm aneinanderfügen, um einen einzelnen 24-Stunden-Zeitstrahl zu erhalten. Machen Sie den Zeitstrahl so bunt und anschaulich wie möglich. Lassen Sie Ihr Kind in den nächtlichen Abschnitten Mond und Sterne aufmalen und eine aufgehende Sonne beim Zeitpunkt des Sonnenaufgangs.

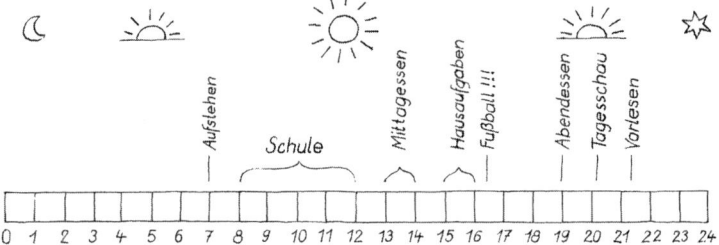

Hier ein paar Anregungen für Zeitabschnitte und Uhrzeiten, die Sie Ihrem Kind geben können:

- Wann wird es morgens hell? Wann wird es dunkel?
- Wann stehst du auf und wann gehst du meistens schlafen?
- Wann gehst du in die Schule?
- Wann holt Papa dich aus dem Hort ab?
- Wann kommt Mama von der Arbeit nach Hause?
- Wann essen wir zu Mittag oder zu Abend?
- Wann gehst du zum Fußballverein?
- Wann läuft deine Lieblingsserie im Fernsehen?

Reden Sie mit Ihrem Kind über die Eigenschaften der 24-Stunden-Einteilung eines Tages. Folgende Dinge sollten Ihrem Kind bewusst sein:

- »Ein Tag hat 24 Stunden.«
- »Um null Uhr, wenn ich schlafe, endet der alte Tag, und es fängt sofort ein neuer an.«
- »Um zwölf Uhr, wenn die Schule schon fast vorbei ist (wenn es keine Ganztagsschule ist und es keine Nachmittagsaktivitäten gibt), ist die Mitte des Tages erreicht. Die Sonne steht dann am höchsten. Man nennt diese Uhrzeit auch Mittag.«

Sie können Ihrem Kind veranschaulichen, wie sich diese Abläufe immer wiederholen und wie ein Tag in den nächsten übergeht, indem Sie den Zeitstrahl zu einem Ring zusammenlegen.

Tagesabläufe auf die Uhr übertragen

Unersetzlich, um Kindern das Lesen der Uhrzeiten beizubringen, ist eine selbstgebastelte Papp-Uhr, auf der sich die Zeiger nach Belieben verschieben lassen. Sie lässt sich problemlos aus Karton und einer Paketklammer anfertigen. Wenn Sie das Ziffernblatt nicht selbst zeichnen wollen, können Sie über Google schnell Vordrucke zum Herunterladen finden. Es erleichtert Kindern das Verständnis, wenn die Beschriftung auf dem Ziffernblatt nicht nur die Stunden, sondern auch die Minuten zeigt.

Wenn Sie mit Ihrem Kind einen Zeitstrahl mit den Tagesabläufen Ihres Kindes angefertigt haben, können Sie diesen mit der Pappuhr kombinieren, um ihm zu zeigen, wie der Verlauf der Zeit auf der Uhr dargestellt wird. Nehmen Sie den Papierstreifen und legen Sie ihn zu einem doppelten Ring zusammen, so dass die Beschriftung nach außen zeigt. Jetzt können Sie die Uhr in die Mitte des Ringes legen. Dabei müssen Sie darauf achten, dass beim Zeitstrahl-Ring der Ort, an dem die beiden Enden des Papierstreifens aufeinandertreffen, neben der Zwölf auf dem Ziffernblatt liegt.

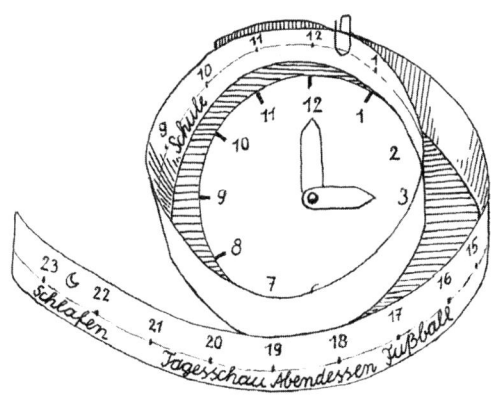

Sie und Ihr Kind können jetzt zusammen vergleichen, wie jene Tagesabläufe, an die es gewöhnt ist, durch die Uhr dargestellt werden. Dabei wird der Fakt, dass die Uhr immer nur zwölf Stunden von den 24 eines Tages zeigt, durch den doppelten Papierring verdeutlicht. Um acht Uhr morgens beispielsweise beginnt die Schule, während um acht Uhr abends die Tagesschau beginnt – diese zwei unterschiedlichen Zeitpunkte werden aber beide durch die Acht auf dem Ziffernblatt dargestellt.

Das Vereinen von Zeitstrahl und Papp-Uhr klappt natürlich nur, wenn der Papierstreifen lang genug ist. Wenn Sie Ihren Zeitstrahl, wie oben beschrieben, aus einem Stück A3-Papier angefertigt haben, sollte der Durchmesser der Uhr etwa 13,4 Zentimeter betragen. Der große Zeiger sollte also nicht länger als 6,7 Zentimeter sein.

Eine Digitaluhr basteln

Auch eine Digitaluhr lässt sich schnell aus Pappe und Papier basteln. Was Sie dafür brauchen, sind eine Postkarte oder ein ähnlich großes Stück Pappe und zwei lange Streifen Papier. Malen Sie mittig auf die Pappe einen Doppelpunkt und schneiden Sie links und rechts von ihm jeweils zwei waagrechte Schlitze in Breite der

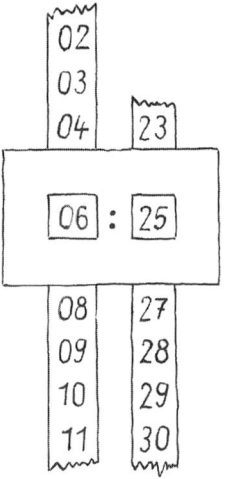

Papierstreifen. Beschriften Sie dann einen der Streifen mit den Zahlen von null bis 23 und den anderen mit den Zahlen von null bis 59 – einstellige Zahlen müssen dabei mit einer vorausgehenden Null geschrieben werden.

Wenn Sie auf Ihrem Computer ein Tabellenkalkulationsprogramm wie Excel installiert haben, lässt sich mit der Autovervollständigungsfunktion das Erstellen der Streifen in Sekunden erledigen. Mit einer solchen Uhr kann man üben, wie Uhrzeiten jeweils auf einer Zeiger- und einer Digitaluhr dargestellt aussehen. Darüber hinaus verdeutlicht die Digitaluhr Kindern Dinge, die sie auf einer Uhr mit Zeigern nicht erkennen können. So sehen sie auf der Digitaluhr die Minuten als Zahlen verstreichen – etwas, das es bei der Zeigeruhr nicht zu sehen gibt. Die Papierstreifen zeigen ihnen, welche Zahlen an welcher Stelle der Digitaluhr auftauchen können. Zudem verdeutlicht die Papp-Digitaluhr ihnen, dass die 24 und die 60 bei der Darstellung der Uhrzeiten nicht auftauchen – obwohl ein Tag 24 Stunden und eine Stunde 60 Minuten hat.

Der Minutenzeiger

Wenn Ihr Kind die Stunden an dem kurzen Zeiger ablesen kann, können Sie ihm den langen Zeiger erklären. Bei diesem Schritt begehen Eltern oft den Fehler, dass sie die Bedeutung von kurzem und langem Zeiger so erklären, als gäbe es keine Beziehung zwischen den beiden. Sie sagen ihren Kindern: »Der kurze Zeiger zeigt auf die Stunden, der lange auf die Minuten. Man liest erst die Stunden ab, und dann die Minuten.« Das Kind blickt auf die Uhr und sieht, dass der kurze Zeiger auf die Zwei zeigt, und denkt sich: »Zwei Uhr.« Dann blickt es auf den langen Zeiger, der auf 55 Minuten zeigt und denkt sich »Zwei Uhr 55 Minuten.« Leider ist es aber nicht fünf Minuten vor drei, sondern fünf Minuten vor zwei! Es ist oft schwer zu erkennen, ob der kurze Zeiger auf eine Stelle vor einer vollen Stunde oder auf eine Stelle nach einer zeigt.

Dieses Verfahren – die Zeiger nacheinander betrachten, als seien sie voneinander unabhängig – liefert oft richtige Uhrzeiten, regelmäßig aber auch falsche. Weil sie manchmal damit richtigliegen, neigen Kinder dazu, sich diesen falschen Weg anzugewöhnen.

Es ist daher wichtig, dass sie lernen, dass es eine Verbindung zwischen den Zeigern gibt: Während der kurze eine Stunde weiterrückt, läuft der lange Zeiger einmal um die ganze Uhr. Daher kann man aus der Position des langen Zeigers ablesen, wohin genau der kurze zeigt. Ob er vor, auf oder kurz nach einer vollen Stunde liegt.

Wenn der lange Zeiger vor der Zwölf ist, dann ist auch der kurze Zeiger vor der vollen Stunde. Ist der lange dagegen hinter der Zwölf, dann ist auch der kurze hinter der vollen Stunde.

Unmögliche Uhrzeiten

Ein guter Weg, um Kindern klarzumachen, dass der kurze und der lange Zeiger sich nicht unabhängig voneinander bewegen, sondern in einer fixen Beziehung zueinander stehen, ist, mit Kindern über Uhrzeiten zu sprechen, die sie nie auf einer Uhr sehen werden. Sie können dies machen, indem Sie auf der Papieruhr Uhrzeiten einstellen und mit Ihrem Kind darüber reden, ob diese möglich sind oder nicht. Zwei Beispiele für unsinnige Uhrzeiten sollte Ihr Kind erkennen können:

- Der lange Zeiger deutet auf die Sechs und der kurze Zeiger auf eine volle Stunde.
- Der kurze Zeiger liegt sichtbar zwischen zwei vollen Stunden und der lange Zeiger auf der Zwölf.

Zeitspannen berechnen

Das Berechnen von Zeitspannen stellt Kinder vor besondere Herausforderungen. Die Anzeige der Digitaluhr sieht einer dezimalen Zahl sehr ähnlich, und es ist für Kinder verführerisch, Zeitspannen durch stellenweises Addieren zu berechnen. Das wäre im Prinzip kein Problem, wenn die Kinder in einem Sechziger-System rechnen würden. Meist addieren und subtrahieren sie dabei aber, wie sie es vom Dezimalsystem gewohnt sind.

Es ist wieder einer dieser Fälle, bei dem ein falsches Vorgehen besonders trügerisch ist, weil es oft richtige Ergebnisse liefert und damit die Gefahr besteht, dass Kinder es sich angewöhnen. Oft liefert es aber auch falsche Resultate. Hier das Beispiel einer Textaufgabe, bei der stellenweises Addieren von Uhrzeiten und Zeitspannen zu einer richtigen Lösung führt.

»Eine Schulklasse fährt zur Klassenfahrt. Ihr Bus fährt um zwei Uhr 15 los und ist eine Stunde und 15 Minuten unterwegs. Wann kommen die Kinder an der Jugendherberge an?«

Das Kind würde Folgendes im Kopf rechnen:

$$2:15 + 1:15 = 3:30$$

Doch was passiert, wenn wir die Aufgabe ändern? Lassen wir den Bus etwas später losfahren – um 2:55 Uhr. Dann würde das Kind folgendes rechnen.

$$2:55 + 1:15 = 3:70$$

Wenn dem Kind klar ist, dass es hier Minuten in Stunden umrechnen muss, wäre dieses Ergebnis noch kein Beinbruch. Durch Umwandeln käme es auf das richtige Ergebnis: 4:10 Uhr. Doch was passiert, wenn die Schulklasse um 2:55 Uhr losfährt und eine Stunde und 50 Minuten unterwegs ist?

$$2:55 + 1:50 = 4:05$$

Jetzt ist nichts mehr zu retten! Das Berechnen von Zeitspannen gelingt Kindern am besten, wenn sie schrittweise vorgehen – zuerst die Minuten zur nächsten vollen Stunde ergänzen, dann Stunden hinzufügen, dann die verbleibenden Minuten bis zum Ende der Zeitspanne hinzufügen. Bei diesem Vorgehen neigen sie weniger dazu zu vergessen, dass sie in einem Sechziger-System rechnen müssen. Das fällt ihnen am leichtesten, wenn sie in der Lage sind, automatisiert an der Stellung des Minutenzeigers zu erkennen, wie viele Minuten von einer angebrochenen Stunde noch übrig sind.

Sachaufgaben

»Kann ich nicht«, sagen viele Kinder maulend, wenn sie bei den Hausaufgaben mit einer Textaufgabe konfrontiert werden. Für Kinder in der Grundschule ist das Lösen von Sach- und Textaufgaben die größte Herausforderung des Unterrichts. Der Mehrzahl fällt es schwer.

Die Sachaufgaben in Schulbüchern sollen die Verbindung zwischen dem Rechnen im Unterricht und der Realität herstellen. Zu Recht bemäkeln Kinder oft, dass sie diesem Anspruch nicht immer nachkommen: Da werden Zäune in immer gleichbleibender Geschwindigkeit gestrichen, Hühner legen immer die gleiche Menge Eier pro Tag, und Züge fahren in gleichem Tempo aufeinander zu. Doch eines haben solche Textaufgaben mit realen Matheproblemen des Alltags gemein: Sie verlangen mehr als nur Ausrechnen-Können. Es gibt kein Rezept zu ihrer Lösung, keine Schritt-für-Schritt-Anleitung. Die Kinder müssen lernen, selbst Wege zum Lösen von Problemen zu finden.

Dabei spielen auch charakterliche Voraussetzungen eine Rolle: Es braucht etwas Hartnäckigkeit und Selbstvertrauen, um sich an scheinbar unlösbare Aufgaben heranzutrauen und sich auf sie einzulassen. Dies ist nichts, was Kinder aus einem Mathebuch lernen, sondern etwas, das sie sich von einem Erwachsenen abschauen müssen, wenn sie zusammen mit ihm Sachaufgaben lösen.

Abgesehen davon, ist es wichtig, dass ein Kind mit Maßeinheiten umgehen kann. In fast jeder Sachaufgabe tauchen sie auf. Wenn ein Kind keine Vorstellung von ihren Größen und Verhältnissen hat, ist es ihm unmöglich, die meisten Sachaufgaben zu lösen. Falls es sehr große Probleme mit Sachaufgaben hat, sollte als Erstes geprüft werden, ob es Maßeinheiten mit bestimmten Ankerpunkt-Vorstellungen verbinden kann (zum Beispiel die Dicke eines Bleistiftstrichs für einen Millimeter), und als Zweites, ob es diese umrechnen kann.

Es ist offensichtlich, dass das Verstehen, um was es in einer Textaufgabe geht und was eigentlich die Problemstellung ist, der erste und entscheidende Schritt ist. Doch oft ist dieser schon schwierig. Auf den Seiten von Schulbüchern ist der Raum knapp. Daher sind Textaufgaben in der Regel kurz und mit verschachtelten Sätzen formuliert. Zudem sind sie in einer Erwachsenen-Sprache gehalten, die Kinder nicht immer verstehen: Da werden Ausdrücke wie »pro Stunde« oder »reine Fahrzeit« benutzt, die für das Lösen der Aufgabe wichtig sind, von den Kindern aber leicht überlesen oder nicht verstanden werden.

Oft hilft es Kindern schon ungemein, wenn sie zusammen mit ihren Eltern die Aufgabe durchlesen. Lesen Sie zusammen mit Ihrem Kind den Text einmal laut und lassen Sie das Kind ihn danach noch einmal alleine und leise lesen. Reden Sie dann mit dem Kind über die Aufgabe. Stellen Sie Fragen: Gibt es Worte in dem Text, die du nicht verstehst? Sind dort vielleicht Worte, die du möglicherweise überlesen hast, weil sie klein und unbedeutend wirken?

Bitten Sie dann Ihr Kind, alle Zahlen in dem Text in eine Liste zu schreiben, zusammen mit ihren Maßeinheiten oder Einheiten. Wenn es um Anzahlen von Personen oder Dingen geht, sollen die Kinder dies hinter die Zahlen schreiben.

Suchen Sie dann nach »versteckten« Zahlen, die als Wörter geschrieben sind oder die umgerechnet werden müssen. Einem Kind fällt vielleicht nicht auf, dass die Satzteile »an einem Tag« oder »in einer Woche« ebenfalls Zahlen enthalten.

Verdecken Sie die Aufgabe mit der Hand oder schlagen Sie das Buch zu und bitten Sie Ihr Kind, die Aufgabe in eigenen Worten wiederzugeben.

Oft wird der Tipp gegeben, man solle Kinder Skizzen anfertigen lassen. Ihr Anfertigen verlangt aber bereits ein hohes Abstraktionsvermögen, das Grundschulkinder meist noch nicht haben. Es ist für Kinder einfach, wenn man sie die Aufgaben mit kleinen Gegenständen wie Legosteinen, Spielzeug oder Muggelsteinen nachspielen lässt. Welche Schritte müssen gemacht werden? Welche Bewegungen werden dabei ausgeführt? Wenn zwei Züge den Bahnhof in entgegengesetzter Richtung verlassen, kann der Bahnhof durch einen Muggelstein dargestellt werden, während zwei Legosteine für die Züge stehen. Unter Umständen lässt sich die Aufgabe auch in einem kleinen Theaterstück nachspielen.

Die große Frage lautet bei jeder Textaufgabe: Mit welchen Rechenzeichen müssen diese Zahlen verbunden werden? Welche Rechenart ist gefragt? Es gibt nur vier: Addieren, Abziehen, Malnehmen und Teilen. Falls Ihr Kind an dieser Stelle steckenbleibt – hier ist eine Liste mit Fragen, die Sie ihm stellen können, um ihm zu helfen:

- Wird eine Zahl zu einer anderen hinzugefügt? In diesem Fall: Addieren.
- Wird eine Zahl von einer anderen abgezogen? In diesem Fall: Subtrahieren.
- Muss das, was zwischen zwei Zahlen liegt, bestimmt werden? In diesem Fall: Subtrahieren.
- Wird immer wieder die gleiche Zahl hinzugefügt? In diesem Fall: Multiplizieren.

- Ist immer wieder die gleiche Anzahl Dinge nebeneinander angeordnet? In diesem Fall: Multiplizieren.
- Wird von einer Zahl immer wieder das Gleiche abgezogen? In diesem Fall: Dividieren.
- Wird eine Zahl reihum auf etwas verteilt? In diesem Fall: Dividieren.
- Wird eine Zahl in mehrere Bündel gleicher Größe geteilt? In diesem Fall: Dividieren.

Wenn es eine komplexe Aufgabe ist, lauten die großen Fragen, die zuerst geklärt werden müssen: Welche Schritte müssen gemacht werden? Kommt man mit einem Rechenschritt zur Lösung oder muss ein Zwischenergebnis berechnet werden?

Stolpersteine

Maßeinheiten ignorieren Oft nehmen Kinder zwar die Zahlen in einem Text wahr, übersehen aber die Maßeinheiten, die mit diesen verbunden sind. Sie rechnen mit den Zahlen, erhalten ein Ergebnis und überlegen sich erst dann, welche Maßeinheit sie dahinterschreiben sollen. Oft sind es aber die Maßeinheiten, die einem zeigen, welche Rechnung eigentlich ausgeführt werden muss.

Sich von einzelnen Wörtern verwirren lassen Eine Strategie von Kindern, um Sachaufgaben zu lösen, ist, in dem Text nach gewissen Signalwörtern zu suchen, die ihnen zeigen, mit welchen Rechenzeichen sie die Zahlen verbinden müssen: zum Beispiel »hinzufügen«, »bekommen« oder »dazu« für Addieren, »weniger«, »ausgeben« oder »weggeben« für Subtrahieren; »verteilen« für Dividieren und Ähnliches. Oft wird ihnen auch von Erwachsenen empfohlen, nach diesen Wörtern in Textaufgaben zu suchen. Ein Problem dieser Strategie ist, dass nicht jede Textaufgabe ein eindeutiges Signalwort enthält. Zudem können diese Wörter auch in die Irre führen. Wie bei dieser Aufgabe zum Beispiel:

»Anja schenkt Bernd zehn Murmeln. Nachdem er die Murmeln bekommen hat, hat er 30. Wie viel hatte er vorher?«

Ein Kind, das sich hier auf die Signalworte »schenken« und »bekommen« konzentriert, wird denken, dass die Rechnung 10 + 30 zum richtigen Ergebnis führt. Einem so verwirrten Kind könnte man helfen, indem man die 30 Murmeln als Punkte aufmalt und mit ihm über die Rechenaufgabe spricht: »Guck mal, hier sind Bernds 30 Murmeln. Zehn von diesen Murmeln hat ihm Anja geschenkt. Kreis mal zehn Murmeln auf diesem Bild ein!« Ihm wird dann schnell klarwerden, dass die übrigen Punkte die gesuchte Zahl ergeben.

10. KAPITEL

GEOMETRIE

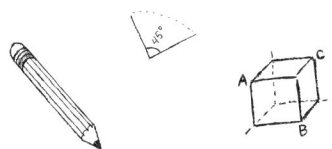

Die Lehre von Linien und Körpern

Wahrscheinlich haben Sie sich dieses Buch nicht gekauft, weil Ihr Kind in der Schule Probleme mit der Geometrie hat. Schüler lieben die Lehre von den Punkten, Linien, Flächen und Körpern, weil sie dabei mit Materialien hantieren, die ihnen auch außerhalb des Unterrichts Freude bereiten: Papier, Schere und Kleber. Auch Kinder, die in anderen Bereichen der Mathematik Probleme haben, können hier Erfolgserlebnisse haben.

Leider führt die Geometrie im Schulunterricht ein Randdasein. Sie wurde erst 1968 in die Lehrpläne aufgenommen, obwohl sie eines der ältesten Gebiete der Mathematik ist – viel älter als die Ziffern, mit denen wir rechnen. Denken Sie an Euklid, Pythagoras und die anderen alten Griechen! Von Eltern und Lehrern wird sie häufig als eine »andere« Mathematik wahrgenommen, ohne Zusammenhang mit den Grundrechenarten und wenig praktischem Nutzen. Ihre Rolle im Unterricht ist oft die einer Belohnung für die Schüler, nachdem harte Inhalte durchgenommen wurden. Wenn Lehrer feststellen, dass die Zeit für das Lehren des Unterrichtsstoffs knapp wird, sind geometrische Inhalte die ersten, die überblättert werden.

Das ist verständlich, aber schade. Fertigkeiten wie ein räumliches Vorstellungsvermögen, das Zeichnen von Skizzen oder das Lesen von Karten und Plänen haben für die Schüler in ihrem späteren Leben sehr, sehr viel praktischen Nutzen. Zudem ist die Geometrie ein Bereich, in dem es leichtfällt, Kinder für Mathematik zu begeistern.

In vielen Schulbüchern wird Geometrie getrennt von den Grundrechenarten dargestellt. Wir haben uns beim Schreiben dieses Buches ebenfalls dieser Sünde schuldig gemacht. Allerdings haben wir einen guten Grund dafür. Da Geometrie Kindern wie Eltern viel Freude bereitet, wollten wir uns hier mehr Freiheiten nehmen und über die ohnehin vage formulierten Lehrpläne hinausgehen. Also dann: Liegen Bleistift, Schere, Lineal und Kleber bereit?

Farbklecks-Schmetterlinge

Sicherlich hat Ihr Kind schon einmal Farbklecks-Schmetterlinge hergestellt. Dazu verspritzt man mit einem Pinsel Wasserfarbe über einem Blatt Papier, faltet es und presst es kurz zusammen. Wenn das Kind das Papier wieder öffnet, sieht es eine achsensymmetrische Figur, die meistens einem Schmetterling ähnelt. Kinder können ganze Nachmittage damit verbringen, Stapel von Farbklecks-Schmetterlingen zu produzieren. Zudem kann Ihr Kind aus diesen Bildern viel über Achsensymmetrie lernen, wenn Sie diese zusammen untersuchen. Am deutlichsten tritt der Effekt zutage, wenn Sie zwei unterschiedliche Farben auf den gegenüberliegenden Hälften des Blatts verspritzen – am besten reines Blau, Rot oder Gelb. Betrachten Sie den Schmetterling nach dem Öffnen etwas genauer, werden Sie sehen, dass er nicht ganz symmetrisch ist: An den Stellen, die als erste durchtränkt waren, sind die Farben leuchtender als an jenen, die erst durch das Zusammenfalten mit Farbe in Kontakt kamen. Wie sah das Blatt vor dem Zusammenfalten aus? Wo waren die Farben, bevor das Blatt gefaltet wurde, und wo landeten sie danach?

Formen basteln

Das Geheimnis eines DIN-A4-Blatts

Ein herkömmliches DIN-A4-Papier ist das erste geometrische Material, das Ihr Kind in die Finger bekommt. Ein »unbeschriebenes Blatt« steht sinnbildlich für Langeweile und Einfältigkeit. Zu Unrecht! Vielen Menschen ist nicht klar, welche überraschenden Eigenschaften in den Papierbogen stecken, die wir täglich benutzen. Sie wissen sicherlich, dass Sie zwei Stücke der Größe DIN-A5 erhalten, wenn Sie einen DIN-A4-Bogen entlang seiner kürzeren

Mittellinie zerschneiden. Wenn Sie dagegen zwei DIN-A4-Blätter an ihren längeren Seiten zusammenkleben, erhalten Sie einen DIN-A3-Bogen. Alle drei Formate haben exakt die gleiche Form, oder besser gesagt: die gleichen Seitenverhältnisse, nämlich 1:$\sqrt{2}$. Das ist ungefähr 1:1,41. Wir könnten diesen Teilungs- oder Verdoppelungs-Prozess bis in die Unendlichkeit weiterführen – immer wieder würden wir Rechtecke mit den gleichen Seitenverhältnissen erhalten. Wussten Sie, dass Rechtecke mit den Seitenverhältnissen des DIN-A4-Papiers die einzigen sind, die diese Eigenschaft besitzen? Quadrate zum Beispiel lassen sich nicht immer wieder in neue Quadrate halbieren – es werden längliche Rechtecke daraus. Unser Papier ist eine kleine mathematische Zauberei, die für uns selbstverständlich geworden ist.

Formen erkunden

Untersuchen Sie mit Ihrem Kind zusammen, welche geometrischen Formen sich aus einem Stück Papier herstellen lassen – ganz ohne Geodreieck oder Lineal. Doch vom Falten und Schneiden alleine lernen Kinder noch nicht die Eigenschaften der geschaffenen Formen kennen. Es ist daher wichtig, dass Sie zusammen die Formen erkunden. Wie viele Ecken und Kanten hat jede? Welche Seiten sind gleich lang? Welche anderen Formen lassen sich aus ihnen schaffen?

Wie man aus einem Stück Papier ein Quadrat macht

Wahrscheinlich weiß Ihr Kind schon, wie man ein Quadrat aus einem DIN-A4-Bogen herstellt: Man nimmt das Papier und faltet eine Ecke so um, dass die kürzere Seite auf der längeren zu liegen kommt.

Falten Sie Punkt A auf Punkt B und schneiden Sie einen Streifen Papier entlang der Linie C weg. Wenn Sie den Bogen wieder auffalten, erhalten Sie ein Quadrat.

Lassen Sie Ihr Kind etwas mit dem Quadrat spielen. Es lässt sich

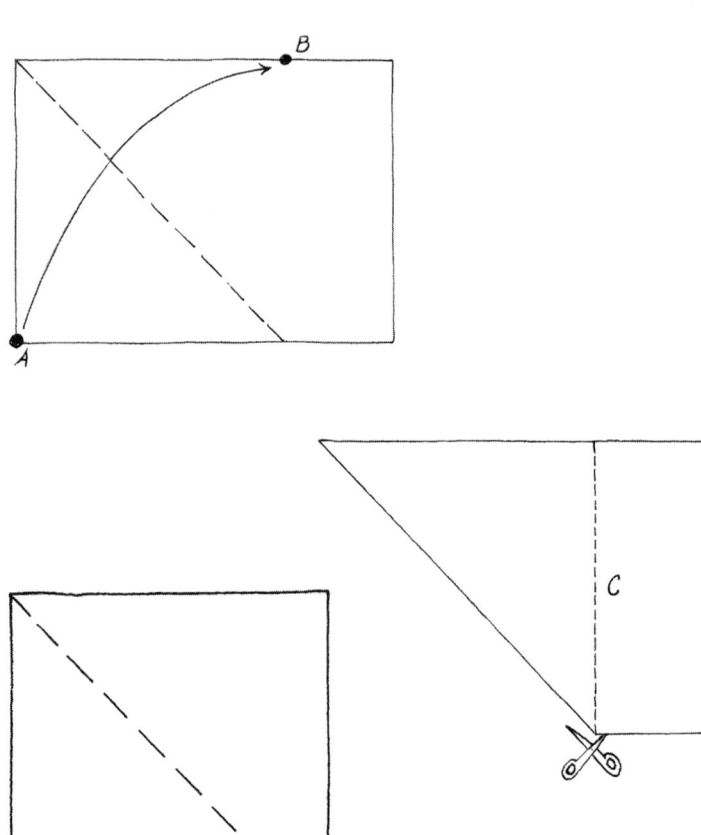

entweder parallel zum Rand in zwei Rechtecke oder diagonal in zwei Dreiecke falten. Die Rechtecke lassen sich wiederum in zwei Quadrate und die Dreiecke in zwei kleinere Dreiecke falten.

Aus einem Quadrat einen Stern machen

Vielleicht hat Ihr Kind schon im Kindergarten zur Weihnachtszeit Papiersterne aus mehrfach gefalteten Quadraten ausgeschnitten, um die Fenster zu dekorieren. Diese Sterne sind ein spielerischer Weg, um Symmetrien zu erkunden – nicht nur im Winter. Sterne auf einer Quadrat-Basis haben Ihre Kinder sicher schon gebastelt.

Es geht ganz einfach: Man faltet ein Quadrat »um seinen Mittelpunkt herum«, indem man es entlang seiner Diagonalen knickt, und das resultierende Dreieck wieder zu einem kleineren Dreieck faltet. Dann schneidet man mit einer Schere nach Belieben Löcher in die Seiten des Dreiecks und öffnet das Ganze wieder. Kinder lieben den »Tadaa!«-Effekt beim Auffalten – ein Stern ist entstanden! (Oder ein Quadrat mit Löchern – je nachdem, wie entschlossen man beim Schneiden war.)

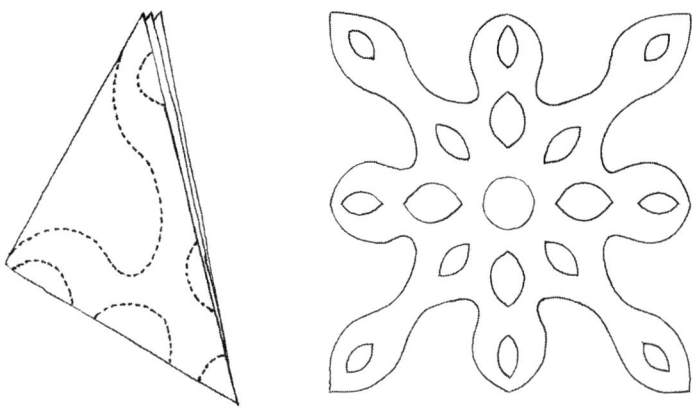

Erforschen Sie mit Ihrem Kind zusammen, was beim Falten und Schneiden des Papiers geschieht. Betrachten Sie nach dem Falten das Dreieck, das entstanden ist. Wie viele Lagen Papier liegen übereinander? Entfalten Sie beide vor dem Schneiden noch einmal das Papier und betrachten Sie zusammen die entstandenen Falze. Können Sie das Dreieck wiedererkennen? Versuchen Sie mit Ihrem Kind zusammen herauszufinden, wo Sie schneiden müssen, um bestimmte Formen zu schaffen. Welche Ecke muss weggeschnitten werden, um ein Loch in der Mitte zu schaffen?

Wie ein Quadrat zum Achteck wird
Doch wie schafft man einen Stern mit 16 Spitzen? Dazu braucht man ein Achteck als Ausgangsform. Schneiden Sie dazu zuerst ein Quadrat aus einem DIN-A4-Papier aus. Finden Sie dann seinen

Mittelpunkt, indem Sie das Quadrat entlang seiner zwei Diagonalen falten. Falten Sie dann die vier Ecken (A) des Quadrats nach innen, so dass sie auf dem Mittelpunkt (B) zu liegen kommen.

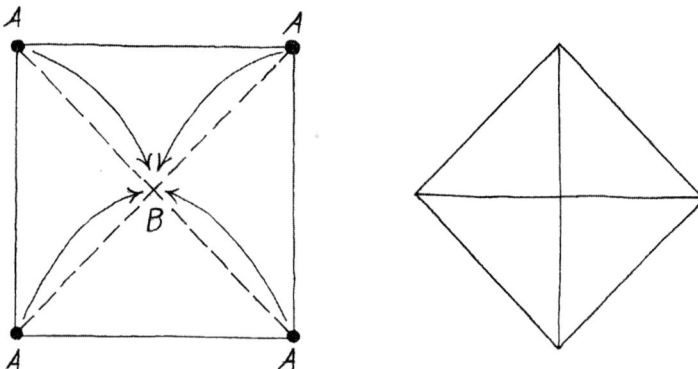

Wenn Sie es wieder auffalten, werden Sie feststellen, dass die so entstandenen Falze wieder ein Quadrat bilden, wobei jede Ecke des inneren Quadrats die Seiten des Papier-Quadrats in der Mitte teilt.

Jetzt kommt der Trick: Knicken Sie jede Ecke (A) so nach innen, dass sie auf dem Falz (C) zu liegen kommt.

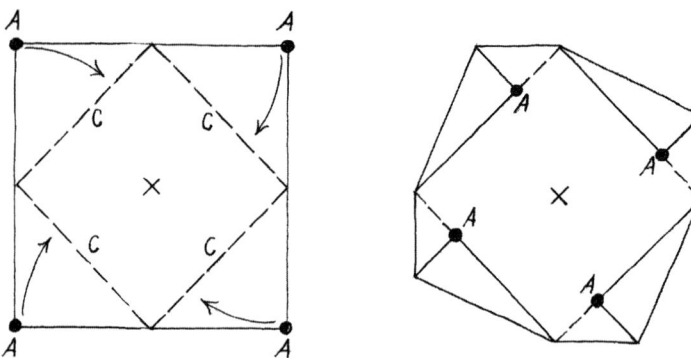

Öffnen Sie das Papier wieder und knicken Sie Ecke (A) wieder auf Falz (C) – diesmal aber in der anderen Richtung.

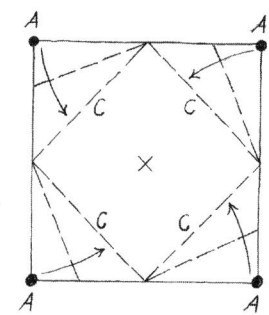 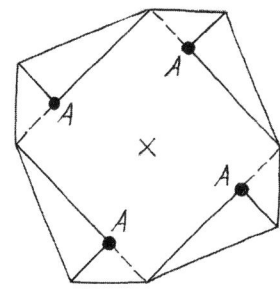

Wenn Sie das Papier auffalten, bilden die Falze ein Achteck. Sie müssen es jetzt nur noch mit der Schere ausschneiden.

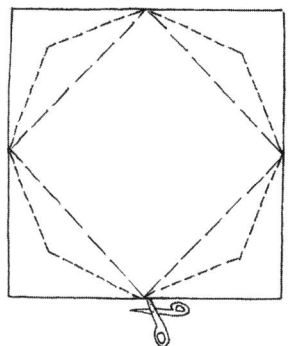 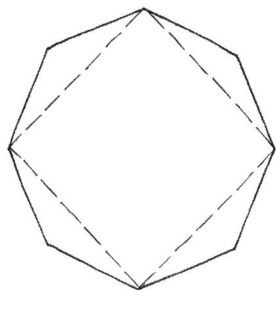

Sodann muss man das Achteck viermal falten, um es zu einem Stern zurechtschneiden zu können. Ein Schneestern für Fortgeschrittene!

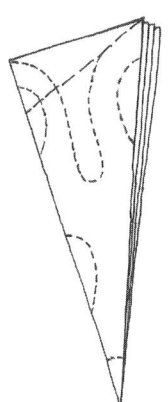 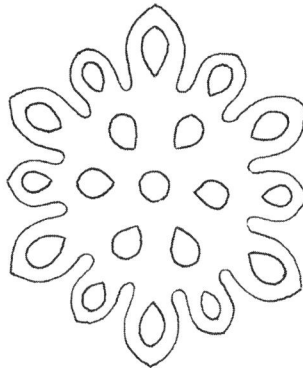

Wie man aus einem Stück Papier ein gleichseitiges Dreieck macht

Aus einem DIN-A4-Papier ein Dreieck zu schneiden ist nicht schwer. Man muss nur eine Ecke umklappen und sie auf der Kante zu liegen bringen. Dann schneidet man es entlang dem Falz ab. Das so kreierte Dreieck hat allerdings nur zwei gleich lange Seiten. Wie schafft man eines, bei dem alle drei Seiten gleich lang sind?

Falten Sie dazu das Papier der Länge nach, so dass die Kante (A) auf der Kante (B) zu liegen kommt. Wenn Sie es wieder auffalten, ist in der Mitte dem Falz (C) entstanden.

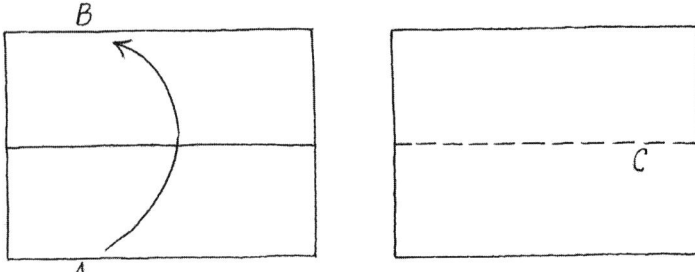

Nehmen Sie jetzt die Ecke (D) und falten Sie diese auf den Falz (C) – es entsteht ein neuer Falz (E), der schräg über das Papier läuft. Öffnen Sie das Papier wieder.

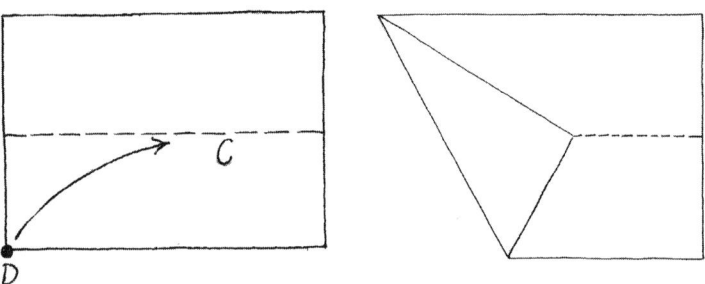

Nehmen Sie dann die gegenüberliegende Ecke (F) und knicken Sie das Papier so, dass (F) auf dem Falz (E) landet.

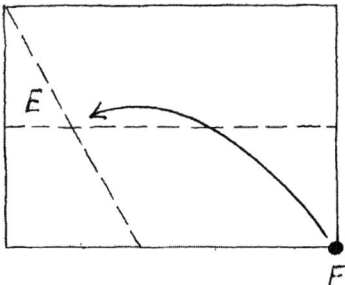

Wenn Sie das Papier wieder öffnen, bilden die beiden entstandenen Knicke nun ein gleichseitiges Dreieck.

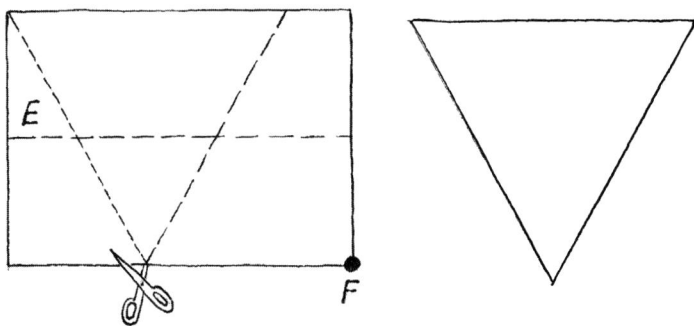

Lassen Sie Ihr Kind ein bisschen mit dem Dreieck herumspielen: Legen Sie es auf den Tisch und drehen Sie es. Fällt Ihrem Kind etwas auf? Entlang welcher Linien lässt es sich in zwei gleiche Teile falten?

Auch aus diesem Dreieck lässt sich ein Schneestern schneiden – es lässt sich allerdings nicht so einfach zusammenfalten wie ein Quadrat oder ein Achteck. Nehmen Sie die drei Punkte (G) an den Kanten. Sie finden diese Punkte, wenn Sie das Dreieck entlang seiner drei Symmetrieachsen falten. Führen Sie die Punkte (G) zur Mitte. Dabei entsteht eine dreidimensionale Form, die ein bisschen wie ein Propeller aussieht.

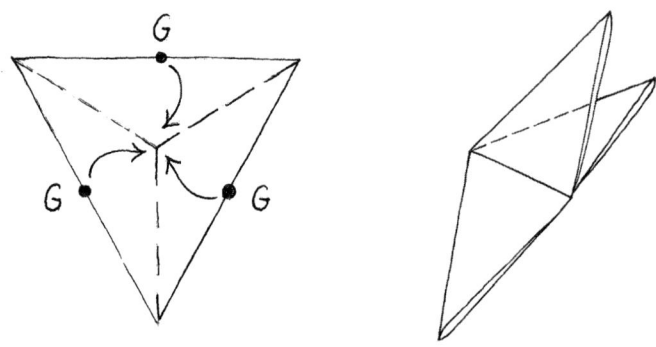

Jetzt können Sie die einzelnen Flügel dieses Propellers umknicken und aufeinander zu liegen bringen. Dann können Sie einen Schneestern ausschneiden.

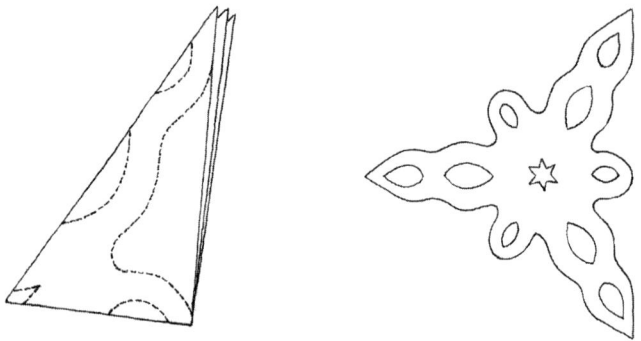

Aus einem Dreieck ein Sechseck machen

Aus einem gleichseitigen Dreieck lässt sich schnell ein Hexagon, ein Sechseck, schneiden. Dazu ist nichts anderes notwendig, als die Spitzen (A) so umzuknicken, dass sie auf dem Mittelpunkt (B) des Dreiecks liegen.

Wenn Sie das Papier wieder auffalten, können Sie entlang der neu entstandenen Falze ein Sechseck ausschneiden. Betrachten Sie sich mit Ihrem Kind zusammen kurz diese Form. Sehen Sie, dass das Sechseck aus sechs gleichseitigen Dreiecken besteht? Sie können dies gut auf der Abbildung oben erkennen. Denken Sie an das gleichseitige Dreieck, aus dem wir das Sechseck ausgeschnitten

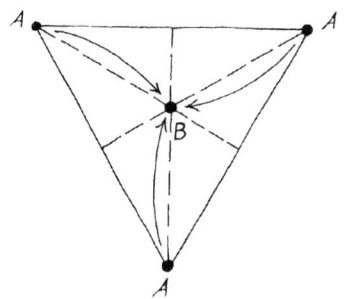 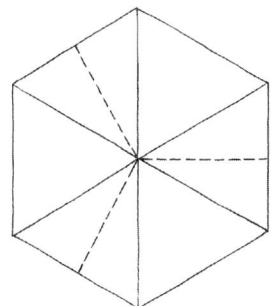

haben: Es bestand selbst aus neun gleichseitigen Dreiecken – die sechs, aus dem das Sechseck besteht, sowie die drei Spitzen, die nun als Papierreste bei Ihnen auf dem Tisch liegen müssten.

Es ist nicht ganz einfach, aus dem Sechseck einen Stern zu schneiden. Falten Sie es zuerst entlang seiner Mittellinie, so dass die Punkte A auf den Punkten B landen. Es entsteht ein Trapez.

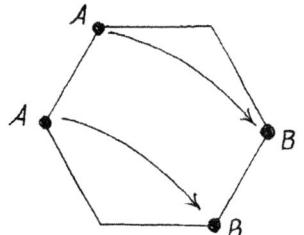 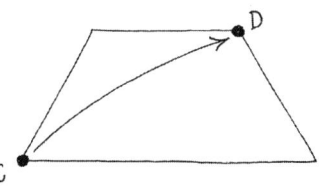

Nehmen Sie jetzt Ecke (C) und führen Sie diese zu Ecke (D). Es entsteht eine Raute.

Drehen Sie die Raute um und falten Sie Spitze (E) auf Spitze (F). Nun halten Sie ein kleines gleichseitiges Dreieck in der Hand.

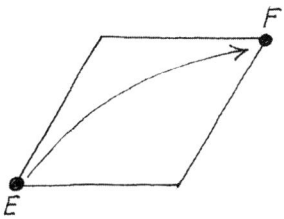 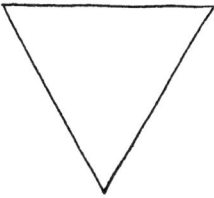

Das Dreieck können Sie ein weiteres Mal entlang seiner Mittellinie falten, wenn Sie wollen. Jetzt kann Ihr Kind mit dem Schneiden anfangen. Aufgefaltet könnte der entstandene Stern zum Beispiel so aussehen:

Ein Tetraeder aus Papier falten

Erinnern Sie sich noch aus Ihrer Schulzeit, was mit einem Tetraeder gemeint ist? Es ist ein Körper, der aus vier gleichen, dreieckigen Seitenflächen besteht. Überraschenderweise lässt sich ein Tetraeder ganz einfach aus Papier falten. Ein schneller Weg ist, aus einem DIN-A4-Papier ein gleichseitiges Dreieck zu basteln (siehe S. 293) und dann dessen drei Ecken so zu falten, dass sie auf der gegenüberliegenden Kante liegen. Der Nachteil: Dabei entstehen keine Klebelaschen – daher kann das Werk nur mit Tesafilm zusammengehalten werden.

Ein anderer Weg ist dieser: Klappen Sie die beiden langen Seiten (A) des DIN-A4-Blatts so ein, dass sie genau auf der Mittellinie (B) zu liegen kommen. Damit entsteht ein Rechteck, das halb so breit ist wie das ursprüngliche Papier.

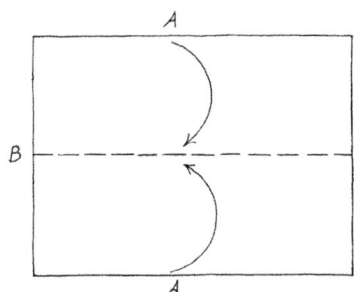

Das Folgende ähnelt sehr dem Verfahren zum Herstellen eines gleichseitigen Dreiecks: Nehmen Sie die Ecke (C) und falten Sie diese so, dass sie auf der Mittellinie (B) landet.

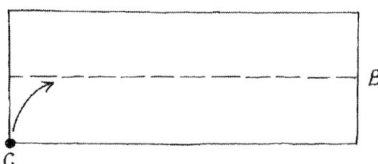

Nehmen Sie dann Ecke (D) und falten Sie diese auf Punkt (E) auf der Kante des Rechtecks.

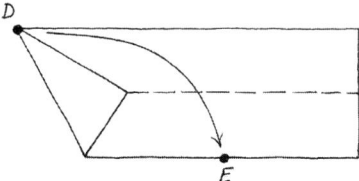

Falten Sie dann Ecke (F) auf Punkt (G). Wie sie sehen, entsteht ein Zickzackmuster aus gleichschenkeligen Rechtecken auf dem Papierstreifen.

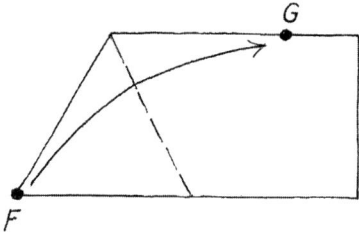

Knicken Sie jetzt ein letztes Mal die Ecke (H) auf die Kante (I). Die Ecke (H) steht dabei ein bisschen über das Papier hinaus.

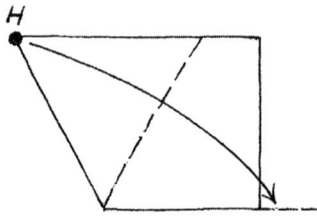

Falten Sie das Rechteck wieder auseinander. Jetzt kommt der große Moment: Führen Sie den Punkt (J) zu Punkt (K).

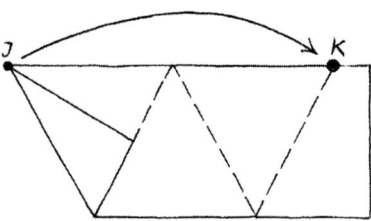

Dabei entsteht das Tetraeder! Die letzten kleinen Knicke ergeben sich von selbst. Jetzt müssen Sie nur noch kleben.

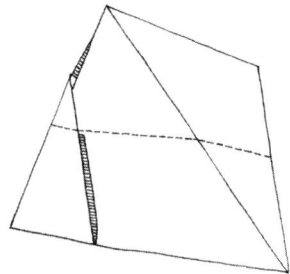

Kantenmodelle herstellen

Ein Kantenmodell ist das Modell einer geometrischen Figur, bei der die Flächen nicht verschlossen sind. Es gibt somit Kindern im wahrsten Sinne des Wortes Einblick in geometrische Körper. Besonders das Zeichnen von Würfeln und Quadern wird ihnen dadurch ungemein erleichtert. Zudem ist der Bau eines solchen Modells auch eine prima Beschäftigung für verregnete Nachmittage.

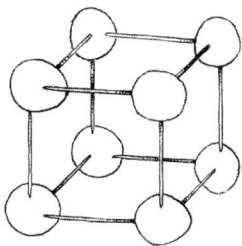

Der schnellste Weg, um das Kantenmodell einer geometrischen Figur zu bauen, ist, Kügelchen aus Knetmasse zu formen und dann dünne Holzstäbchen wie Schaschlikspieße in sie hineinzustecken. Der Nachteil dieser Methode ist, dass diese Modelle sofort auseinanderfallen, wenn man sie hochhebt. Um etwas Dauerhafteres zu schaffen, müssen Sie die Stäbchen verkleben.

Nehmen wir uns als Erstes ein würfelförmiges Kantenmodell vor. Dazu müssen Sie mit Ihrem Kind zusammen zuerst Ecken aus einem festen Karton herstellen. Am einfachsten ist dies, wenn Sie zuerst Kreise aus steifem Papier ausschneiden. Falten Sie diese zweimal, so dass Viertel entstehen, und schneiden Sie einmal vom Rand durch einen Falz bis zum Mittelpunkt. Verkleben Sie die beiden Viertel, die den Schnitt umgeben, so miteinander, dass eines über dem anderen liegt. Der Bau funktioniert am besten, wenn Sie zuerst die acht Ecken herstellen und vollständig austrocknen lassen, bevor Sie diese mit den Schaschlikspießen verbinden. Es muss ein flüssiger Kleber sein – Prittstifte sind ungeeignet!

Das ist das Interessante beim Bau eines solchen Modells: Um es zu schaffen, müssen Kinder genau darüber nachdenken, wie viele Ecken und Kanten ein Körper hat – für einen Würfel braucht man zum Beispiel zwölf gleich lange Schaschlikspieße und acht Ecken.

Nicht nur das, sie müssen auch genau überlegen, wie die Ecken beschaffen sein müssen. Wie müssten sie zum Beispiel aussehen, wenn man das Kantenmodell eines Tetraeders erschaffen wollte? Dieser Körper hat vier Ecken und an jeder treffen drei Flächen aufeinander.

Sie könnten zuerst ein gleichseitiges Dreieck schaffen und dieses als Schablone nutzen, um die richtige Einteilung für die Papierkreise zu finden. Übrigens: Überzieht man Kantenmodelle mit Transparentpapier, ergeben sie prima Lampions!

Seltsame Muster

Jeder, der einmal die Fliesen eines Badezimmers genau betrachtet hat, weiß, dass man jede Fläche mit aneinandergelegten Quadraten oder anderen Rechtecken der gleichen Größe bedecken kann, ohne dass Lücken dazwischen bleiben. Doch sie sind nicht die einzigen geometrischen Formen, die diese Eigenschaften haben. Jede Biene kann Ihnen zum Beispiel bestätigen, dass sich Sechsecke ohne Lücken aneinanderlegen lassen – bei Fünfecken geht dies nicht.

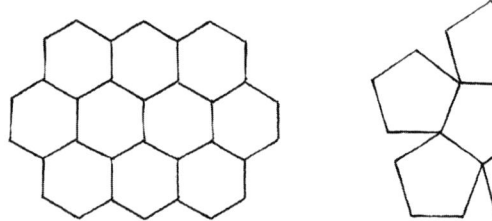

Die unglaublichsten Formen lassen sich aneinanderreihen! So lassen sich zum Beispiel mit jedem Dreieck schöne Muster legen. Der Trick dabei ist, aus jeweils zwei Dreiecken ein Viereck zu formen, so wie in diesem Bild – schon lassen sie sich lückenlos zusammenlegen.

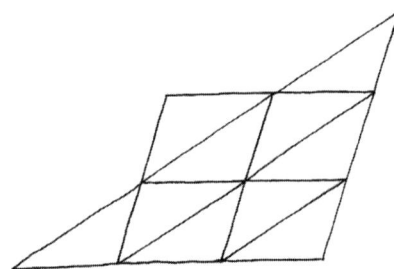

Probieren Sie es mit Ihrem Kind aus! Falten Sie ein Papier mehrmals, schneiden Sie eine Sammlung von gleich großen Dreiecken
aus und versuchen Sie, diese zu einer Fläche zusammenzulegen.
Auch Vierecke lassen sich lückenlos nebeneinanderlegen – nicht
nur Rechtecke, sondern alle viereckigen Formen: Trapeze, Paralle-
logramme und völlig unförmige Vierecke. Sogar diese Form:

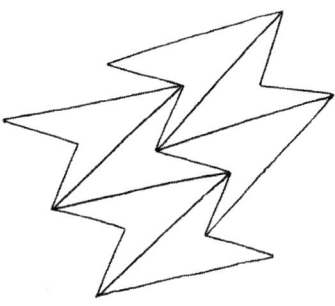

Lassen Sie Ihre Kinder ihre eigenen, unglaublichen Formen bil-
den, die hübsche, lückenlose Muster ergeben. Dabei ist es noch
nicht mal notwendig, dass die verwendeten Formen gerade Kanten haben. Was Sie dazu brauchen, ist ein Lineal, etwas Butterbrotpapier und festes Papier – am besten in zwei unterschiedlichen
Farben.
Malen Sie zusammen mit Ihrem Kind zuerst ein herkömmliches
Rechteck auf ein Stück Papier. Seine Abmessungen sind egal.
Wählen Sie nun eine Kante aus und verändern Sie diese nach
Ihrem Geschmack. Sie können einen Zacken rausschneiden oder
die Seite zu einer Welle machen oder ihr die Skyline Ihrer Heimat-
stadt geben – alles ist möglich!

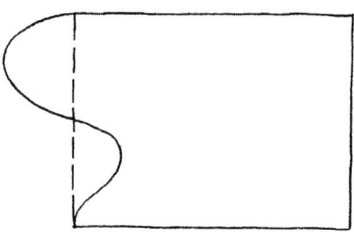

Pausen Sie jetzt das Rechteck mit der veränderten Seite auf Butterbrotpapier ab. Zeichnen Sie allerdings vorerst nicht jene Seite ab, die der veränderten gegenüberliegt.

Verschieben Sie dann das Butterbrotpapier derart, dass die noch offene Seite Ihres Butterbrotpapier-Rechtecks über der veränderten Seite des Rechtecks auf dem anderen Stück Papier zu liegen kommt. Jetzt können Sie dieses abpausen und erhalten ein inverses Abbild.

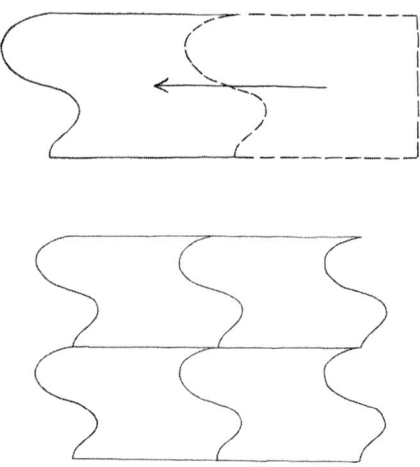

Nun können Sie entweder Ihre neue Wunderform aus dem Butterbrotpapier ausschneiden und als Vorlage für weitere Replikate nehmen. Sie können jedoch auch die zwei verbliebenen, unveränderten Seiten des Recktecks nach dem gleichen Vorgehen abwandeln. Besonders schön sieht es aus, wenn Sie für die Form Papier in zwei unterschiedlichen Farben verwenden.

Faszinierende Spiegel

Kinder lieben Spiegel. Ich erinnere mich an ein Spiegelschränkchen in meinem Elternhaus, vor dem ich als Kind ganze Nachmittage verbringen konnte. Es war ein unscheinbares Schränkchen aus vergilbtem Plastik, doch es hatte für mich besondere Bedeutung. Zum einen, weil darin Jod und Heftpflaster aufbewahrt wurden – zwei Dinge, die im Leben eines kleinen Jungen eine große Rolle spielen. Zum anderen, weil dieses Schränkchen drei gleich große, rechteckige Türen hatte, an denen Spiegel angebracht waren. Vor denen konnten man nicht nur Grimassen schneiden. Wenn man zwei dieser Türen so aufklappte, dass sich diese gegenüberstanden, sah man … Unendlichkeit! Na ja – fast. Um in die Spiegel blicken zu können, musste ich eine Tür leicht anwinkeln, was dazu führte, dass sich die Wiederholungen der Spiegelbilder in einer Kurve anordneten. Doch ich verbrachte viel Zeit damit, die Winkel der Spiegel zu verstellen und Gegenstände zwischen sie zu halten, um zu beobachten, wie diese vervielfältigt wurden.

Der Spiegel als Spielzeug

Ein kleiner Taschenspiegel oder ein rechteckiges Stück Spiegel können ein großartiges Spielzeug und gleichzeitig Mittel zum Erforschen von Symmetrien sein. Kleben Sie etwas Klebeband auf die Ränder, damit beim Spielen nicht kleine Splitter abspringen können. Mit selbstklebendem Band können Sie einen Bauklotz auf die Rückseite kleben, damit Ihr Kind den Spiegel hinstellen kann.

Erkunden Sie mit Ihrem Kind zuerst die Natur eines Spiegelbildes. Wir sagen oft, es sei »umgedreht«. Aber stimmt das eigentlich? Wenn wir vor einem Spiegel stehen und die rechte Hand heben, dann sehen wir auch, wie unser Spiegelbild die (aus unserer Perspektive, nicht aus jener unseres Spiegelbildes) rechte Hand hebt. Der Unterschied wird Kindern klar, wenn sie sich selbst mit der

Kamera eines Laptops, iPads oder Smartphones filmen und das Bild mit ihrem Spiegelbild vergleichen. Heben sie die rechte Hand, dann hebt ihr Gegenüber die linke. Beim Spiegel ist das anders: Sein Bild ist spiegelverkehrt, weil es nicht »umgedreht« ist!

Das Spiegelbuch

Kinder mögen Spiegel, aber so richtig überraschend ist der Blick in einen solchen nicht. Wirklich spannend wird es erst, wenn man zwei Spiegel miteinander verbindet. Wenn Sie etwa zwei gleich große, rechteckige Stücke Plastikspiegel haben, können Sie diese zu einem Spiegelbuch verbinden, indem Sie zwei Kanten mit Textilklebeband aneinanderkleben, so dass sie sich auf- und zuklappen lassen. Wenn Sie nun das Buch so aufklappen, dass seine beiden Teile einen Winkel bilden, dann können Sie es aufrecht hinstellen. Lassen Sie Ihr Kind das Spiegelbuch etwas erforschen. Was sieht es, wenn es in die Spiegel blickt? Legen Sie etwas in den Winkel zwischen den beiden Spiegeln – am besten etwas, das eindeutig nicht symmetrisch ist. Vielleicht ein Lego- oder Playmobil-Männchen, das einen Arm in die Höhe streckt und einen nach unten. Wie oft sieht Ihr Kind es dort, wenn es das »echte« mitzählt? Ihr Kind wird schnell feststellen, dass die Zahl der Spiegelbilder wächst, wenn es den Winkel zwischen den Spiegeln verringert. Wenn Ihr Kind bereits weiß, was ein rechter Winkel ist, können Sie die Spiegel zu einem solchen anordnen, indem Sie ein Geodreieck benutzen. Dann würde Ihr Kind insgesamt vier Männchen sehen. Betrachten Sie sich diese genau – sie sind nicht alle gleich! Die eine Hälfte ist »richtig herum«, die andere spiegelverkehrt. Wenn Sie ein paar Sechsecke oder Achtecke gebastelt haben, können Sie diese entlang ihrer Symmetrieachsen in Dreiecke schneiden und dann in den Winkel zwischen den Spiegel legen. Wenn Ihr Kind hineinblickt, wird es sehen, dass sie wieder vollständig erscheinen. Leider können wir nicht sehen, wie das Spiegelbild aussehen würde, wenn wir das Buch vollständig zuklappen. Was meint Ihr Kind dazu – was würden wir sehen, wenn wir es könnten?

Symmetrien am eigenen Körper entdecken

Wir sind umgeben von Symmetrien. In der Natur tauchen sie ständig auf: Vögel oder Schmetterlinge könnten nicht fliegen, wenn ihr Körperbau nicht symmetrisch wäre. Regen Sie Ihr Kind dazu an, über die Symmetrie seines eigenen Körpers nachzudenken. Warum haben wir zwei Beine? Warum nicht drei? Warum zwei Ohren? Entlang welcher Linie müsste man uns – in Gedanken natürlich – auseinanderschneiden, damit man zwei gleiche Teile erhält? Übrigens: Wenn Sie einen Spiegel auf die Symmetrieachse eines Fotos Ihres Gesichts stellen und die Bilder vergleichen, die von der jeweils rechten und linken Hälfte entstehen, werden Sie vielleicht feststellen, dass es gar nicht so symmetrisch ist, wie Sie immer angenommen haben.

Blättern Sie mit Ihrem Kind durch seine Bilderbücher und suchen Sie nach Dingen, die symmetrisch sind. Wie muss man den Spiegel plazieren, damit der Gegenstand, halb im Buch und halb im Spiegel – wieder vollständig erscheint? Wenn Ihr Kind diese Linie gefunden hat, ist es auf eine Symmetrieachse gestoßen. Es macht ihm bestimmt viel Spaß, Dinge zu verändern, die nicht symmetrisch sind: Menschen bekommen vielleicht zwei Köpfe, oder Autos scheinen in beide Richtungen gleichzeitig fahren zu wollen. Und was ist mit diesem Smiley mit einem schiefen Mund? Je nachdem, wo Sie den Spiegel plazieren, wird er entweder lächeln oder beleidigt sein.

Symmetrien an geometrischen Figuren entdecken

Beim Ausschneiden von Sternen, Quadraten, gleichschenkeligen Dreiecken, Sechs- und Achtecken hat Ihr Kind schon viel über Symmetrien gelernt. Schneiden Sie ein paar dieser Figuren aus farbigem Papier aus. Was passiert, wenn man den Spiegel nun auf eine dieser geometrischen Figuren stellt? Wie viele Symmetrieachsen lassen sich hier finden? Sie haben meist weit mehr als nur eine. Ein besonderer Fall ist der Kreis. Er hat unendlich viele Spiegelachsen!

11. KAPITEL

DATEN, HÄUFIGKEIT UND WAHRSCHEINLICHKEIT

Der verhexte Zufall

Wahrscheinlichkeiten sind eine vertrackte Sache: Meine Frau und ich spielen *Mensch ärgere dich nicht* mit unseren Kindern Rothana und Lukas. Das Mädchen hat es nicht einfach: Die anderen Mitspieler haben schon zwei oder drei Figuren in Sicherheit gebracht, während bei ihr noch alle am Start stehen – sie braucht dringend eine Sechs. Es ist verhext! Ich hatte die Zahl gerade dreimal hintereinander – aber bei ihr will sie nicht fallen. Tränen beginnen in ihren Augen aufzusteigen. »Ich bekomme nie eine!« Ich versuche, sie zu beruhigen: »Rothana, du musst geduldig sein – irgendwann wird eine fallen!« Doch sie ruft enttäuscht: »Nein, ich *kann* Sechsen einfach nicht!«

Wir Erwachsenen belächeln gerne Kinder, die glauben, dass manche Menschen die Sechs öfter werfen als der Rest oder dass sie beim Würfeln weniger häufig fällt als andere Zahlen. Schließlich wissen wir, dass ein Würfel ein symmetrischer Körper ist und dass die Wahrscheinlichkeit, dass eine bestimmte Zahl fällt, immer ein Sechstel beträgt! Aber glauben wir nicht insgeheim selbst manchmal, dass es irgendwie immer die anderen sind, die die Sechsen würfeln?

Mit keinem Bereich der Mathematik hat unser gesunder Menschenverstand so viele Probleme wie mit der Wahrscheinlichkeitsrechnung. Die Wahrheit ist: Wir sind Wahrscheinlichkeitsidioten. Bei Gesellschaftsspielen sind unsere Defizite nicht weiter problematisch. Doch wenn Journalisten wissenschaftliche Studien falsch zitieren, Ärzte die Aussagekraft von Vorsorgeuntersuchungen falsch einschätzen oder Polizisten die Möglichkeit ignorieren, dass ein DNA-Test auch falsche Ergebnisse liefern kann, dann ist der Schaden groß.

Testen Sie sich: Ich biete Ihnen eine Wette an. Wir werfen eine Münze fünfmal. Können Sie die Folge voraussagen, in der Kopf oder Zahl sich abwechseln? Auf welche Reihe würden Sie setzen? Kopf – Kopf – Kopf – Kopf – Kopf? Zahl – Zahl – Zahl – Zahl –

Zahl? Oder eine Folge wie Zahl – Kopf – Zahl – Kopf – Kopf? Sicherlich wissen die meisten von uns, dass die Wahrscheinlichkeit für alle Folgen gleich groß ist. Trotzdem ist da das vage Gefühl, dass man auf eine Reihe wie die letzte setzen sollte, weil sie unregelmäßig und somit »zufälliger« erscheint.

Noch ein Beispiel: Nehmen Sie ein weißes Blatt Papier und machen Sie sechs Punkte auf das Papier. Achten Sie darauf, dass Sie diese zufällig auf dem Papier verteilen. Betrachten Sie danach Ihr Werk – haben Sie die Punkte wirklich verteilt, ohne eine Auswahl zu treffen? Oder haben Sie unbewusst darauf geachtet, dass die Punkte nicht zu nah am Rand und nicht zu dicht beieinander sind? Die meisten Menschen neigen dazu, sich »zufällig« als »gleichmäßig« vorzustellen. Tatsächlich gibt es in zufälligen Anordnungen aber meist Anhäufungen – so wie ich beim *Mensch ärgere dich nicht* drei Sechsen hintereinander warf, während Rothana keine bekam.

Leider führt uns die Intuition oft in die Irre, wenn es um Wahrscheinlichkeiten geht. Sogar Mathematiker müssen zugeben, dass ihr Bauchgefühl sie oft gegen ihr mathematisches Wissen handeln lässt.

Da diese Fehlvorstellungen tief sitzen, entschied die Konferenz der Kultusminister, dass Kinder schon ab der Grundschule Zufallsexperimente durchführen sollen, um einen Sinn für Wahrscheinlichkeiten zu entwickeln. Im Jahr 2004 wurde das Thema »Daten, Häufigkeiten und Wahrscheinlichkeiten« als »Leitidee« in die Bildungsstandards aufgenommen. Der Begriff der Leitidee soll ausdrücken, dass dieses Thema nicht getrennt von anderen Bereichen des Mathematikunterrichts betrachtet werden darf. Stattdessen soll es immer verknüpft mit den anderen Unterrichtsinhalten wie den Grundrechenarten behandelt werden.

Die Leitidee vereinigt drei Bereiche: erstens das Erfassen und Darstellen von Daten und Diagrammen und Tabellen, zweitens Wahrscheinlichkeiten und drittens Kombinatorik – das Beantworten der Frage »Wie viele Möglichkeiten gibt es?«.

Bei den Wahrscheinlichkeiten lernen Kinder in der Grundschule noch nicht ihre Berechnungen. Sie werden nicht durch Zahlen, sondern durch Ausdrücke wie »wahrscheinlich«, »weniger wahrscheinlich« oder »unmöglich« ausgedrückt. Ähnlich wie bei der Geometrie geht es bei diesem Unterrichtsthema nicht um »harte« Berechnungen. Vielmehr sollen Schüler durch Experimente Erfahrungen sammeln und falsche Vorstellungen hinterfragen.

Doch bevor wir darangehen, unsere Kinder zu unterrichten, sollten wir erst unsere eigenen Ansichten von Zufall und Wahrscheinlichkeit überprüfen. Wir müssen uns über falsche Vorstellungen im Klaren sein und mit unseren Kindern offen über diese reden.

Stimmt's oder nicht?

Wie gut ist Ihr Sinn für Wahrscheinlichkeiten? Testen Sie sich! Hier einige Aussagen. Lesen Sie jede einzelne und überlegen Sie sich, ob sie richtig oder falsch ist.

- »In den Nachrichten wird über ein schweres Flugzeugunglück berichtet, und morgen fliege ich in den Urlaub. Jetzt kann ich beruhigt fliegen: Die Statistiken besagen, dass zwei Unglücke an einem Wochenende sehr unwahrscheinlich sind.«
- »Je öfter ich beim Würfeln hintereinander die Sechs bekomme, desto weiter sinkt die Wahrscheinlichkeit, dass ich sie ein weiteres Mal erhalten werde – denn langfristig müssen alle Zahlen gleich häufig vorkommen.«
- »Das Oder-Hochwasser war eine Jahrhundertflut. Wir können uns also Zeit beim Bau neuer Deiche und Flutschutzwände lassen.«
- »Wahrscheinlichkeiten helfen nicht dabei, Entscheidungen für die Zukunft zu treffen. Denn am Ende bestimmt der Zufall darüber, ob es morgen regnet oder die Sonne scheint oder ob die Aktienkurse fallen oder steigen.«
- »Beim Ausfüllen eines Lottoscheins muss man darauf achten, dass die angekreuzten Zahlen keine Reihen, Diagonalen, Sym-

metrien oder andere Regelmäßigkeiten bilden. Denn eine solche Auswahl ist unwahrscheinlicher als eine zufällige, gleichmäßige Verteilung.«

Sind Sie uns in die Falle gelaufen? Alle fünf Aussagen sind nicht korrekt und präsentieren häufige Fehlvorstellungen zu Wahrscheinlichkeiten. Die Aussagen eins, zwei und drei repräsentieren die Ansicht, dass vorausgehende zufällige Ereignisse nachfolgende beeinflussen können, weil ihre Abfolge langfristig einem bestimmten Muster entsprechen müsse. Doch dem ist nicht so: Jedes Mal, wenn wir einen Würfel werfen, ist die Wahrscheinlichkeit für die Sechs ein Sechstel. Und ein Flugzeugabsturz kann einen anderen nicht verhindern.

Hinter Aussage vier steht die Enttäuschung, dass Wahrscheinlichkeiten leider keine exakten Aussagen über die Zukunft erlauben – wir können sie nicht voraussehen. Wir können nicht sicher voraussagen, ob an einem bestimmten Ort zu einer bestimmten Zeit die Sonne scheint oder ob Regen fällt. Wir können aber relativ sicher voraussagen, an wie vielen Tagen pro Jahr an einem bestimmten Ort Regen fällt. Und das wiederum hilft uns bei der Entscheidung, wohin wir in den Urlaub fahren.

Hinter Aussage fünf steht die Vorstellung, dass zufällige Verteilungen weniger häufig zu regelmäßigen oder symmetrischen Mustern führen als zu unregelmäßigen Folgen. Doch die Wahrscheinlichkeit zu gewinnen ist beim Lotto für jede Zahlenfolge gleich – ob regelmäßig oder unregelmäßig. Trotzdem sollte man beim Lotto auf unregelmäßige Folgen setzen: Viele Spieler setzen auf regelmäßige oder symmetrische Folgen. Gewinnt man mit einer dieser Kombinationen, muss man das Geld daher mit mehr Menschen teilen.

Daten und Diagramme

Schon in der ersten Klasse lernen Kinder, Zahlen in Diagrammen aufzubereiten. Ein erster Schritt in diese Richtung ist das Festhalten von Daten in Strichlisten. Anhand der Länge der Strichbündel lassen sich die Größen der Datensätze vergleichen.

Im Beispiel unten führten Kinder eine Umfrage in ihrer Klasse durch: »Wie kommst du morgens in die Schule?«

Im folgenden Beispiel verglichen Kinder, ob in ihrer Klasse mehr Jungen oder mehr Mädchen sind, indem jedes sein Gesicht auf ein Stück Papier malte. Diese legten sie nebeneinander. Die Darstellung erinnert schon ein wenig an ein Balkendiagramm – das sie schließlich in der dritten Klasse kennenlernen: Je größer die ermittelten Mengen, desto länger die Balken.

Auf der nächsten Seite führten Drittklässler eine Umfrage zu den Hobbys ihrer Klassenkameraden durch – und stellten die Ergebnisse anhand eines Säulendiagramms dar.

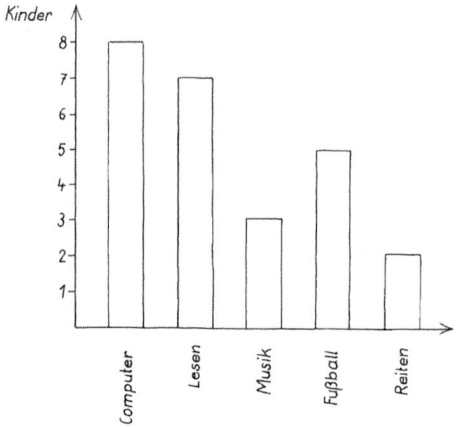

Die Darstellung in Kreisdiagrammen lernen sie erst nach der Grundschule kennen, da diese die Bruchrechnung und das Arbeiten mit Winkelmaßen verlangt.

Über Wahrscheinlichkeiten sprechen

Kinder kennen die Worte »zufällig« und »wahrscheinlich«. Im Alltag haben sie allerdings eine andere Bedeutung als in der Mathematik. Wenn der Vater die Mutter anruft und ihr sagt, dass er »wahrscheinlich um sieben Uhr zu Hause« ist, bedeutet dies: »Ich glaube, dass ich um sieben da bin – es kann aber auch etwas später sein.«

Anders in der Mathematik: Hier besagt die Wahrscheinlichkeit, wie häufig ein Ereignis einen möglichen Ausgang im Vergleich zu allen anderen nimmt. Die Wahrscheinlichkeit, eine Sechs zu würfeln, ist, verglichen mit der, eine andere Zahl zu bekommen, eher gering. Von Bedeutung ist hier das Wort »Vergleich«. Eine Wahrscheinlichkeit gibt immer ein Verhältnis an – also eine Einordnung eines Wertes in einen Gesamtmaßstab. Kinder in der ersten oder zweiten Klasse haben noch keine Vorstellung von Verhältnissen. Denn das Rechnen mit ihnen wird erst akut, wenn sie die Bruchrechnung kennenlernen. Daher lernen sie in der Grundschule noch nicht die Wahrscheinlichkeitsrechnung, sondern reden nur in allgemeinen Begriffen über sie.

Der erste Schritt ist, ihnen klarzumachen, dass manche Ereignisse häufiger vorkommen als andere. Wie groß ist die Wahrscheinlichkeit, dass eine Münze einfach in der Luft schweben bleibt, nachdem man sie geworfen hat? »Das geht nicht!«, wird Ihr Kind entschlossen rufen, wenn Sie es mit dieser Idee konfrontieren. Reden wir im Kontext von Wahrscheinlichkeiten, nennen wir so etwas »unmöglich«. Das Gegenteil von unmöglich ist »sicher«. Wenn wir eine Münze werfen, wird sie auf den Boden fallen. Es kann nicht anders sein – ist also sicher.

Kinder müssen Begriffe wie »unmöglich«, »sehr unwahrscheinlich«, »unwahrscheinlich«, »ausgeglichen«, »wahrscheinlich«, »sehr wahrscheinlich« und »sicher« kennen und vergleichen können. Sie sollten zudem in der Lage sein, sie Ereignissen zuzuordnen. Reden Sie mit Ihrem Kind darüber. Sie können eine Skala auf Papier anlegen, bei der »unmöglich« und »sicher« die äußeren Enden bilden, und dann Ereignisse dazwischen einordnen. »Eine Münze zeigt Kopf« müsste als »ausgeglichen« genau in der Mitte liegen. »Morgen geht wieder die Sonne auf« sollte als »sicher« am äußeren Ende liegen. »Eine Reißzwecke fällt auf die flache Seite« müsste bei »sehr wahrscheinlich« eingeordnet werden, während »Eine Reißzwecke fällt auf ihre Spitze« eher »unwahrscheinlich« wäre.

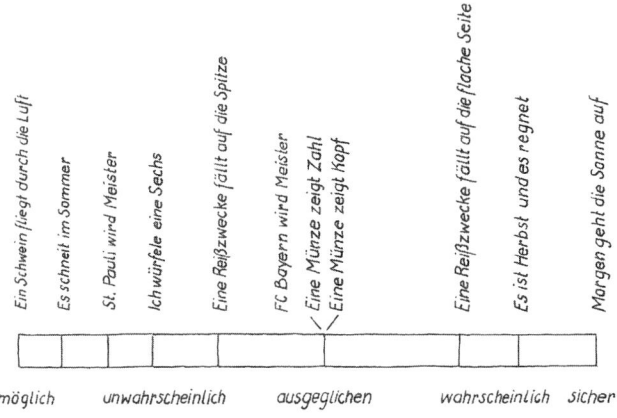

Interessiert sich Ihr Kind für Sport? Wie sieht es mit dem Ereignis »Bayern München wird deutscher Meister« aus? Ein Blick in die Vergangenheit kann uns hier weiterhelfen. Wenn wir Wikipedia oder eine Fußballdatenbank aufrufen, sehen wir, dass Bayern München der erfolgreichste deutsche Fußballverein ist: Seit Gründung der Bundesliga 1963 gewann er 23 von 50 Saisons – also fast eine von zweien. Wir müssen also das Ereignis »Bayern wird Meister« kurz vor einem Münzwurf bei »ausgeglichen« einordnen. Die Fußballdatenbank verrät uns auch, dass St. Pauli noch nie Meister war – dieses Ereignis ist also »sehr unwahrscheinlich« – auch wenn man am Tresen des »Jolly Roger« vielleicht anderer Meinung ist.

Der Zufall ist nicht unberechenbar

Wenn wir ein unvorhersehbares und nicht kontrollierbares Ereignis beschreiben wollen, dann sagen wir oft: »Es war Zufall!« Ein bei Kindern häufig verbreitetes Missverständnis ist daher, dass das Nachdenken über Wahrscheinlichkeiten sinnlos sei, da doch »alles zufällig« sei. Doch zufällig heißt nicht unberechenbar.

Eine Losurne ist ein passendes Lehrmittel, um diese Ansicht zu hinterfragen. Als Urne lässt sich alles wählen, was blickdicht ist: ein Turnbeutel, eine Blechdose oder eine Wollmütze zum Beispiel. Als Lose können Sie unterschiedlich gefärbte Zettel verwenden. Noch besser eignen sich gleiche Gegenstände mit verschiedenen Farben wie Murmeln oder Legosteine.

Tun Sie Lose zweier verschiedener Farben in die Urne. Schließen Sie Wetten darüber ab, welche Farbe jenes haben wird, das Sie aus der Urne fischen. »Was glaubst du? Welche Farbe wird als Nächstes gezogen?« Ihr Kind wird feststellen, dass es die Mengen der jeweiligen Lose in der Urne zählen und vergleichen muss, um eine Entscheidung zu treffen: Es ist besser, auf die Farbe zu setzen, die häufiger vorkommt. Doch das Kind wird nicht immer gewinnen. Es kommt vor, dass es ein rotes Los vorhersagt, aber ein blaues erscheint – obwohl es weiß, dass die Wahrscheinlichkeit, dass ein rotes kommt, größer war.

Wir wollen an dieser Stelle noch nicht Wahrscheinlichkeiten als Zahlen ausdrücken. Es reicht, wenn Ihr Kind versteht: Es gibt einen Zusammenhang zwischen dem Ausgang des Experiments und den unterschiedlichen Mengen von Losen in der Urne. Anhand der Mengen lassen sich Wahrscheinlichkeiten vorhersagen. Wichtig: Legen Sie nach dem Ziehen das Los wieder zurück in die Urne, sonst verändern Sie die Wahrscheinlichkeit.

Daten erfassen

Zufallsexperimente ergeben wenig Sinn, wenn man Ergebnisse nicht schriftlich festhält, um sie zu vergleichen. Legen Sie mit Ihrem Kind eine Tabelle an und machen Sie nach jedem Griff in die Urne einen Strich bei der jeweiligen Farbe. Vielleicht kennt Ihr Kind solche Tabellen von Gesellschaftsspielen und weiß, dass man die Striche zu Fünfer-Paketen bündelt, indem man jeden fünften quer durch die vorausgehenden vier zieht.

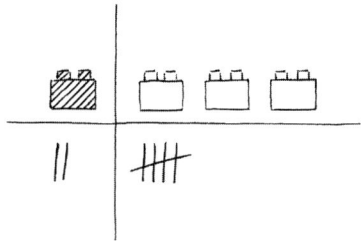

In der Strich-Tabelle werden Verhältnisse sichtbar: Wenn wir die Ergebnisse unseres Urnen-Experiments eintragen, zeigt sich, dass keine der beiden Farben immer gewinnt – dass aber jene mit mehr Losen öfter gezogen wird als die andere. Für Erwachsene ist dies selbstverständlich. Doch für Kinder in der zweiten Klasse, die noch nie mit Bruch- und Prozentrechnung konfrontiert wurden, ist Denken in Verhältnissen etwas Neues. Manche Kinder verstehen daher nicht, welchen Sinn das Zählen der unterschiedlich gefärbten Steine ergeben soll, wenn es ihnen keine sicheren Aussagen über die Zukunft erlaubt. Die Strich-Tabelle macht dies deutlich.

Der Zufall ist allerdings nicht einfach zu bändigen: Es kommt vor, dass über Strecken hinweg immer wieder die Farbe gezogen wird, die weniger häufig vorkommen sollte – und die Veranschaulichung der Verhältnisse der Wahrscheinlichkeiten geht flöten. Über diese Eigenschaften des Zufalls müssen Sie mit Ihrem Kind sprechen. Dies bedeutet nicht, dass das Zählen der Steine sinnlos ist. Denn je öfter man das Ziehen der Steine wiederholt, desto mehr nähert sich das Verhältnis der Striche auf den beiden Seiten der Tabelle dem der Steine in der Urne an.

Der Vorteil der Los-Urne ist, dass sich die Verhältnisse der Wahrscheinlichkeiten variieren lassen. Untersuchen Sie mir Ihrem Kind zusammen, wie sie sich verschieben, wenn Sie die Mengen der Lose ändern. Was passiert, wenn man von jeweils beiden Farben in gleicher Menge Lose hinzufügt? Oder wenn man Lose nur einer Farbe dazutut? Verändern Sie die Verhältnisse dabei deutlich, damit der Effekt schnell sichtbar ist.

Wenn Sie ein rotes und ein blaues Los in der Urne haben und ein weiteres von jeder Farbe hinzufügen, ändern sich die Wahrscheinlichkeiten nicht. Sind allerdings ein rotes und zwei blaue in der Urne und Sie schmeißen ein rotes und ein blaues hinein, verändern sich die Gewinnchancen. Zwar ist es immer noch wahrscheinlicher, dass Sie ein blaues ziehen – aber die Chancen auf ein rotes sind besser geworden.

Fällt die Sechs beim Würfeln wirklich seltener?

Bei Kindern ist der Glaube, dass die Sechs nicht so oft fällt wie andere Zahlen, fest verankert. Sie gehen daher oft voreingenommen an Experimente mit Würfeln heran. Jetzt, da sie bereits einiges über den Zufall wissen, können wir überprüfen, ob die Sechs tatsächlich weniger häufig fällt, indem wir würfeln und die gefallenen Ergebnisse in eine Strich-Tabelle eintragen.

Ein Tipp: Schreiben Sie bei Zufallsexperimenten zuerst die Reihenfolge auf, in der die Zahlen aufgetreten sind, bevor Sie die Daten in eine Strich-Tabelle eintragen: Die Verteilung ist wahrscheinlich nicht gleichmäßig: Obwohl es streckenweise vorkommt, dass keine Sechs kommt, gibt es dann wieder Folgen, in denen sie ständig fällt. Trägt man diese Daten in die Tabelle ein, zeigt sich, dass die Sechs genauso oft auftritt wie die anderen Ziffern – zumindest, wenn man lange genug würfelt.

Fifty-fifty oder 1:2?

In der Grundschule lernen Schüler noch nicht die Wahrscheinlichkeitsrechnung. Trotzdem werden Sie und Ihr Kind vielleicht bei den Hausaufgaben oder einem Experiment versuchen, Wahrscheinlichkeiten als Verhältnisse in Zahlen auszudrücken. Unter Umständen wollen Sie mit Ihrem Kind darüber sprechen, dass in der Regel bei sechs Würfen einmal die Sechs vorkommt. Sie müssen dabei beachten, dass es zwei Arten gibt, Chancen zu formulieren: als Quote und als Anteil.

Werfen wir eine Münze, beträgt die Chance, dass sie Zahl zeigt, als Quote geschrieben 1:1, als Anteil dagegen 1:2. Die Quote 1:1 bedeutet: »Wenn wir ein Geldstück sehr oft schmeißen, kommt auf jeden Kopf eine Zahl.« Der Anteil 1:2 aber drückt Folgendes aus: »Werfen wir eine Münze viele Male, wird sie bei einem von zwei Würfen Zahl zeigen.« Die Chance, eine Sechs zu würfeln, ist daher als Anteil ausgedrückt 1:6 (einer von sechs), als Quote formuliert 1:5 (auf eine Sechs kommen fünf andere Ziffern).

Problematisch wird dieser Unterschied, da wir in unserer Alltagssprache vor allen Ausdrucksweisen benutzen, die einer Darstellung als Quote entsprechen, wie wir sie von Sportwetten gewohnt sind: Wir sagen zum Beispiel, die Wahrscheinlichkeit, beim Münzwurf Zahl zu erhalten, sei »fifty-fifty«, »50 zu 50«, »eins zu eins«,

»50 Prozent«, »bei jedem zweiten Wurf« oder »die Hälfte«. In der Wissenschaft und im Mathematikunterricht wird aber nur die Darstellung als Anteil benutzt: Man sagt, eine Münze zeige »bei einem von zwei Würfen« Kopf, ein Würfel zeige »bei einem von sechs Würfen« die Sechs und »zehn von hundert« Pflaumen hätten einen Wurm«. Achten Sie daher darauf, wie Sie mit Ihrem Kind über Wahrscheinlichkeiten sprechen, und benutzen Sie ausschließlich diese Ausdrucksweise.

Und was ist mit Reißzwecken und Marmeladenbroten?

Der Grund, weshalb beim Würfeln alle Zahlen gleich häufig auftreten, ist, dass der Würfel symmetrisch ist. Wir müssen ihn nur betrachten, um vorauszusehen, wie er sich verhalten wird: Die Wahrscheinlichkeit, dass er eine bestimmte Zahl zeigt, ist immer eins von sechs. Die meisten Dinge um uns herum sind allerdings nicht derart beschaffen. Daher machen sie es uns schwer, ihr Verhalten vorauszusagen. Fällt uns ein Marmeladenbrot aus der Hand – wird es auf der beschmierten oder der trockenen Seite landen? Wenn wir Popcorn machen – wie viele der Körner werden nicht platzen? Und wie viele der frisch gepflückten Pflaumen enthalten einen Wurm? Der einzige Weg, dies herauszufinden, ist, es auszuprobieren.

Kinder sollen lernen, dass sich die Dinge nicht willkürlich verhalten – sie neigen zu einem typischen Verhalten, das wir durch Ausprobieren nachweisen und in Zahlen festhalten können. Leider werden wir natürlich nie in die Zukunft blicken und voraussagen können, wie viele der Maiskörner beim Popcorn-Machen nicht poppen werden. Allerdings können wir Regelmäßigkeiten in unserer Umwelt feststellen: Es bleibt immer eine ähnliche Anzahl Maiskörner im Topf zurück, und auch das Verhältnis der Wurm-Pflaumen zu den genießbaren ist sich immer ähnlich. Und durch Experimente wurde nachgewiesen, dass Marmeladenbrote, die von einem Tisch fallen, in der Tat dazu neigen, auf der beschmierten Seite zu landen – in diesem Fall führt uns die Intuition nicht in die Irre.

Reißzwecken eignen sich für ein einfaches, unsymmetrisches Experiment. Werfen wir sie auf den Boden, werden mehr auf der flachen Seite als auf der Spitze zu liegen kommen – aber wie viele *genau?*

Probieren Sie es mit Ihrem Kind zusammen aus! In einer Schachtel sind meist 100 Stück. Es ist am einfachsten, nur jene zu zählen, die auf der Spitze gelandet sind, und diese Zahl von 100 abzuziehen, um die Summe jener zu erhalten, die auf der flachen Seite landeten. Wir erhielten in fünf Würfen folgende Anteile:

28 von 100

21 von 100

31 von 100

25 von 100

33 von 100

Obwohl sich die Reißzwecken beim Fallen völlig zufällig verhalten, bleibt doch bei jedem Wurf eine ähnliche Anzahl auf der Spitze liegen – im Durchschnitt etwa 28. »Zufällig« heißt eben nicht zwangsläufig »unvorhersehbar«! (Lassen Sie bloß keine Reißzwecke auf dem Boden liegen!)

Kombinatorik

Wenn Sie und Ihr Kind eine Münze werfen, gibt es nur zwei mögliche Ergebnisse: Kopf oder Zahl, beide haben die gleichen Chancen. Doch was passiert, wenn drei Spieler, zum Beispiel Mutter, Vater und Kind gegeneinander antreten und zwei Münzen werfen? Wenn die Mutter auf Kopf-Zahl setzt, der Vater auf Zahl-Zahl und das Kind auf Kopf-Kopf? Wer wird am ehesten gewinnen?

Die Antwort ist, dass die Mutter die besten Chancen hat. Aber warum? Wenn wir uns überlegen, welche möglichen Ausgänge das Spiel nehmen kann, wird es offensichtlich.

Wir sehen, dass es nur einen möglichen Ausgang gibt, bei dem der Vater gewinnt (Kopf-Kopf). Es gibt ebenfalls nur einen, durch den das Kind gewinnt (Zahl-Zahl), aber zwei, durch welche die Mutter gewinnt (Zahl-Kopf und Kopf-Zahl). Sie gewinnt bei der Hälfte der Würfe, während Vater und Kind jeweils nur bei einem Viertel siegen.

Wahrscheinlichkeiten bestimmen bedeutet, die Anzahl der günstigen Fälle mit der Anzahl aller möglichen Fälle zu vergleichen und in ein Verhältnis zu setzen. Mann muss also darüber nachdenken, wie viele Ausgänge ein Experiment nehmen kann, um festzustellen, welcher am häufigsten eintreten wird. Diesen Aspekt der Mathematik – das Nachdenken über die Frage »Wie viele Möglichkeiten gibt es?« – nennt man Kombinatorik.

Kombinatorik ist nicht nur bei der Wahrscheinlichkeitsrechnung von Bedeutung. Sie hilft auch bei der Lösung von Problemen. Wenn Kinder über einem mathematischen Rätsel oder einer Sachaufgabe grübeln, sagen ihnen Erwachsene oft, sie sollten »systematisch« vorgehen. Aber was heißt das? Letztlich bedeutet dies, dass man in einer Liste festhält, welche möglichen Lösungen es für ein Problem gibt. Dann sortiert man die offensichtlich falschen aus und probiert die restlichen nach dem Prinzip Versuch und Irrtum durch, bis man auf die richtige gestoßen ist. Falls Sie sich fragen, wie Mathematiker schwierige Probleme lösen – genau das ist die Antwort.

Legotürme bauen

Legosteine sind gut geeignet, um die Prinzipien der Kombinatorik zu veranschaulichen. Wie viele unterschiedliche Türme aus Legosteinen lassen sich bauen, wenn jeder nur aus zwei Steinen gebaut sein darf und vier verschiedene Farben zur Verfügung stehen? Am Anfang werden Kinder nur einzelne Lösungen finden. Sie brauchen meist die Hilfe von Erwachsenen, um auf alle zu stoßen.

Sie werden sicher feststellen, dass man sich auf Regeln einigen muss:

- Sind Türme mit zwei Steinen gleicher Farbe erlaubt? Falls ja, steigt die Zahl der Möglichkeiten.
- Macht es einen Unterschied, wie herum man die Türme dreht? Gilt also ein Turm mit einem roten Stein oben und einem blauen unten als identisch mit der umgekehrten Zusammensetzung? Wenn ja, bedeutet dies mehr Kombinationen.

Kinder müssen ein System entwickeln, um alle Möglichkeiten zu finden, keine zu übersehen und keine doppelt zu notieren. Sie können zum Beispiel zuerst den roten Stein als Basis nehmen und ihn mit den verbliebenen drei Farben kombinieren. Danach einen gelben als Grundstein und diesen wieder mit den übrigen drei Farben zusammenfügen – und so weiter. Wenn sie Regelmäßigkeiten finden, hilft ihnen dies, keine Möglichkeit zu übersehen: Jede der vier Farben lässt sich mit drei weiteren verbinden – daher muss es also zusammen zwölf Variationen geben.

Es gibt zwei Wege, um alle Variationen mit Stift und Papier darzustellen. Der eine ist, sie einfach aufzumalen – aber mit System.

Kinder in der dritten oder vierten Klasse können ein sogenanntes Baumdiagramm nutzen, um die Anzahl aller Möglichkeiten zu bestimmen. Von einem Punkt aus startend, zieht man Linien zu den ersten Wahlmöglichkeiten, die meist als Buchstaben dargestellt werden. Von dort ausgehend, zieht man weitere Linien zu den verbliebenen Optionen. Unser Experiment mit den Legosteintürmen lässt sich so im folgenden Baumdiagramm veranschaulichen. Demnach gibt es zwölf Möglichkeiten, Legotürme zu bauen, wenn keine mit gleichen Farben erlaubt sind, »umgedrehte« Türme (sowohl rot-gelb als auch gelb-rot sind zulässig) allerdings erlaubt sind.

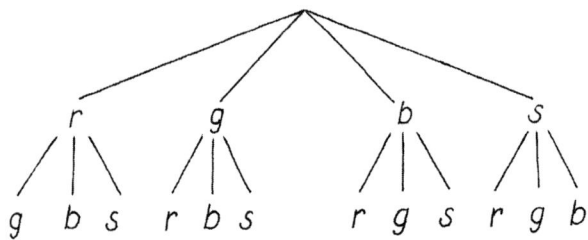

Zum Erforschen: Zwei Würfel

Lassen Sie uns ein kleines Würfel-Experiment machen, das auch die meisten Erwachsenen überrascht. Zuerst der einfache Teil: Jeder von uns nennt eine Zahl von eins bis sechs. Dann nehmen wir einen herkömmlichen Würfel und werfen ihn. Wenn Ihre Augenzahl fällt, gewinnen Sie – wenn meine fällt, gewinne ich. Sie dürfen als Erster Ihre Zahl wählen. Auf welche werden Sie tippen – gibt es eine, die öfter fällt als alle anderen? Erwachsene erkennen in der Regel sofort, dass es natürlich keine Gewinnzahl gibt – alle fallen gleich häufig.

Kinder sind sich nicht so sicher und fragen sich, ob nicht vielleicht die Eins oder Drei am häufigsten fällt. Nach dem oben beschriebenen kleinen Experiment lassen sie sich allerdings schnell überzeugen, dass alle Zahlen gleich häufig auftreten, zumindest wenn man das Spiel über längere Zeit spielt.

Jetzt kommt der schwierige Teil: Wir nehmen zwei Würfel und setzen jeweils auf eine Summe der beiden Augen. Wie sieht es jetzt aus? Fallen immer noch alle Zahlen mit gleicher Wahrscheinlichkeit oder gibt es eine Gewinnerzahl? (Jetzt muss man natürlich eine Zahl zwischen zwei und zwölf wählen.) Und wenn ja – wie lautet sie? Wenn Sie sich nicht sicher sind – probieren Sie es aus! (Die Lösung finden Sie auf S. 333.)

Bis zur Unendlichkeit –
und darüber hinaus

Vor kurzem rief ich Rothana zu unserer Mathestunde und eröffnete ihr, dass wir heute lernen würden, wie man geheime Botschaften auf Papier verschlüsselt. Ihre Reaktion traf mich etwas unvorbereitet. Sie zog eine Augenbraue hoch und sagte: »Sei mal ehrlich, Papa – warum willst du *das* mit mir lernen?« Diese Frage sollte kein Vorwurf an mich sein. Es macht ihr Spaß, mit mir zu lernen. Sie wollte ganz einfach wissen, was Verschlüsselung mit ihrem Unterricht zu tun haben soll.

Ich fühlte mich ertappt. Sie hatte mich schon früher gefragt, warum sie Mathe lernen müsse. Dann antwortete ich immer: »Damit du gute Noten bekommst und nicht sitzenbleibst.« Oder: »Damit die anderen Kinder dich respektieren und du Freunde hast.« Doch dieses Mal war es anders: Ganz offensichtlich haben geheime Botschaften überhaupt nichts mit dem Schulunterricht oder irgendwelchen Lehrplänen zu tun.

Ich dachte kurz nach. Dann sagte ich: »Weißt du, für mich ist Mathe so etwas wie Zauberei. Und ich möchte, dass du diese Magie kennenlernst. Ich weiß, dass ihr in der Schule viel in kurzer Zeit lernen müsst. Ihr müsst für die nächste Klassenarbeit üben, und eure Lehrer müssen euch Noten geben und Lehrpläne erfüllen. Ihnen fällt es schwer, euch die Zauberei beizubringen. Nicht, weil sie es nicht wollen – sondern weil sie wenig Zeit haben. Und dann müssen wir Eltern einspringen.«

»Papa, Zahlen sind doch keine Zauberei.«

Ich überlegte wieder kurz.

»Rothana, du hast doch *Harry Potter* gelesen und auch die Filme gesehen? Harry und seine Freunde fahren mit einem Zauberzug von Gleis 9 ¾ zur Schule Hogwarts und lernen Magie. Es fällt ihnen nicht leicht – sie machen oft Fehler. Und natürlich weißt du, dass diese Zauberwelt nur erfunden ist – wir können nicht auf

Besen fliegen oder uns unsichtbar machen. Und Drachen und Einhörner gibt es auch nicht – und schon gar kein Hogwarts und kein Gleis 9 ¾!«

»Bin ja nicht blöd!«, sagte sie.

»Aber wenn es irgendetwas in unserer realen Welt gibt, was *ein bisschen* so ist wie Zauberei – dann ist es Mathe. Überleg mal: Mathe wird von Menschen gemacht, die mit einem Stift und einem Stück Papier an einem Tisch sitzen: Sie bauen keine Raumschiffe und fliegen nicht ins All, sie führen keine Experimente durch, und sie reisen nicht in ferne Länder. Sie sitzen einfach da und denken nach. Vielleicht schreiben sie mal eine E-Mail, tippen etwas in einen Computer oder rufen einen anderen Menschen an einem anderen Schreibtisch an.«

»Klingt etwas langweilig«, sagte Rothana.

»Ja, aber trotzdem ist alles, was sie herausfinden, real und wahr! Die Dinge in unserer Welt ordnen sich den Gesetzen der Mathematik unter: die Art, wie Planeten um die Sonne kreisen, wie die Blätter einer Blüte sich anordnen oder wie sich eine heiße Kaffeetasse abkühlt. Alles Mathematik! Diese Menschen an ihren Schreibtischen – die Mathematiker – können die Welt erforschen und verändern. Nur mit einem Stift und Papier! Ist das nicht wie Hogwarts und Zauberstäbe? Und wenn wir zusammen Mathe machen, dann fühle ich mich, als würde ich Gleis 9 ¾ betreten!«

Schon wieder eine hochgezogene Augenbraue.

»Na gut«, sagte ich. Ich werde dir zeigen, dass Mathematik Zauberei ist – ich habe zwei Beweise!

Erster Beweis, dass Mathe Zauberei ist: Die Zahl Pi

Wir nehmen eine runde Kaffeetasse und legen einen Bindfaden um sie. Dann messen wir dessen Länge. Wenn wir nun die Länge des Fadens durch den Durchmesser der Tasse teilen, erhalten wir etwa 3,14 – man nennt diese Zahl die Kreiszahl oder Pi.

Wir sind von Kreisen umgeben: Tassen, Teller, der Sonne, dem Mond, Blumen. Egal, wie groß der Kreis ist – immer ist Pi enthalten! Wenn ein Regenschauer über einem See niedergeht und die

Tropfen Kreise in das Wasser zeichnen, macht es also: Pi, Pi, Pi, Pi, Pi!

Pi ist eine ganz seltsame Zahl. Zum einen ist 3,14 nur eine Annäherung – in Wahrheit weiß niemand genau, wie Pi lautet! Sie hat nämlich unendlich viele Stellen hinter dem Komma. Darüber hinaus ist sie *irrational*. Das heißt nicht, dass sie emotional instabil ist, sondern dass sie nicht als Bruch oder Divisionsaufgabe dargestellt werden kann: 1 kann als ¼ oder 1 : 1 geschrieben werden – Pi nicht. Schlimmer noch, sie ist eine *transzendente* Zahl. Das heißt, wir können so lange auf einem Taschenrechner rumhacken, wie wir wollen – wir werden nie eine Rechenaufgabe finden, die Pi ergibt! Ist es nicht lustig, dass wir jeden Tag aus Tassen trinken, aber nicht *genau* sagen können, wie groß das Verhältnis ihrer Durchmesser zu ihren Umfängen ist?

Auch wenn auf einem fernen Planeten ein Regentropfen in einen See fällt, bildet sich ein Kreis, der Pi enthält – überall! Das ist es, was mich immer wieder verblüfft – wer zur Hölle hat diese Zahl festgelegt? Aus diesem Grund schicken Wissenschaftler auch die Anfänge von Pi mit Radioteleskopen ins Weltall. Sie denken sich: »Wenn da draußen jemand ist, der Pi erkennt, dann muss dieser Jemand mindestens so schlau sein wie wir.« Und er wird erkennen, dass auf der Erde einigermaßen intelligente Wesen leben – und vielleicht mal anrufen! Und deshalb denke ich, dass Pi reine Zauberei ist.

Zweiter Beweis, dass Mathe Zauberei ist: Unendlichkeit

Wenn ich als Kind aus der Schule kam, lief die Serie *Raumschiff Enterprise* im Fernsehen. Sie begann jedes Mal mit dem Satz »Der Weltraum: unendliche Weiten …« Aber was ist eigentlich unendlich? Wenn etwas unendlich weit ist, dann kann es doch nichts geben, was größer ist. Nicht wahr? Das heißt, unendlich wäre die größte mögliche Zahl! Oder doch nicht?

Der deutsche Mathematiker David Hilbert war da anderer Meinung. Er erfand eine Geschichte, die heute als »Hilberts Hotel« oder als »Hotel Unendlichkeit« bekannt ist. Hilberts Hotel hatte unendlich viele Zimmer. Nun lief die Reisesaison extrem gut, und es waren tatsächlich alle belegt. Jetzt tauchte aber ein weiterer Gast auf und verlangte eines! Die Frau am Empfang sagte ihm: »Alle Zimmer sind besetzt – aber ich schaue mal, was sich machen lässt …« Sie griff zum Telefon und rief den Gast in Zimmer 1 an und bat ihn, in Zimmer 2 umzuziehen. Dann bat sie den Gast in Zimmer 2, in Zimmer 3 umzuziehen … und so weiter. Nachdem sie unendlich viele Gespräche geführt hatte, war Zimmer 1 frei – und der neue Gast konnte einziehen. In Hilberts Hotel wohnten nun unendlich viele Gäste – und noch einer!

Mathe erlaubt uns, über die Unendlichkeit hinauszugehen (genauer gesagt: die Unendlichkeit etwas auszudehnen) –, und ist deshalb pure Zauberei! Ob das Weltall sich tatsächlich endlos ausdehnt, ist übrigens noch nicht abschließend geklärt. Korrekt müsste es also heißen: »Der Weltraum: *möglicherweise* unendliche Weiten …«

Bei der Vorstellung von der armen Dame, die unendlich viele Gäste anrufen muss, musste Rothana lachen.

»Papa, ich werde trotzdem nicht Mathematiker werden! Ich will Sängerin werden!«, sagte sie.

»Ich will auch gar nicht, dass du Mathematikerin wirst. Aber du bist noch jung, und es kann sein, dass du, wenn du älter bist, einen anderen Beruf ergreifen willst. In ganz vielen brauchst du Mathematik. Und ich möchte, dass du später die Wahl hast. Ich will nicht, dass du keinen Mathe-Beruf ergreifen kannst, weil andere Menschen dir ständig gesagt haben, dass es langweilig und *nichts für Mädchen* sei. Ich will, dass du weißt, dass Gleis 9 ¾ da ist und dass du es gefahrlos betreten kannst – wenn du willst!«

Sie zog wieder eine Augenbraue hoch. Doch dann sagte sie: »Also – wie schreibt man diese geheimen Nachrichten?«

Auflösungen

Auflösung: »Bomben entschärfen« (S. 26)

Es gibt mehrere Lösungen. Hier ein Beispiel:

1. Fülle den Fünf-Gallonen-Behälter.
2. Kippe den Inhalt des Fünf-Gallonen-Behälters in den Drei-Gallonen-Behälter. Zwei Gallonen bleiben zurück.
3. Kippe den Drei-Gallonen-Behälter aus und fülle ihn mit den zwei Gallonen.
4. Fülle den Fünf-Gallonen-Behälter.
5. Befülle den schon mit zwei Litern gefüllten Drei-Gallonen-Behälter aus dem Fünf-Gallonen-Behälter – ein Liter passt noch rein. Vier Gallonen bleiben im Fünf-Gallonen-Behälter zurück.

Auflösung: »Eine schwierige Überfahrt« (S. 26)

Es gibt für den Bauern zwei Möglichkeiten, um über den Fluss zu kommen.

1. Er fährt zuerst mit der Ziege hinüber, lässt sie am anderen Ufer, fährt zurück, holt den Kohl, bringt ihn hinüber und fährt mit der Ziege zurück, bringt dann erst mal den Wolf auf die andere Seite, fährt alleine zurück und holt schließlich die Ziege.
2. Er fährt zuerst mit der Ziege hinüber, lässt sie am anderen Ufer, fährt zurück, holt den Wolf, fährt mit der Ziege wieder zurück, bringt den Kohl auf die andere Seite, fährt alleine zurück und holt die Ziege.

Auflösung: »Raus aus der Kiste« (S. 27)

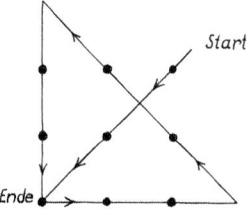

Auflösung: »Nim« (S. 80)

Wenn der erste Spieler seinen Stein auf die Eins legt, wird er mit Sicherheit gewinnen – wenn er keinen Fehler macht. Hier die Erklärung: Wenn Spieler A die Sieben besetzt, hat er gewonnen. Sein Gegner B kann nur zur Acht oder zur Neun springen. Und von beiden Zahlen aus wird A zur Zehn gelangen. Die Zahlen Eins und Vier sind hierbei wie Treppenstufen zur Sieben. Von der Eins aus kann A mit Sicherheit die Vier erreichen, ohne dass B es verhindern kann. Und von der Vier gelangt A zur Sieben und schließlich zur Zehn – während B hilflos zusehen muss.

Auflösung: »Immer wieder Affen!« (S. 93)

Wenn Sie starten, müssen Sie immer über die Felder »Katze« und »Hund« laufen, um in den Kreis zu gelangen. Das heißt, Sie laufen immer zwei Felder weniger gegen den Uhrzeigersinn, als Sie mit dem Uhrzeigersinn laufen.

Zwei Beispiele:

Die Zahl ist sechs: Sie laufen von »Hund« aus vier Felder gegen die Uhr und sechs mit der Uhr. Das entspricht zwei Feldern im Uhrzeigersinn.

Die Zahl ist sieben: Sie laufen von »Hund« aus fünf Felder gegen die Uhr und sieben mit der Uhr. Auch das entspricht zwei Feldern im Uhrzeigersinn.

Egal, welche Zahl Sie wählen, Sie werden immer auf »Affe« landen, da dies von »Hund« zwei Felder im Uhrzeigersinn entfernt ist.

Auflösung: »Bis 100« (S. 118)

Nachdem Annika die 89 erreicht hatte, konnte Thomas nicht mehr siegen. Da er nur eine Zahl zwischen eins und zehn addieren darf, war es ihm lediglich möglich, zu einer Zahl von 90 bis 99 zu gelangen – in jedem Fall gewinnt Annika im nächsten Zug. Eigentlich geht es bei diesem Spiel also darum, 89 zu erreichen! Betrachten Sie sich die Zahlen, die Annika gewählt hat: 23, 34, 45, 56, 67, 78, 89. Sie liegen alle genau um elf Schritte auseinander: 89 ist elf Schritte von der 100 entfernt, 78 wieder elf von der 89 – und so weiter. Von jeder dieser Schlüsselzahlen aus kann Annika die jeweils nächste und schließlich die 89 erreichen, ohne dass Thomas dies verhindern kann. Wäre die Gewinnzahl 73, hätte Annika folgende Schlüsselzahlen wählen müssen: 73, 62, 51, 40, 29, 18. Würden die Regeln vorschreiben, dass immer eine Zahl zwischen eins und fünf addiert werden müsse (bei der ursprünglichen Gewinnzahl 100), dann würden die Schüsselzahlen jeweils sechs Schritte auseinanderliegen: 100, 94, 88, 82 …

Auflösung: »Schwarze Löcher« (S. 197)

Spätestens nach sieben Wiederholungen erscheint die Zahl 495. Sie können die Rechnung so oft wiederholen, wie Sie wollen – es bleibt bei dieser Zahl!

Auflösung: »Die ewige Fünf« (S. 198)

Stellen wir uns einmal vor, die gedachte Zahl wäre eine Anzahl Gummibärchen in unserer Hand – ohne diese Zahl nennen zu müssen. Die Reihenfolge der Rechnung war folgende:

1. Die gedachte Zahl verdoppeln. Wir haben die doppelte Zahl Gummibärchen.
2. Zehn hinzufügen. Ergebnis: Wir haben die doppelte Zahl Gummibärchen und noch mal zehn Gummibärchen.
3. Ergebnis halbieren. Resultat: Wir haben so viele Gummibärchen wie am Anfang und noch mal fünf Gummibärchen.
4. Gedachte Zahl abziehen. Ergebnis: Wie haben fünf Gummibärchen.

Ein ähnliches Rätsel für die Zahl Sieben müsste so aussehen:
1. Die gedachte Zahl verdoppeln.
2. 14 hinzufügen.
3. Ergebnis halbieren.
4. Gedachte Zahl abziehen.

Auflösung: »Die geniale Entdeckung des kleinen Gauß« (S. 233)

Die übereinanderstehenden Zahlen ergeben als Summe immer 101:

$$100 + 99 + 98 + 97 + \ldots$$
$$1 + 2 + 3 + 4 + \ldots$$

$$100 + 1 = 101$$
$$99 + 2 = 101$$
$$98 + 3 = 101$$
$$\ldots$$

Da wir die Zahlen von eins bis hundert addieren wollen, wissen wir, dass es insgesamt 100 dieser Zahlenpaare gibt, die immer 101 bilden. 100 mal 101 ist 10 100. Weil wir zweimal die Zahlen von eins bis hundert addiert haben, wissen wir, dass 10 100 das Doppelte der gesuchten Zahl ist. Wenn wir 10 100 durch zwei teilen, erhalten wir die Lösung – 5050.

Auflösung: »Zwei Würfel« (S. 324)

Wenn man mit zwei Würfeln spielt, gibt es tatsächlich große Unterschiede bezüglich der Wahrscheinlichkeit, mit der bestimmte Zahlen fallen. Der Grund ist, dass manche Augenzahlen durch mehr mögliche Kombinationen gebildet werden können als andere. Nehmen wir die Augenzahl Zwei zum Beispiel: Sie kann nur durch eine einzige Kombination gebildet werden: eins und eins. Das Gleiche gilt für die Zwölf: sechs und sechs. Betrachten wir uns nun die Sieben: eins und sechs, zwei und fünf, drei und vier, vier und drei, fünf und zwei, sechs und eins. Das die Sieben durch die meisten Variationen gebildet werden kann, ist sie die Gewinner-Zahl.

Weiterführende Literatur

Für Eltern:

Albrecht Beutelspacher, Marcus Wagner: Wie man durch eine Postkarte steigt ... und andere mathematische Experimente, Herder 2008
Beutelspacher, Leiter des Mathematikums in Gießen, und Wagner, Mathelehrer aus Berlin, haben eine umfangreiche Sammlung an kleinen Experimenten – meist geometrische Basteleien – zusammengestellt, die Eltern mit ihren Kinder durchführen können.

Hartmut Spiegel, Christoph Selter: Kinder & Mathematik. Was Erwachsene wissen sollten, Kallmeyer 2004
Spiegel und Selter beleuchten das oft schwierige Verhältnis zwischen Erwachsenen und Kindern beim Mathelernen und geben Eltern und Lehrern Verhaltenstipps, wie sie Kinder bei der Entwicklung zu selbstbewussten Mathematikern begleiten können.

Georges Ifrah: Universalgeschichte der Zahlen, Campus 1998
Wenn Sie sich für die Geschichte der Mathematik interessieren – dieses anekdotenreiche Buch ist bis heute das passende Standardwerk.

Für Grundschullehrer:

Michael Gaidoschik: Rechenschwäche verstehen – Kinder gezielt fördern. Ein Leitfaden für die Unterrichtspraxis, Persen 2013
Der Titel ist etwas irreführend – tatsächlich handelt dieses Werk davon, wie man Kindern im Vorschul- und Grundschulalter Mathematik beibringt, so dass eine Rechenschwäche gar nicht entstehen kann.

Friedhelm Padberg, Christiane Benz: Didaktik der Arithmetik für Lehrerausbildung und Lehrerfortbildung, Spektrum 2011

Alles, was man wissen muss, um Kindern Addieren, Subtrahieren, Multiplizieren und Dividieren beizubringen.

Wilhelm Schipper: Handbuch für den Mathematikunterricht an Grundschulen, Schroedel 2011
Geometrie, Grundrechenarten und Wahrscheinlichkeitsrechnung: ein umfassendes Nachschlagewerk für Lehrer.

Marianne Franke: Didaktik der Geometrie in der Grundschule, Spektrum 2006
Eine Menge Anregungen und Erklärungen zum Unterrichtseinstieg in der Geometrie.

Liebe Leser,

wer Mathe macht, der macht auch Fehler. An einem Abend kurz vor Druck dieses Buches entdeckte ich einen ganz schrecklichen in unserem Manuskript. Dummerweise rief genau in diesem Moment meine Frau an und sagte, ich solle nach Hause kommen. Ich klebte deshalb einen Zettel auf den Bildschirm meines Computers und verließ das Büro:

»FEHLER beim Erklären halbschriftlicher Verfahren!
TOTAL PEINLICH – ALLE WERDEN
DICH AUSLACHEN! ÄNDERN!!!«

Nun, am nächsten Morgen ging ich wieder in mein Büro, sah den Zettel und blätterte im Manuskript. Und blätterte und blätterte … ich fand den Fehler nicht mehr. Falls Sie ihn gefunden haben sollten, schreiben Sie bitte eine Mail an:

Hallo@mathefuermamasundpapas.de

Ich würde dann besser schlafen. Aber auch, wenn Sie Fragen, Kritik, Lob, Anregungen oder Ideen haben oder wenn Sie einfach Ihre Erfahrungen beim Mathelernen mit Ihren Kindern schildern wollen – schreiben Sie uns!

Wir freuen uns auf Sie!

Beste Grüße,
Benjamin Prüfer